Schirner
Verlag

Über die Autorin:

Kornelia Wöllner ist Jahrgang 1956. Nach fünfjährigem Studium an der Timirjasew-Akademie Moskau, arbeitete sie als Diplomagraringenieurökonom am Institut für Agrarökonomie Berlin und anschließend 16 Jahre als Bankkauffrau. Während dieser Zeit entstand ihr Interesse an Möglichkeiten lebenslanger Gesundheit und Jugendlichkeit. Verschiedene Ausbildungen u.a. in Gesundheitsmanagement, Reinigung und Entgiftung des Körpers, Ernährungsoptimierung und Energiearbeit sowie die eigene Suche und Forschung, ermöglichten ihr, sich selbst immer weiter zu heilen. Entscheidende Impulse erhielt sie im Studienzentrum »Lebensenergie« der Akademie für soziale und ökonomische Technologien in Kiew (Ukraine). Sie kreierte aus ihrem umfangreichen Wissen und ihrer besonderen Intuition ein eigenes Lebens-Energie-Programm, um Menschen dabei zu unterstützen, dauerhaft gesund und jung zu bleiben. Ab Oktober 2012 bietet Kornelia Wöllner als Gesundheitsmanagerin interessierten Menschen die Einführung in dieses Programm an.

Kontakt: K.Woellner@t-online.de

Über das Buch:

Weil sie sich nicht damit zufriedengeben konnte, dass das Leben zumeist aus Leid, Krankheit, früher Alterung und chronischem Unglücklichsein zu bestehen schien, begab sich Kornelia Wöllner vor mehr als 15 Jahren auf eine Suche, die zu einer Art Forschungsreise wurde. Sie befreite sich aus dem eigenen Leiderschaffungsprozess und aktivierte dadurch ihren Aufstieg in das höhere Bewusstsein. Von hier aus wurde vieles möglich, auch die Heilung von Erkrankungen, wie die Autorin eindrucksvoll am eigenen Beispiel zeigt. Auf diesem Weg fand sie aus der Trennung von der Einheit mit Gott in ihre innere Ganzheit zurück. Aber auch das ließ sie nicht stehen bleiben.
Durch weitere kontinuierliche Arbeit an sich selbst erzielte sie zu Beginn des Jahres 2012 einen großen Durchbruch: Ihre Alterung kam zum Stillstand und begann, sich in eine Rückverjüngung zu wandeln. Ein noch tieferes Verstehen der Komplexität von Krankheit und Alterung setzte ein. Ihr wurde klar, dass sie mit ihren Erkenntnissen ein neues Zeitalter in der Geschichte der Menschheit einleiten kann.

Erhalten Sie Einblicke in das Leben der Autorin, und erkennen Sie sich selbst wieder, und finden Sie die Basis für das Erreichen einer höheren Bewusstseinsebene!
Eine große Stärke des Buches ist seine einfache, natürlich fließende Sprache, die viele Leser der Erstauflage besonders positiv angesprochen hat.
Ein absolut bodenständiges, authentisches und innovatives Buch!

Kornelia Wöllner

Aufstieg in das höhere Bewusstsein

Heilung für deinen Körper

Die Vorbereitung auf Verjüngung
und ewiges Leben

Schirner Verlag

Überarbeitete Neuausgabe. Die ursprüngliche Buchfassung erschien
im Smaragd Verlag unter dem Titel »Erwachen in Liebe«.

ISBN 978-3-8434-1076-2

Kornelia Wöllner:
Aufstieg in das höhere Bewusstsein
Heilung für deinen Körper
Copyright © 2012
Schirner Verlag, Darmstadt

Umschlag: Murat Karaçay, Schirner,
unter Verwendung von #29866229
(irmaiirma), www.fotolia.de
Redaktion und Satz:
Heike Wietelmann, Schirner,
unter Verwendung von #40303147
(tuulijumala), www.fotolia.de
Printed by: OURDASdruckt, Celle,
Germany

www.schirner.com

1. Auflage September 2012

Inhalt

In Dankbarkeit für:

meine Eltern und Großeltern,
die immer ihr Bestes für meine Entwicklung gaben,
meine Tochter Kristin, die als Erste aufgebrochen ist,
der Wahrheit zum Durchbruch zu verhelfen
und die mein Erwachen in Gang setzte,
meinen Sohn Mark, der mir immer wieder
unmissverständlich erklärte, dass ich noch viel zu lernen hätte.

Einführung

Siebzehn Jahre war ich auf der Suche, auf der Suche nach einem langen gesunden Leben. Ich wollte mich nicht damit zufriedengeben, was den Normalbürger im Alter erwartet, Leid, körperliche Schwäche, Krankheit und chronisches Unglücklichsein.

Während dieser Zeit probierte ich alles aus, was mir sinnvoll erschien, um meine Gesundheit zu verbessern und eine höhere Lebenserwartung zu erreichen: verschiedene Diagnosemethoden und therapeutische Gerätekomplexe, Nahrungsergänzungen, Ernährungsumstellungen, innere Reinigungen, mentale Techniken, Energiearbeit. Ich absolvierte verschiedene Ausbildungen.

Und alles war in jeder Hinsicht nützlich. Während mein Energielevel höher wurde, erschuf sich in mir gleichzeitig ein neues Bild von der Welt. Obwohl ich ein konkretes Ziel hatte, war mir weder der Weg noch das, was ich auf diesem Weg erreichen würde, bekannt. Aber ich hörte nicht auf zu suchen. Mein Wissen erweiterte sich ständig. Trotzdem hatte ich das Gefühl, eigentlich gar nichts zu wissen von dem, was wirklich wichtig zu sein schien. Dieses Nichtwissen spornte mich immer wieder an und veranlasste mich, Fragen zu stellen. Alles, was ich auf meinem Weg nutzte, um meinem Ziel näherzukommen, ließ ich immer dann wieder los, wenn mir klar wurde:

So kompliziert kann es die kosmische Intelligenz nicht gemeint haben. Es muss einfacher sein.

Wenn der göttliche Plan genial ist, dann gibt es einfache Lösungen für unsere Probleme. Ich wollte sie finden. Die Entscheidungen, Altes zu verlassen um damit die Tür für Neues zu öffnen, sind mir nicht immer leichtgefallen. Ich erinnere mich noch an eine aus damaliger Sicht sehr wichtige Entscheidung. Ich konnte sie nicht treffen. Mehr als zwei Jahre quälte ich mich damit herum. Ich hing im alten Energiemuster fest, bis mir eine gute Freundin sagte: Nun nimm doch endlich wahr, wie sich die Situation für dich anfühlt! Da schaute ich zum ersten Mal bewusst nach innen, in mich selbst hinein, und ließ den Verstand beiseite. Ich sagte ihr: »Mir ist ganz schlecht dabei.« Daraufhin sie: »Na, dann weißt du doch, wie du dich zu entscheiden hast.« Ja, da wusste ich es. Und trotzdem war es schwer, die Angst zu durchschreiten, um den eigenen Weg zu gehen und dabei die Wachstumsschmerzen in Kauf zu nehmen.

> Aber es hat sich gelohnt und lohnt sich weiterhin, denn alles, was ich im Äußeren tat, war die Vorbereitung auf das, von dem ich zu Beginn noch keine Ahnung hatte – Erwachen.

Es bereitete diesen entscheidenden inneren Schritt vor, der mein Leben völlig verwandelte und es auf eine neue Bewusstseinsstufe hob. Gleichzeitig erkannte ich das innere Ziel unseres Lebens hier auf der Erde und mir wurde klar, dass sich darin auch der Weg zu unserer Heilung und der Erreichung eines hohen Lebensalters verbirgt.

Ich bin zutiefst berührt und dankbar für das großartige Geschenk, welches das Leben für mich bereithielt. Mit meinem Buch möchte ich jenen, die dies noch nicht erfahren durften, einen Weg zeigen, den größten Schatz des Universums in sich selbst zu entdecken und dabei aus dem universellen Schlafzustand der Menschheit herauszutreten.

Was wollen Sie sein? Ein Blatt im Wind, das bei jeder Böe hin und hergeweht wird? Ein Kämpfer, der seine Lebenskraft im Kampf gegen den scheinbaren Sturm des Lebens, nämlich im Kampf gegen sich selbst, verbraucht? Oder ein mit Leichtigkeit über den Sturm des Lebens Dahinschreitender, der seinen inneren Frieden gefunden hat und endlich zu Hause angekommen ist, nämlich bei sich selbst? Die Stürme des Lebens berühren Sie dann nicht mehr.

Ich fand auf dem Weg zu Gesundheit den geistigen oder spirituellen Pfad. Es ist der Weg, auf den all unsere Wege hinführen. Irgendwann war es ganz klar vor meinen Augen. Wir mögen zwar noch unterschiedliche äußere Ziele verfolgen, aber sie alle führen uns zu diesem einen Ziel – Erwachen!

Den geistigen Pfad zu beschreiten heißt, das innere Ziel des Lebens zu finden und immer tiefer zu erwachen, bis wir in Liebe wach werden, denn Liebe ist unser natürlicher Zustand.

Dieses Buch vermittelt Ihnen die Wahrheiten, die mir während meines Erwachens bewusst wurden. Es kann Ihren eigenen Erwachungsprozess fördern, in dem Sie Ihren Geist befreien und sich der Illusion, die Sie sind und in der Sie leben, zuwenden. Gleichzeitig zeigt es Ihnen einen von vielen möglichen Wegen, näher zu sich selbst zu kommen, um endlich ganz nach Hause zurückkehren zu können.

Diese Heimreise, und das erkannte ich erst fünf Jahre nach dem Schreiben dieses Buches, indem ich auf dem Weg immer weiter voranschritt, wurde meine Vorbereitung auf Verjüngung und ein ewiges Leben.

Eine Anmerkung: An bestimmten Stellen im Buch verwende ich die Anrede in der Du-Form, um den Leser direkter anzusprechen und auf einer tieferen Ebene zu erreichen. Dies ist auch eine Einladung zu mehr Selbsterkenntnis.

Die goldene Endzeit wird die Erfüllung des göttlichen Plans ermöglichen, …

Ihr werdet lernen, das Tal eurer Illusionen und eurer Identifikationen zu verlassen und erkennen dürfen, dass die Vollkommenheit, die ihr in eurer Vergangenheit zu stark im Außen zu erreichen gesucht habt, bereits in euch liegt und nur darauf wartet, durch eure Bewusstwerdung, durch euer Erwachen Befreiung zu erfahren.

Saint Germain [1a]

Erwachen – das Unbeschreibbare

Das, was die Welt Tag nennt,
ist für den Weisen die Nacht der Unwissenheit.

Sri Krishna

Sie wollen wissen, was Erwachen ist? Aber Sie erwachen doch jeden Morgen!

Sie werden wach, reiben sich die Augen und sagen sich: Es ist Zeit aufzustehen, weil jetzt mein Tag beginnt. Sie sind sich absolut sicher, dass Sie, bevor Sie erwachten, geschlafen haben, und dass der Schlaf und die Träume, die Sie dabei hatten, nicht ihr Wachzustand waren. Das ist Erwachen, jedoch »nur« in das normale Tagesbewusstsein!

Mit Ihrem morgendlichen Wachwerden betreten Sie eine neue Wahrnehmungsebene, die Sie das, woraus Sie erwacht sind, als Schlaf oder Traum wahrnehmen lässt.

Die wichtigste Erkenntnis aus dieser Phase des Erwachens ist: Ich weiß und erkenne an, dass ich geschlafen habe und die Realität, die danach beginnt, etwas völlig anderes ist, die mit dem Schlafzustand nichts mehr gemeinsam hat. Sie glauben, sich darüber bewusst geworden zu sein, dass Sie nun wirklich wach sind. Stimmen Sie mir zu?

Wenn ich Ihnen jetzt aber sage, dass Sie gar nicht wirklich wach sind, sondern nur von einer Phase des Schlafes in eine weitere Schlafphase gewechselt haben – stimmen Sie mir dann auch noch zu?

Die meisten von Ihnen werden mir vielleicht jetzt noch nicht zustimmen können – und dennoch ist es so:

> Die Masse der Menschen »schläft« in der »Nacht der Un-
> wissenheit« ohne sich dessen bewusst zu sein. Das Wissen
> jedoch, im normalen Tagesbewusstsein noch schlafend
> zu sein, eröffnet uns die Möglichkeit zu wirklicher Frei-
> heit, denn der Schlaf hält uns genau davon ab.

Dieses Buch ist geboren worden in einer Nacht, die mir die tiefe Erkenntnis vermittelte: Wir, die wir bereits wach geworden sind, haben
die Aufgabe, der Menschheit dieses Verständnis mit der größten Liebe,
zu der wir im Moment fähig sind, zu vermitteln und damit immer mehr
Menschen eine höhere Dimension zu öffnen.

Sie haben jetzt zwei Möglichkeiten: Weiterzuschlafen oder durch Erkenntnis und Selbstbeobachtung Ihren Geist zu befreien und sich Ihres
Schlafes zunehmend bewusst zu werden.

Was werden Sie tun? Wenn Sie das erlebt hätten, was meine Erfahrungen in den letzten Jahren waren, würden Sie keinen Moment zögern,
endlich erwachen zu wollen!

Da Sie aber vielleicht noch sehr tief schlafen, wollen Sie unter Umständen noch gar nicht geweckt werden. Dann schlafen Sie einfach weiter.
Auch das ist völlig in Ordnung. Jedes Leben hat seinen eigenen Weg.
Nur Sie können wissen oder fühlen, was Sie sich für dieses Leben vorgenommen haben.

Erwachen ist das innere Ziel unseres Lebens hier auf dem Schulungs-
planeten Erde, die größte Transformation, die der Menschheit im Was-
sermann-Zeitalter bevorsteht!

Eckhart Tolle, einer der großen Weisheitslehrer der Neuzeit, hat es in
seinem Buch »Eine neue Erde« wunderbar zum Ausdruck gebracht:
»Der höchste Zweck dieser Transformation ist unvorstellbar für den
Geist des Menschen und übersteigt sein Denkvermögen bei Weitem.
Und doch ist diese Transformation auf dieser Erde und zu diesem Zeitpunkt die uns zugewiesene Aufgabe. Es geht um die Versöhnung des
inneren mit dem äußeren Ziel, um die Versöhnung der Welt mit Gott.«[1]

Vielleicht glauben Sie an dieser Stelle, Erwachen könnte etwas mit Religion zu tun haben. Aber das hat es nicht.

> Erwachen ist ein Befreiungsprozess, der uns wieder einen Zugang zu uns selbst und damit zu unserem eigenen göttlichen Wesenskern schafft.

Alle Religionen, die Gott alleinig außerhalb von sich selbst betrachten und seine Immanenz – innewohnende Eigenschaft in jedem Wesen – nicht erkennen, führen vom Prozess des Erwachens weg. Ihre Lehren verankern Unwissenheit und Unbewusstheit und blockieren die innere Befreiung des Menschen, um die es beim Erwachen geht. In dieser Rolle befinden sich die konventionellen Religionen auch heute noch. Das ist ebenso ein Ausdruck des allgemeinen Schlafzustandes der Menschheit. Das Verständnis von Gott als die Essenz allen Seins, so auch als unsere ureigene Essenz, konnte über viele Jahrtausende nicht bzw. nur von sehr wenigen Menschen erfahren werden. Was ich hier also deutlich machen möchte: Wenn das Wort Gott im weiteren Text erscheinen wird, so meine ich damit das *Wesen Gottes als formlosen Ursprung von Existenz, jedoch anwesend innerhalb jeder Form. Sie können dazu auch gleichwertig sagen:*
Kosmische oder unendliche Intelligenz
Schöpferkraft
Urenergie
Großer Geist oder
Bewusstsein selbst.
Es ist die Kraft, von der Albert Einstein und Max Planck wussten, dass es sie gibt. Sie befindet sich in allem und so auch in unserem Inneren, im Zentrum unseres Herzens.
Das Begreifen des inneren Wesenskerns Gottes ist wichtig. Denn damit ist die Suche nach Gott – nach der Summe allen Seins – nichts, was in irgendeiner Art und Weise mit Religion zu tun hat. Es ist eine innere Suche nach der letztendlichen Wahrheit, dem höchsten Prinzip unserer

Existenz. Diese Suche offenbart uns, wer wir sind, woher wir kommen und wohin wir gehen. Sie führt uns aus der Unwissenheit ins Erwachen zur Erkenntnis der Gesetze, die Bewusstsein selbst geschaffen hat, der Gesetze des Universums. In diesem tief greifenden Prozess wird sich die Menschheit auf eine höhere Bewusstseinsebene und damit Wahrheitsebene erheben.

Wie Sie vielleicht schon vermuten, ist Erwachen etwas, das man nicht wirklich beschreiben kann, da es als Ganzheit erfahren und gefühlt werden muss. Erst dann wird es zu einer gelebten Realität und zu eigener Wahrheit. Erwachen kann auch nicht absichtlich hervorgerufen werden, wenn ich mir z. B. genug Wissen darüber angeeignet habe. Es ist ein Ereignis, das passiert, wenn dazu die notwendigen Bedingungen *in Ihnen* vorhanden sind. Man könnte sagen, Erwachen passiert uns, wenn wir auf der Erwachensfrequenz sind. Das kann ein evolutionärer aber auch ein plötzlicher Prozess sein.

Erwachen heißt, sich auf den Weg zu machen, den Weg, den die Menschheit im weiteren Verlauf ihrer Evolution zu gehen hat. Es ist zugleich Erkenntnis- und innerer Bewusstwerdungsprozess.

Die kürzeste Beschreibung dafür formulierte meine Tochter in wenigen Sätzen: Stellen Sie sich vor, Sie sind ein Küken in einem Ei und kennen nur das Leben innerhalb des Eies. Eines Tages beginnen Sie zu spüren, dass da eine Schale um Sie herum ist. Dies war ihnen bisher nicht bewusst. Wenig später fangen Sie an, gegen die Schale zu picken und erfahren, dass sie sich öffnen lässt, und indem Sie dies tun, kommt eine völlig neue Realität zum Vorschein, die bisher scheinbar nicht existiert hat. An diesem Punkt beginnt Ihr Erwachen. Sie öffnen sich für eine neue Realität, die Sie vorher noch nicht wahrgenommen haben, obwohl sie schon immer da war.

Nun beschreibe ich Ihnen das von mir Wahrgenommene durch eine weitere Parabel, um meine inneren Erfahrungen bildhafter werden zu lassen.

Stellen Sie sich vor, Sie leben seit Ihrer Geburt mit Ihrer Familie in einem Haus, das einen Keller, ein Erdgeschoss und ein Dachgeschoss hat. Ihre Familie bewohnt, solange Sie denken können, nur die Kellerebene, die noch dazu keine Fenster, sondern Lichtschächte hat und deshalb immer halbdunkel ist. Sie sind aus diesem Keller nie herausgekommen. Das Unglaubliche daran ist jedoch, dass Sie nicht einmal wissen, dass das Haus, in dem Sie schon Ihr ganzes Leben lang sind, noch ein Erdgeschoss, geschweige denn eine obere Etage besitzt!

Sie kennen nur die halbdunkle Kellerebene. Auf dieser haben Sie sich so recht und schlecht eingerichtet. Da alle anderen Menschen auch in Kelleretagen leben, glauben Sie, das sei völlig in Ordnung und ist eben die Realität unseres Lebens hier auf der Erde. Sie kommen nicht auf die Idee, irgend etwas infrage zu stellen. Das Einzige, was Sie vielleicht fühlen, wenn Sie es noch fühlen, ist, dass Sie einmal in längst vergangener Zeit glücklicher waren als heute. Alle Mittel und Möglichkeiten, von denen Sie anfänglich glaubten, Sie würden dadurch Ihr Glück machen, wie z. B. Ihre Ausbildung/Beruf, die Liebe zu Ihrem Partner, die Kinder, der Urlaub, materieller Wohlstand und Besitz, haben sich als untauglich erwiesen. Ihre Hoffnungen, auf diese Weise glücklich zu werden, sind an Ihren Illusionen wie Seifenblasen zerplatzt, weil dies in der »Realität des Schlafbewusstseins« normal ist. Auch damit finden Sie sich irgendwann ab.

Viele Jahre Ihres Lebens vergehen in diesem Zustand, und plötzlich oder auch allmählich fühlen Sie: Das kann doch noch nicht alles sein! Vielleicht geschieht auch etwas in Ihrem Leben: Ihr Partner verlässt Sie, jemand stirbt oder Sie erleben eine längere Leidensphase. Sie erkennen vielleicht, dass Sie so nicht mehr weiterleben wollen oder können. Sie merken, dass der halbdunkle Keller auf Ihr Gemüt schlägt und mitverantwortlich zu sein scheint für den unglücklichen Zustand, der sich da offensichtlich Ihres Lebens bemächtigt hat. Als Sie endlich, nach langem Zögern, den Entschluss fassen auszubrechen, um einmal nur für kurze Zeit alles zu verlassen, was Ihr Leben im Moment ausmacht, erkennen Sie schockartig, auf einer ganz tiefen Wahrnehmungsebene, als würde sich etwas in Ihnen öffnen, was vorher geschlossen war:

Ich laufe nur vor mir selbst weg!

Und dann passiert es: Sie werden in einen Strudel von Energie gezogen und durch die sich wie von selbst öffnende Decke Ihres Kellers emporgehoben. Als Sie wieder zu sich kommen, lässt Sie das, was Sie wahrnehmen, beinahe in Ohnmacht fallen. Sie sehen sich um und fühlen: Oh, so viel Licht, wo kommt das denn jetzt her? Wo bin ich? Hier war ich ja noch nie! Dieses Leuchten, diese Helligkeit, diese Schönheit. Sie fühlen eine tiefe Liebe in sich und wissen von Stund an: Alles ist Liebe! Und alles war nur dazu da, diese Liebe wiederzufinden und zu erkennen, dass die ganze Schöpfung Liebe ist. Sie fühlen sich zutiefst berührt und wissen: Genau das habe ich immer gesucht! Sie sehen das Paradoxon, die Illusion oder die Täuschung ganz klar vor sich:

> Ich habe es mein ganzes Leben im Außen gesucht! Aber da ist es nicht zu finden! Es ist in mir, in uns allen, wir haben es nur vergessen! Gott hat es jedem von uns mitgegeben.

Es ist alles göttlich, nur wir haben uns davon abgewandt. Eine tiefe Dankbarkeit dem Schöpfungsprinzip gegenüber kommt auf, verbunden mit der Gewissheit, den Sinn des Lebens gefühlt zu haben: Erwachen in Liebe. Kaum, dass ich dies ganz verinnerlichen kann, möchte ich in den Keller zu meiner Familie zurückrufen: Kommt alle zu mir hoch, es ist unglaublich, was ich gefunden habe! Das müsst Ihr unbedingt auch erleben! Hier ist es wunderschön, hell und voller Liebe! Hier können wir alle glücklich sein! Erst jetzt schaue ich nach unten, dahin, wo ich meine alte Kelleretage vermute. Zu meiner großen Verwunderung stelle ich fest, dass sich der Boden unter mir geschlossen hat. Den Tunnel, von dem ich glaubte, er hätte mich hinaufkatapultiert in diese bisher unbekannte Etage meines Hauses, gibt es nicht mehr. Ich kann nicht zurückrufen. Ich stelle verwundert und traurig fest: Ich bin ganz allein! Ich kann niemanden erreichen, um ihm von dieser wunderbaren Welt, die ich gefunden habe, zu erzählen. Die Kelleretage scheint verschlossen. Obwohl ich ganz genau weiß, dass sie da ist. Sie muss da sein. Ich habe sie ja schließlich bewohnt!

Und schon bricht eine weitere Wahrnehmung durch: Das gibt es doch gar nicht: Ich habe mein ganzes bisheriges Leben in einem halbdunklen Keller verbracht! Ich wusste nichts von diesem wunderschönen lichten Erdgeschoss. Das war doch überhaupt kein Leben, was da hinter mir liegt. Das war nur ein Dahindämmern! *Ich habe mein ganzes bisheriges Leben geschlafen!* Warum hat mir niemand davon erzählt?! Ich hätte mir das Leiden, die Frustrationen, die Angst, die Unruhe, die Zweifel, einfach so vieles ersparen können. Auch das, was ich über mich, das Leben, die Ungerechtigkeit, Schuld usw. geglaubt habe. Fragen, auf die ich bisher keine Antworten hatte, werden auf der Ebene des Erdgeschosses schlagartig beantwortet.

Von jetzt an wissen Sie es so sicher, als wären Sie morgens in Ihrem Bett aufgewacht: *Ich habe mein bisheriges Leben geschlafen und erst jetzt bin ich wirklich wach geworden.* Es gibt keine Zweifel mehr! Und damit haben Sie zum ersten Mal den Dämmer- oder Schlafzustand des normalen Tagesbewusstseins verlassen und eine neue Wachheitsebene erreicht, die nichts mehr gemein hat mit der Kelleretage, die Sie davor bewohnt haben. Sie sind ausgebrochen in die Freiheit. Gleichzeitig stehen wir scheinbar allein da, weil uns niemand mehr wirklich verstehen kann, der noch keine ähnlichen Erfahrungen gemacht hat. Der innere Transformationsprozess, der mit diesem Erleben einhergeht, hebt uns nicht nur aus der Kelleretage heraus, sondern gleichzeitig auch aus dem Drama des alltäglichen Lebens.

> Wir sind in der Welt, jedoch nicht mehr wirklich von Ihr.
> Wir können das Drama, das die Welt spielt, nicht mehr ernst
> nehmen, weil uns klar wird, wie es entstanden ist.

Für die scheinbare Verwaisung, die wir in diesem Prozess erfahren, erhielt ich zum Glück mildernde Umstände. Als ich beginne, die neue Etage meines Wohnhauses zu durchsuchen, komme ich auch in das Kinderzimmer. Dort finde ich meine Tochter, die mir zuwinkt und mich willkommen heißt. Ein großer Stein fällt mir vom Herzen. Das ich das vergessen konnte, Kristin! Du warst doch schon lange vor mir hier. Wir nehmen uns in die Arme und sie sagt mir nochmals, was Sie mir schon vor langer Zeit erzählt hatte: Das Wichtigste im Leben ist unsere Beziehung zu Gott – zum Schöpfer. Jetzt ist es auch für mich gefühlte Realität geworden. Ich empfinde große Dankbarkeit.

Das kann ich aus heutiger Sicht zu meinem Erwachen sagen. Dieses Erlebnis hatte schwerwiegende Folgen und leitete eine große Transformation ein. Als mir in diesem Prozess klar wurde, dass ich mich von meiner Vergangenheit, die aus alten Identifizierungen und Schmerzmustern bestand, lösen muss, um mich selbst wiederzufinden, hatte ich keine Ahnung, was ich tat, indem ich lauthals rief:
»Wenn es *die* Möglichkeit sein soll, Schmerz und Unglücklichsein aufzulösen, dann will ich das alles so schnell wie möglich loslassen.«
Das Universum nahm dies wörtlich und riss mich in einen Strudel aufsteigender traumatischer Kindheitserlebnisse, die aufgelöst werden wollten. Sie schrien nach Erlösung. Ich glaube, nach einem halben Jahr oder noch eher konnte ich es nicht mehr aushalten. Jede Woche Tränen und neue »Bomben«, die nach oben drängten.

> Es ist unglaublich, welche traumatische Last wir mit uns herumschleppen.

Ich sagte zu meiner Tochter, die mich in diesem Prozess begleitete und ohne die ich dies sicher nicht auf diese Weise bewältigt hätte, weil sie medial ist: »Ich kann so nicht weitermachen. Ich halte es nicht aus. Bei allem guten Willen und Vorsatz, es muss auch anders möglich sein.«
Gemeinsam konnten wir, durch bewusste Absicht, die Geschwindigkeit der Erlösung alter Wunden auf das für mich erträgliche Maß reduzieren. Ich konnte etwas aufatmen.

Das war auch die Zeit, in der ich erkennen durfte, dass körperliche Symptome ihre Ursache in destruktiven geistig-emotionalen Mustern oder altem Schmerz haben. Ich durfte in der relativ kurzen Zeit mehr über Heilwerdung erfahren als die ganzen zehn Jahre davor, in denen ich Antwort auf die Frage gesucht hatte, wie man bei guter Gesundheit mindestens 120 Jahre alt werden kann. Aber nichts davon war umsonst. Alles war ein Stück meines Weges zum größten und wunderbarsten Geschenk, das das Leben für uns bereithält und von dem ich damals noch nicht einmal wusste, dass es überhaupt existiert: *Erwachen.*

Das, was ich hier als Parabel über das Erwachen beschrieben habe, sind Transformationsprozesse, die in Ihrem Inneren, in Ihrem Bewusstsein stattfinden.
Sie wissen jetzt, dass wirkliches Erwachen erst im Erdgeschoss passiert. Sie verlassen dabei Ihre Kelleretage. Und nun erinnere ich Sie daran, dass es auch noch ein Obergeschoss in Ihrem Haus gibt und darüber den ganzen Himmel! Und all dies ist ein grandioser kosmischer Plan – ein göttlicher Plan!

Als ich mir damals die Frage stellte, warum mir denn noch niemand davon erzählt hat, dass mein Haus ein Erdgeschoss hat, wusste ich natürlich nicht, dass all das, was ich erlebte, zu dem großen Spiel von »Bewusstsein selbst« gehört. Ich hatte keine Ahnung, dass es einen Plan gibt, der dies so vorsieht.

> Ich wusste nicht, dass wir uns alle zu diesem Spiel bereit erklärt hatten, um aus dem Leid der Dualität durch die Erfahrung, die wir dabei machen würden, zu Gott zurückkehren zu können, indem wir uns bewusst werden, wer wir wirklich sind.

Bevor ich Ihnen von diesem kosmischen Plan erzähle, fasse ich den Prozess des Erwachens in einer Beschreibung zusammen, die mehr den Verstand anspricht:

Stellen Sie sich vor, es gibt verschiedene Realitäten. Die Wissenschaft nennt sie Parallelwelten. Wie das Wort zum Ausdruck bringt, sind es Welten, die parallel, also nebeneinander existieren oder besser gesagt, die alle gleichzeitig vorhanden sind. In einer dieser Welten ist unser Bewusstsein oder unser Geist verankert. Nur in dieser spielt sich dann unser Leben ab. Alle anderen Welten sind ausgeblendet, wir haben von ihnen keine Kenntnis. Jede dieser Welten jedoch hält für uns eine ganz bestimmte Erfahrungsmatrix oder Wahrnehmung der Realität und damit eine ganz bestimmte Wahrheit bereit. Mit unserem Erwachen verlassen wir die alte Erfahrungswelt und treten ein in eine vollkommen neue Realität, die wir vorher nicht wahrgenommen haben, obwohl sie schon immer als Parallelwelt da war. Unser Bewusstsein wird in diesem Prozess »herausgeschwungen« aus der alten Realität, die wir als Dualität oder Getrenntheit bezeichnen, und »hineingeschwungen« in die neue Realität des Einheitsbewusstseins, wenn wir tief genug erwachen.

Da diese Welten Energiefelder von unterschiedlicher Kraft oder Stärke darstellen, ist der gesamte Prozess ein Energiespiel, das unsere alte Verankerung in der niedrigen Energie der Dualität löst, um uns in der höheren Energie des Einheitsbewusstseins neu zu verankern. Damit ist es ein Aufstiegsprozess, der gleichzeitig einen Untergang beinhaltet und den einige mit »Weltuntergang« bezeichnen.

Dieser Weltuntergang bedeutet den Untergang unserer alten Erfahrungswelt.

Der tief greifende Bewusstseinswandel, der damit einhergeht, lässt somit unsere alten Erfahrungen vergehen und eröffnet ein Energiefeld oder ein Spielfeld, das eine völlig neue Erfahrungsmatrix aufspannt oder bereitstellt. Alle Erfahrungen, die wir über viele Jahrtausende machen durften, verlassen uns in diesem Prozess und es offenbart sich eine höhere Wahrheit. Etwa so, als ob wir staunend erkennen: Nicht die Sonne dreht sich um die Erde, es ist genau andersherum, die Erde bewegt sich um die Sonne. Letztendlich ist es viel großartiger und komplexer als ein Beispiel überhaupt ausdrücken könnte, denn diese Wahrnehmung, dass alles anders ist, als wir bisher geglaubt haben, wird unsere gesamte Anschauung von der Welt endlich wieder vom Kopf auf die Füße stellen. Das, was durch diesen Dimensionswechsel ausgelöst wird, ist der wichtigste evolutionäre, innere Entwicklungsschritt für die Menschheit. In diesem tief greifenden Wandel findet alles in seine göttliche Ordnung zurück. Freuen Sie sich darauf!

Der kosmische Plan

Als mir zunehmend klarer wurde, wie sehr wir als Spezies in den kosmischen Plan eingewoben sind, erschaffen, um ihn auszuführen, konnte ich mich nur noch tief und in Demut vor der Schöpfung verneigen. Nichts geschieht zufällig, alles strebt nach Ausgleich und Ordnung. Der Kosmos ist Ordnung. Und Erwachen ist Bestandteil dieses Plans.

Für diese Erkenntnis brauchte ich etwa zwei Jahre, in denen ich mir Wissen aneignete und einige »Mini-Erleuchtungen« erlebte. Ich las Bücher, die mir von Menschen, die meinen Weg begleiteten, empfohlen wurden oder die mir verwertbar erschienen für meine Suche. Als ich gewahr wurde, dass mein Bild von der Welt nicht stimmig ist und es noch etwas anderes geben muss als die Erklärungen, die Eltern, Schule und Gesellschaft vermittelt hatten, entwickelte ich einen Leserausch ungeahnten Ausmaßes. Ich las häufig jede Woche ein Buch und manchmal sogar zwei oder drei nebeneinander! Dabei hatte ich oft das Gefühl, meinen Speicher neu füllen zu müssen, weil die alte Festplatte entleert und nicht mehr tauglich war.

> Eine Zeit lang kam es mir sogar so vor, als ob ich die Bücher nicht dazu las, um mir alle Einzelheiten zu merken, sondern um mich an etwas zu erinnern. An etwas, was ich bereits wusste und was ich »nur« vergessen hatte.

So passierte es manchmal, dass ich einige Bücher nicht bis zu Ende las, manche nur auszugsweise. Zum Glück bin ich auch noch ein Mensch, der sich gern mitteilt. Ich wollte also meine neuen Erkenntnisse mit meiner Familie besprechen. Welch ein unglaubliches Anliegen! Sie können sich leicht vorstellen, was passierte. Bis mein Sohn letztendlich meinte: »Nicht schon wieder einen Vortrag, Mama.« So musste ich zur Kenntnis nehmen, einen eigenen Weg zu gehen. Das war am Anfang nicht leicht.

Erwachen ist also Bestandteil des kosmischen Plans.
Das bedeutet, dass die Menschen, die sich bewusst für den Aufstieg entschieden haben und bereit sind, die entsprechende innere Arbeit zu tun, in diese neue Dimension unseres Seins eintreten werden. Das Universum hat nicht nur einen Plan, es hat einen genialen Plan! Dieser Plan lässt viele menschliche Pläne, die ausschließlich vom Verstand erschaffen wurden, lächerlich oder kindisch erscheinen.
Sie wissen, dass Kosmos »Ordnung« bedeutet. In dieser Ordnung bewegt sich alles. Selbst wenn Sie heute noch glauben, die Fixsterne – z. B. unsere Sonne – würden stillstehen, dann irren Sie sich. Diese Ordnung ist eine verwobene Einheit von rotierenden, kreisförmigen und elliptischen Bewegungen und Energien. Der Kosmos ist Energie, denn alles, was wir als sogenannte Materie bezeichnen, ist ein Meer von vibrierenden Elektronen und Protonen, die ebenso aus reiner Energie bestehen und durch ihre Schwingungen Muster bilden.

> Die gesamte Schöpfung ist ein energetisches Wunderwerk, das dem Ziel dient, den mit Intelligenz ausgestatteten Wesen aller Planeten, so auch der Menschheit, Bewusstseinsentwicklungen und damit Höherentwicklung zu ermöglichen.

Das ist der Sinn unserer Evolution hier auf der Erde, endlich aus dem Ei zu schlüpfen und unsere Kinderschuhe auszuziehen. Erwachen und damit ein Bewusstsein von sich selbst zu erlangen, ist ein erster notwendiger Schritt auf diesem Weg.
Um Ihnen das Wunderwerk dieser Schöpfung näherzubringen und Sie in die Lage zu versetzen, sich schließlich den großen Energiezyklen des Kosmos öffnen zu können, ist es notwendig, die Perspektive zu wechseln. Unser Eingebundensein in die Schöpfung basiert auf Energie! Und Er-

wachen ist ein Prozess, der durch kosmische Energieveränderungen hervorgerufen wird.

Deshalb verlassen wir jetzt die rein stoffliche Ebene der Vorstellung vom Universum und von unserem Körper. Wir wissen, dass alles was materiell oder stofflich ist, aus Atomen besteht. Alle bekannten Elemente des Periodensystems werden aus den gleichen Atomen gebildet. Sie unterscheiden sich deshalb *nicht durch ihre Bausteine* voneinander, denn die Bausteine – Elektronen und Protonen – sind in jedem Element gleich. *Der Unterschied besteht nur in der Anzahl, der in ihnen enthaltenen Elektronen und Protonen, die durch ihre Rotation um den Atomkern unterschiedliche Schwingungsmuster erzeugen.* Diese Schwingungsmuster oder Energiefelder machen also z. B. den Unterschied zwischen Wasserstoff und Quecksilber aus. Bei Wasserstoff ist nur *ein* Elektron vorhanden, was um den Atomkern kreist bzw. um *ein* Proton. Das Schwingungsmuster, das dieses Elektron erzeugt, unterscheidet sich grundlegend von dem Schwingungsmuster, das 79 Elektronen erzeugen können, die um 79 Protonen kreisen. Dabei beträgt die Vibrationsgeschwindigkeit unglaubliche 324 000 Kilometer pro Stunde oder 900 Kilometer pro Sekunde! Die Kräfte, die die Elektronen und Protonen dabei zusammenhalten sind elektromagnetischer Natur. Und hier geschieht das Unglaubliche: Ist es ein Elektron, das um einen vibrierenden Kern von einem Proton kreist, erhalten wir Wasserstoff, ein Gas. Sind es 79 Elektronen, entsteht aus dem Vibrationsmuster Quecksilber ein flüssiger, giftiger Stoff. Bei nur einem Elektron und Proton mehr, also 80 Elektronen wird daraus Gold, ein Edelmetall. Und jetzt folgt das, wovon wir in der Regel eine andere Vorstellung haben, weil wir materiell fixiert sind: Auch die Elektronen und Protonen sind keine Stoffe, die man anfassen könnte, sondern vibrierende Energie!

Beziehen wir nun dieses Wissen auf den menschlicher Körper, der aus den bekannten Elementen Wasserstoff, Kohlenstoff, Stickstoff und Sauerstoff besteht, sind wir also auf unserer ursprünglichen Ebene vibrierende Energiebündel, deren Schwingung sogar über unseren Körper hinausreicht. Das Energiefeld unseres Körpers ist elektromagnetischer

Natur, genau wie die Anziehungskräfte der elementaren Bestandteile, aus denen wir bestehen. Da auch die Energien der Erde, der Sonne und des Kosmos elektromagnetischer Natur sind, werden wir in entscheidendem Maße von ihnen beeinflusst, da wir permanent von ihnen umgeben sind. Wir schwimmen sozusagen in einem Meer elektromagnetischer Energie. Diese Energien veranlassen uns größtenteils sogar, die gleiche Schwingung anzunehmen also mit ihnen in Resonanz zu schwingen.

Betrachten wir nun unsere *Erde*, die *erste Ebene* in die wir als menschliche Wesen eingebunden oder eingeschwungen sind.

Sie wissen, unsere Erde besitzt ein Magnetfeld mit einem Nord- und einem Südpol, eine Gravitationskraft und eine Eigenschwingung (die Erdresonanz oder Schumannfrequenz). Von diesen Energien hängt unser Leben in sehr entscheidendem Maße ab.

Das *Magnetfeld der Erde* gibt z. B. die Frequenz für die *Schwingung unseres vegetativen Nervensystems* vor. Damit beeinflusst es in erstaunlichem Maße unsere *Psyche, unser Bewusstsein und unsere Emotionen.* Wird das Magnetfeld schwächer, führt dies zu deutlichen Irritationen, was man bemerkte, als man mit der bemannten Raumfahrt begann. Die Kosmonauten im Orbit waren teilweise nicht mehr in der Lage, die vorgesehenen Experimente durchzuführen. Man begann daraufhin mit der Erschaffung künstlicher Magnetfelder in den Raumschiffen. Verändert sich das Magnetfeld deutlich in seiner Frequenz, werden mehr Menschen in psychiatrische Einrichtungen eingeliefert. Selbstmorde und Unfälle nehmen zu. Schirmt man das Magnetfeld gänzlich von Versuchspersonen ab, treten Zeitwahrnehmungsstörungen, Orientierungslosigkeit bis hin zu Weltfremdheit auf. Wir sind im Grunde nicht mehr lebensfähig.

Die *Erdresonanz oder Schumannfrequenz* bestimmt mit ihrem Leitwert den *Schwingungsrhythmus unserer Gehirnzellen.*

Auch unsere Muskulatur befindet sich ununterbrochen in einer Mikrovibration, die weder im Schlaf noch in der Narkose aufhört. Sie endet erst mit unserem physischen Tod.

Unsere körpereigenen elektromagnetischen Felder schwingen also in Resonanz mit der Erde.

Diese Beispiele sollen zeigen, wie wir von den Energiefeldern unseres Heimatplaneten abhängig sind. Und diese sind nicht, wie Sie vielleicht glauben, ständig stabil, sondern, insbesondere in letzter Zeit, starken Veränderungen unterworfen. So traten z.B. Erhöhungen der Leitfrequenz in der Erdresonanz (Schumannfrequenz) auf und gleichzeitig wechselten die dominierenden Frequenzen.* Ebenso gibt es deutliche Veränderungen in der Ausrichtung des Nord- und des Südpols der Erde, sodass die Navigationsflugpläne für Flugzeugführer in den letzten Jahren mehrfach geändert werden mussten. Dies hat eine wichtige Bedeutung, weil es zusammen mit weiteren Veränderungen eine Basis für den bevorstehenden Dimensionswechsel der Erde bildet und unser Erwachen unterstützt.

Die zweite Ebene, in die der Mensch energetisch verwoben ist, ist die der Planeten unseres Sonnensystems und die Sonne selbst.
Ein bekanntes Beispiel ist der Mond, dessen 28-Tage-Rhythmus den Monatszyklus einer Frau bestimmt.
Dass die Sonne einen entscheidenden Einfluss auf unseren Körper hat, ist Allgemeinwissen. Sie erhält unser Leben durch den Sauerstoff, den die Pflanzenwelt mit ihrer Hilfe produziert und die Nahrung, die – wenn sie natürlich gewachsen ist – Sonnenlicht als gespeicherte Energie zur Verfügung stellt. Sie erhält außerdem die Erde in einem für unsere Existenz erforderlichem Temperaturniveau. Das ist den meisten Menschen bekannt.
Was jedoch weniger bekannt ist, ist die Tatsache, dass sie als Lichtquelle durch ihre elektromagnetische Strahlung auf ganz bestimmte Weise direkten Einfluss auf jede unserer Zellen nimmt.

---

* In der Vergangenheit war die Schumannfrequenz mit 7,83 Hertz dominierend, jetzt die Frequenzen des Betabereiches (13–40 Hertz). Die Physiker Fosar und Bluedorf, welche ausführlich dazu schreiben, deuten dies als ein Ereignis, das den Menschen in einen erhöhten Wachzustand führen wird.

Dieses Wissen verdanken wir u. a. Prof. Fritz Popp. Er fand in den 70er-Jahren heraus, dass unsere Zellen Licht abstrahlen und der Informationstransfer zwischen den Zellen mit Lichtgeschwindigkeit abläuft. Er erkannte, dass die kleinste Einheit, auf die das Sonnenlicht direkten Einfluss nehmen kann, die Größe einer menschlichen Zelle ist!

> Durch umfangreiche Untersuchungen kam man zu dem Schluss: Der Mensch ist ein hochsensibles Antennensystem, das auf den Empfang von Licht und somit Energie ausgerichtet ist.

Alle Körperzellen besitzen spiral- und röhrenförmige Strukturen, deren Aufgabe es ist, Licht zu empfangen und damit einen höheren Ordnungszustand im Körper herzustellen. Auf der Zellebene ist unsere DNS das Paradebeispiel für eine Spirale. Wozu sollte sich die Natur mit der eleganten Windung diese Mühe gemacht haben – zwei parallele Stränge wären viel einfacher gewesen. Nein, sie hat genau diese Spirale erschaffen, weil eine Spirale, ebenso wie auch eine Röhre oder Kugel, zu den sogenannten Hohlraumresonatoren gehört, welche die Fähigkeit besitzen, empfangenes Licht zu verdichten, indem sie es zwischen ihren Wänden hin- und herschwingen lassen, um damit einen bestimmten Ordnungszustand der Zellen und des Körpers herzustellen. Die meisten Menschen fühlen sich deshalb besser, wenn sie hinaus in die Sonne gehen. Die Sonne erhöht unseren Ordnungszustand und damit Energiezustand. Jede unserer Zellen ist ein Mini-Lichtempfänger und damit ein Empfänger für elektromagnetische Schwingung, weil jede Zelle selbst elektromagnetisch ist, mit einer Spannung und einem Magnetfeld.

Es ist Zeit, dass wir uns wieder daran erinnern:

> Wir sind Lichtwesen – geschaffen, um uns dem Licht zu öffnen, dem höchsten Licht der Schöpfung, denn in diesem Licht wird sich unsere Entwicklung vollenden.

Licht regt unsere Atome und Moleküle an, die biochemischen Prozesse in Gang zu setzen und höhere Energieniveaus herzustellen.

> Unsere Körperchemie »gehorcht« ursprünglich den universellen Gesetzen der Energie und damit den Gesetzen des Kosmos!

Nicht nur auf der Zellebene findet man Spiralen und Röhren, wie DNS und Mikrotuboli, das kleine zellstabilisierende Röhrensystem, sondern überall im Körper: in Knochen, Knorpel und Sehnen, im Kollagen der Bindegewebe, im Keratin von Haut, Haaren und Nägeln. Unser gesamtes Knochensystem ist mit seinen Röhren ein extrem guter Lichtleiter und Lichtverdichter. Das Paradebeispiel auf der Organebene ist unser Herz. Sowohl die Herzmuskelfasern (von der Herzspitze aus betrachtet links), wie auch die Makrostruktur der Herzkammern (rechts) sind spiralig ausgebildet, was Sie in der Skizze gut erkennen können.[2]

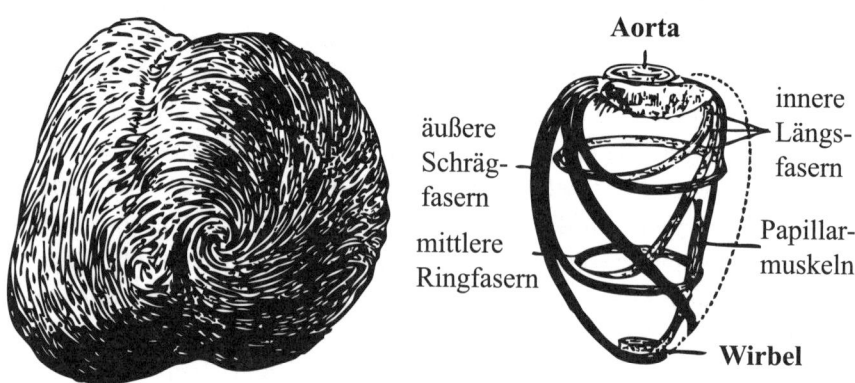

Unser Herz hat im Prozess des Erwachens eine besondere Aufgabe. Es ist der große Transformator. Es ist das Zentrum in uns, von dem die Verwandlung ausgeht, bis Erwachen in Liebe zur gelebten Realität und der neue Himmel auf Erden

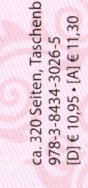

Alle Angaben werden vertraulich behandelt.
* Der Newsletter kann jederzeit abbestellt werden.

Name/Vorname: _____

Straße: _____

PLZ, Ort: _____

Telefon: _____

E-Mail: _____

Geburtsdatum: _____

Bitte senden Sie mir:

☐ weitere Informationen aus dem Schirner Verlag

☐ den Schirner Newsletter (nur als E-Mail*)

☐ das SPIRIT live & Schirner Magazin

Diese Karte entnahm ich dem Buch:

_____

Würden Sie dieses Buch weiterempfehlen?

_____

Vielen Dank!

Antwort

Schirner Verlag
Elisabethenstr. 20 – 22
D- 64283 Darmstadt

Das Porto
übernehmen
wir für Sie!

Wunschfigur

Wirklichkeit wird. Wie viele Inkarnationen haben wir darauf hingearbeitet! Wie viele Leben war es nicht möglich. Jetzt stehen wir kurz davor, den neuen Himmel und die neue Erde endlich wieder erschaffen zu können.

Lassen Sie das Alte hinter sich. Brechen Sie auf zu neuen Ufern, es lohnt sich so sehr! Das Wassermannzeitalter läutet uns dafür die Glocken, damit es jeder, der hören kann, hört und jeder, der sehen kann, sieht und jeder, der fühlen kann, fühlt: Ein neues Zeitalter beginnt. Wissen Sie, wie viele Seelen jetzt Schlange stehen, um erneut auf der Erde inkarnieren zu dürfen?!

Nie war es so leicht zu erwachen, nie so leicht, die Wahrheit über unsere Existenz herauszufinden wie heute.

Sagen Sie sich: Ich folge stets der Energie meiner höchsten Entwicklungsstufe – manifestieren Sie Ihre eigene Entwicklung! Lassen Sie andere denken, was sie wollen, gehen Sie Ihren eigenen Weg, und folgen Sie Ihrem Herzen! Lassen Sie die Herde laufen. Haben Sie Mut, und kommen Sie in Ihre Kraft. Dann erzeugen wir gemeinsam die Energiefelder, die den Aufstieg der Erde in die neue Dimension weiter beschleunigen. Es kann nichts mehr schiefgehen, auch wenn Sie sich vielleicht noch nicht ganz sicher sind, da, wo Sie sind. Wir sind schon zu viele! Die Lawine ist ins Rollen gekommen, sie wird ständig größer, und wenn sie mit riesiger Kraft das Tal endlich erreicht, werden wir in Staunen und Demut, in Liebe und Dankbarkeit den Sinn von »Freude schöner Götterfunken« endlich wieder in seiner ganzen Tiefe verstehen und es gemeinsam singen. Wir werden wahrnehmen, dass Schiller und Beethoven uns damit einen Einblick in die Dimension des Göttlichen geben wollten, den auch sie erfahren hatten.

Ja, unser Herz ist der große Transformator. Es ist das Tor zur neuen Dimension. In unserem Herzen gibt es eine energetische Sperre, die man das Tor von Eden nennt. Über viele tausend Jahre war es verschlossen. Wenn es sich öffnet, bekommen wir wieder Zutritt in den Garten Eden, das Paradies.

In diesem Zusammenhang hatte unsere Tochter vor Jahren ein Erlebnis: Wir standen gemeinsam vor der Haustür und warteten, während sich unser Garagentor öffnete. In diesem Moment hörte Kristin in ihrem Innern die Worte:

> »Jetzt öffnet sich ganz still und leise,
> das Tor auf seine alte Weise«.

Sie wusste intuitiv sofort, was es zu bedeuten hat. Das werde ich nicht vergessen, weil es auch mich tief berührte.

Unser Herz ist, wie wir anhand der obigen Skizze erkennen können, als gesamtes Organ ein relativ großer und effektiver Hohlraumresonator. Indem es Licht von bestimmter Frequenz und Codierung empfängt, kann es dieses so verdichten und bündeln, dass es die energetischen Verdichtungen in Form der vom Menschen erschaffenen Begrenzungen oder Schutzpanzer, die wir alle um unser Herz tragen, solange wir »schlafend« sind, wieder öffnet, ebenso, wie die von der kosmischen Intelligenz geschaffene energetische Sperre. In diesem Prozess erfahren wir Herzöffnungen ungeahnten Ausmaßes und schließlich den Zustand eines vollkommen offenen Herzens, frei von den geistig-emotionalen Einschränkungen, die der menschliche Verstand, das menschliche Ego erschaffen haben. Das fühlt sich so an, als ob wir uns neu verliebt hätten. Diese Liebe ist jedoch nicht an eine Person gebunden, denn sie bezieht sich auf alles, was ist: Menschen, Tiere, Pflanzen und sogar »unbelebte« Gegenstände. Sie bezieht sich auf unsere Erde, für die wir fortan ein tiefes Mitgefühl besitzen und sie bezieht sich auf den gesamten Kosmos, mit dem ihm innewohnenden intelligenten Leben.

Wir fühlen uns dabei, als ob wir unseren einstigen kindlichen Zustand wiedererlangt hätten, frei und voller Liebe. »Werdet wie die Kinder«, sagte uns Jesus Christus, und genau das wollte er damit ausdrücken: Dann nämlich besitzt auch Ihr das Himmelreich, das Reich Gottes.

Was sich die kosmische Intelligenz mit dem Sonnenlicht »ausgedacht« hat, ist einfach genial. Dabei wurde sogar das Lichtspektrum in seiner Wirkung noch *fein abgestimmt*. Man fand z. B. heraus, dass unterschiedliche Farben und Wellenlängen nur auf ganz bestimmte Zellbestandteile Einfluss nehmen. So wirkt blaues Licht auf der Ebene unserer Biomoleküle, grünes Licht beeinflusst die Mitochondrien und *ultraviolettes Licht unsere DNS*. Dies sollten wir uns merken, bis wir es an anderer Stelle wieder abrufen. Auch ist es kein Zufall, dass wichtige Moleküle rechts- bzw. linksdrehend sind. Sie leiten auf diese Weise das empfangene Licht entsprechend links- oder rechtsherum weiter. Unser Körper ist außerdem stark lichtdurchlässig. Bis in das Innere des Gehirns kann Licht eindringen. Auch ein ungeborenes Kind erhält im Mutterleib ausreichend Licht für seine Entwicklung. Unsere Augen haben nicht nur eine Sehfunktion. Das über sie aufgenommene Licht wird über entsprechende Hirndrüsen an die Wirbelsäule weitergeleitet und energetisiert auf diese Weise den gesamten Körper.
Mir haben diese und andere Erkenntnisse geholfen, die Grundlage für ein neues Weltbild zu legen, indem klar wurde: Energie erschafft und beeinflusst Materie und bildet die Basis für die materielle Welt. Vielleicht hilft es auch Ihnen, besser zu verstehen, wie das Sonnenlicht uns energetisch einbindet in unser Sonnensystem und direkten Einfluss auf unsere Zellen nimmt. Dieses Verständnis werden wir an anderer Stelle noch einmal benötigen, um die großen kosmischen Programme zu verstehen.

Wagen wir deshalb den Sprung in weitere Ebenen, in die wir energetisch eingebunden sind und die uns entsprechend beeinflussen: *Planeten und Sterne außerhalb unseres Sonnensystems sowie die Einflüsse des Zentrums unserer Galaxis, der sogenannten Zentralsonne.* Mit diesem Teil werden wir den Kreis zum Erwachen schließen.

Alles ist in Bewegung und nimmt somit wechselnden Einfluss auf den Austausch von Energien. Nicht nur die Erde dreht sich um sich selbst und um die Sonne, auch unser Sonnensystem steht nicht still. Erst vor Kurzem fand man heraus, dass sich unsere Galaxis in einem Zeitrahmen von 200 Millionen Jahren einmal um sich selbst dreht. In all diese Zyklen und Abläufe sind wir als Erde und als Menschheit eingebunden. Deshalb sind auch die Veränderungen, die wir miterleben werden, keineswegs zufälliger Natur.

Was in diesem Zusammenhang wieder verstärkt in das Bewusstsein der Menschen rückt, ist die *Bewegung unseres eigenen Sonnensystems,* dargestellt in der nachfolgenden Skizze: Unser Sonnensystem kreist auf einer unvorstellbar großen elliptischen Bahn durch den Kosmos. Für einen Umlauf benötigt es 25.920 Jahre. Es legt dabei also riesige Entfernungen zurück und nimmt verschiedene Positionen am Sternenhimmel ein, die sehr weit auseinanderliegen. Die Position zwischen dem äußersten rechten und äußersten linken Punkt dieser gigantischen Ellipse ist demzufolge ein völlig anderer Ort im kosmischen Raum. *Auf seinem Weg gerät unser Sonnensystem, und damit unsere Erde und alle Lebewesen auf ihr, in den Einflussbereich unterschiedlicher Sterne und Planeten und wird von diesen energetisch beeinflusst.* Gleichzeitig verändert es ständig seine Entfernung zum Zentrum unserer Galaxis (Urzentralsonne), von relativ nahe bis sehr weit entfernt. Im oberen Teil der Bewegung, von rechts nach links (x nach y), entfernen wir uns von unserer Urzentralsonne, und nachdem wir uns über den äußersten linken Scheitelpunkt – y – hinab in die untere elliptische Bahn (y nach x) bewegen, nähern wir uns ihr wieder ganz allmählich an. Jetzt stellen Sie sich vor, dass unser galaktisches Zentrum die »Schaltzentrale« für 100 Milliarden Sterne und Sternensysteme ist. Konkret gesagt stellt es ein gigantisches pulsierendes Feld aus intelligenter Energie dar, das für alle Mitgliedersternensysteme unserer Galaxis vier universelle Wellenfunktionen – einen Lichtcode – übermittelt! Es ist der »eine Geber von Maß und Bewegung«, wie es im Buch »Der Maya-Faktor«

von Jose Argüelles zu finden ist. »Dabei entspricht *Bewegung* Energie, dem Lebensprinzip und dem alldurchdringenden Bewusstsein, das in allen Phänomenen gegenwärtig ist. *Maß* bezieht sich auf das Prinzip von Rhythmus, Periodizität und Gestalt, gemäß den verschiedenen begrenzenden Eigenschaften, die die Energie bei ihren unterschiedlichen Umwandlungen annimmt.«[3]
Ich würde es sehr vereinfacht so ausdrücken:

> Der galaktische Kern übermittelt uns sein Bewusstsein (intelligente Energie), damit wir die Richtung unserer Evolution erkennen können und uns danach ausrichten.

Und dieses Ausrichten wird durch Resonanz mit dem galaktischen Zentrum und anderen Sternensystemen bewusst hervorgerufen. Der Zweck der Aussendung intelligenter Energie oder Welleninformation ist die höherstehende Koordination der Sternensysteme mit dem Ziel, sie harmonisch zu synchronisieren – man könnte auch sagen, das bewusste Erreichen von Harmonie der gesamten Galaxis. Dazu ist es erforderlich, dass auf den Planeten mit intelligentem Leben ein Bewusstsein entwickelt wird, das in Übereinstimmung mit den kosmischen Gesetzen, also mit Bewusstsein selbst, dem Schöpfungsprinzip, ist. Das ist für den menschlichen Verstand kaum fassbar.

> Bewusstseinsentwicklung und Energieharmonisierung mit der Schöpferkraft des Universums ist das Maß aller Dinge für unsere Evolution und die Zielvorgabe.

Die Sonne als unser Zentrum hat dabei die Aufgabe, den Informationsfluss zwischen dem galaktischen Kern und der Erde aufrechtzuerhalten und durch ihre binäre Sonnenfleckenaktivität die äußere elektromagnetische Hülle unseres Planeten neu zu prägen (Veränderungen des Magnetfeldes der Erde) und damit die Grundlagen für ein neues planetares Gedächtnisprogramm einzuspeisen, was die Basis für die Veränderung genetischer Prägungen darstellt. All das geschieht mithilfe von *Licht-codierungen*.

Erreichen auch wir diesen Bewusstseinsstand, werden wir als ein würdiges Mitglied in die »Galaktische Förderation« aufgenommen.

Dieses Ereignis haben die Maya auf der Erde vorbereitet. Ihr Kalender, der das gesamte kosmische Wissen enthält, endet 2012 und kündet das Ende der alten und den Beginn der neuen Zeit an.

Die Maya haben mit ihrem Hiersein sozusagen die letzten Einstellungen vorgenommen, um die galaktischen Informationen mit den Bedürfnissen von Erde und Sonne zu synchronisieren und den Aufstieg der Erde in die neue Bewusstseinsdimension vorzubereiten.

Sie sind als galaktische Beauftragte in der Lage, sich von Sternensystem zu Sternensystem zu bewegen. Ihr hoch entwickeltes Bewusstsein ermöglicht es ihnen, in verschiedene Seins-Zustände zu wechseln und durch Frequenzveränderung jeden Ort im Kosmos aufzusuchen, um dort körperlich anwesend zu sein. Deshalb konnten sie, nachdem ihre Arbeit in unserem Sonnensystem abgeschlossen war, unseren Planeten, so »plötzlich« verlassen. Ihr Wissen und ihre Fähigkeiten sind im Vergleich zu unseren gigantisch. Sie sind bereits in hohem Maße Schöpfer, während wir noch in den Kindergarten gehen und gerade erst anfangen, unser schöpferisches Potenzial zu erkennen.

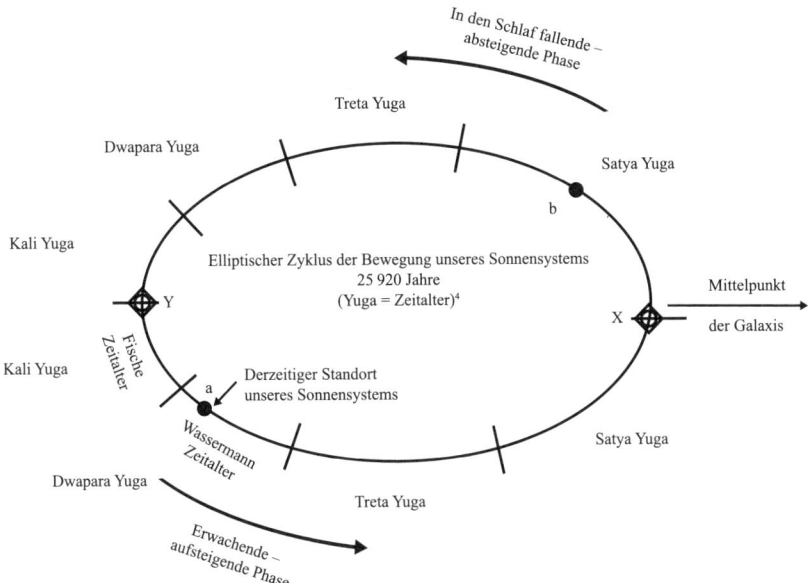

Elliptischer Zyklus der Bewegung unseres Sonnensystems – 25 920 Jahre[4]

Wir werden uns jetzt darüber klarer werden, wie Erwachen in den großen kosmischen Plan eingebunden ist. Neben dem Zyklus, den ich hier beschreibe, geht ein weiterer, 200 000 Jahre andauernder Zyklus seinem Ende entgegen. Er wird ebenfalls in der Literatur erwähnt, hat jedoch nicht mehr mein intensives Interesse gefunden. Jedoch bringen beide Zyklen gemeinsam den Dimensionswechsel oder die Zeitenwende hervor.

Die elliptische Bahn, auf der sich unser Sonnensystem in seinen riesigen circa 26 000 Jahres-Zyklus bewegt, ist nicht geschlossen, sondern offen, spiralförmig. So wiederholt sich also jeder neue Umlauf in einer höheren Ebene. Der Zyklus ist in die 12 Tierkreiszeichen eingeteilt, wobei jedes eine Zeitspanne von 2160 Jahren umfasst. Es gibt eine weitere Einteilung des Umlaufs in acht 1200- bis 5000-Jahr-Zeiträume, sogenannte Yugas, was aber für das Grundverständnis eine untergeordnete Bedeutung hat.

Unser Sonnensystem bewegt sich also auf dem Umlauf vom rechten Scheitelpunkt (x), wo es dem Zentrum der Galaxis am nächsten ist, hinüber zum linken Scheitelpunkt (y), wo es die größte Entfernung zum Zentrum der Galaxis hat. Auf diesem Weg, so könnte man vereinfacht sagen, wird die intelligente Energie, die es vom Zentrum empfängt, schwächer. Damit wird auch unsere Verbindung zu diesen Energien schwächer, wir werden immer unbewusster und fallen in den geistigen Schlaf. Gleichzeitig erreichen uns auf diesem Weg die Energien verschiedener Sternbilder, in deren Nähe unser Sonnensystem vorbeiwandert, und beeinflussen uns. Sind wir im Sternbild Fische (etwa der Zeitabschnitt Kali Yuga) angelangt, befinden wir uns in der niedrigsten Schwingungsfrequenz (Energie) des gesamten Umlaufs und gleichzeitig am weitesten vom galaktischen Zentrum entfernt. Die Schwingung oder Strahlung des Fische-Zeitalters mit den dazugehörigen Sternensystemen hat eine Frequenz von 15 Trillionen Schwingungen pro Sekunde und entspricht Infrarotstrahlung. In diesem Zeitalter schlafen wir sozusagen am tiefsten. Erst mit dem Eintritt in das Wassermannzeitalter (die Übergangsphase haben wir bereits hinter uns gelassen und stehen etwa bei Punkt a in der Skizze), hört die Beeinflussung durch diese tiefe Schwingung allmählich auf und der Einfluss der Strahlung des Wassermannzeitalters (etwa der Zeitabschnitt Dwapara Yuga) verstärkt sich. Unser Sonnensystem befindet sich während dieser Zeit in der höchsten Schwingung aller zwölf Zeitalter. Sie beträgt 75 Trillionen Schwingungen pro Sekunde, was ultravioletter Strahlung entspricht. (Erinnern wir uns an das ultraviolette Licht und dessen Einfluss auf unsere DNS!) Gleichzeitig haben wir die weiteste Entfernung vom Zentrum der Galaxis hinter uns gelassen, sodass sich seine intelligente Energie wieder zu verstärken beginnt. Das ist die Zeit, die man mit unserem geistigen Erwachen in Verbindung bringt. Hier tritt unser Sonnensystem auch in den sogenannten Photonengürtel ein, der uns mit seinem ganz speziellen Lichtspektrum hochfrequenter Photonenenergie beeinflusst. Damit haben wir das »dunkle Zeitalter« oder auch die galaktische Nacht hinter uns gelassen. Wenn wir diesen Gürtel wieder verlassen, wird an seine Stelle eine neue Realität treten, denn in seinem Nachwirbel bildet sich ein Raum-Zeitquantum, das der Katalystor für unser gesamtes Sonnensystem ist.

Unter dem Einfluss dieser Frequenzen werden sich verstärkt Veränderungen unserer DNS vollziehen und latente (schlafende) Kodierungen aktiviert werden.

Die Kinder, die seit den 80er-Jahren geboren werden, bringen teilweise bereits solche Veränderungen mit, die in ihren speziellen Fähigkeiten zum Ausdruck kommen, deren Potenzial jedoch in jedem Menschen vorhanden ist.

Das Wassermannzeitalter wird damit für die Menschheit ein völlig neuer Erfahrungszyklus, der einen umfassenden Paradigmenwechsel einleitet.

Die alte Ordnung vergeht und eine neue Zeit beginnt. Der neue Himmel und die neue Erde werden Wirklichkeit. Erwachen ist Bestandteil dieses Plans. Es ist der größte Bewusstseinssprung, der der Menschheit bevorsteht. Wir verlassen damit als menschliche Zivilisation unsere Kinderschuhe und treten unsere Reise in unser erwachsenes Stadium an.

Alles Wissen, was wir dazu benötigen, ist bereits vorhanden, alle Fragen, die wir dazu stellen könnten, sind schon beantwortet durch Bewusstsein selbst. Wir haben die Aufgabe, immer tiefer bzw. weiter zu erwachen, um uns dieser großartigen Wahrheit zu öffnen.

Unsere DNS, von der die konventionelle wissenschaftliche Genforschung 99 Prozent als Müll bezeichnet hat, ist ein gigantischer Informationsspeicher ungeahnten Ausmaßes. Sie enthält Anteile des genetischen Materials jeder Spezies auf der Erde und genetisches Material,

das holographisch mit allen Erfahrungen der Menschheit kodiert ist sowie mit den Erfahrungen der holographischen Gitterstrukturen unserer eigenen Inkarnationen. Sie enthält weiter Anteile der genetischen Kodierungen aller fühlenden Wesen auf 383 aufsteigenden Planeten innerhalb fünf benachbarter Universen. Außerdem enthält unsere DNS latente (schlafende) Kodierungen, die den physischen Körper in einen Lichtkörper verwandeln bzw. mutieren lassen.
(Tashira Tachi-ren »Der Lichtkörperprozess«)

Russische Untersuchungen haben herausgefunden, dass unsere DNS nicht nur *Empfänger und Speicher für elektromagnetische Energie ist, sondern die Fähigkeit besitzt, die Information, die durch diese Energie transportiert wird, zu verarbeiten. Sie hat außerdem eine Sendefunktion, was sie zu einem komplexen interaktiven Biochip auf der Basis von Licht werden lässt, der noch dazu auf Sprache reagiert und diese versteht. Wie andere Untersuchungen zeigen, verfügt sie weiter über die Eigenschaft der Hyperkommunikation, was es ihr ermöglicht, in einem riesigen Bewusstseinsnetzwerk Informationen auszutauschen.* Damit wird klar, dass sie mit »Bewusstsein selbst«, mit der Quelle allen Seins kommunizieren kann. Das ist nicht verwunderlich, da sie aus dieser Quelle hervorgegangen ist bzw. durch sie erschaffen wurde.
Eine Kommunikation mit der DNS findet z. B. – wie wir weiter oben beschrieben haben – über die Lichtcodes unserer Sonne, die ihrerseits mit dem Galaktischen Zentrum in Verbindung steht, statt. Unsere DNS wird auf diese Weise veranlasst, diese Codes zu empfangen und zu verarbeiten sowie durch ihre Sendefunktion die entsprechende Rückmeldung zu geben, dass die Informationen in das System (hier unser Körper) integriert wurden. Dieser Informationsaustausch lässt die Quelle »wissen«, wo wir als Spezies in unserer Bewusstseinsentwicklung stehen.

Da unser Galaktisches Zentrum ein riesiges pulsierendes Bewusstseinsfeld (der »eine Geber von Maß und Bewegung«) ist, bestimmt also »Bewusstsein selbst« unsere Evolution als Spezies. Gleichwertig kann man sagen, der Schöpfer bestimmt unsere Evolution, denn er ist dieses Bewusstsein.

Ab einer bestimmten Stufe innerhalb dieses Entwicklungsprozesses, der momentan stattfindet, werden wir als Mensch selbst zur Hyperkommunikation fähig, d.h. wir nehmen bewusst Kontakt mit der Quelle auf und erhalten alle notwendigen Informationen von dort. Wir werden allwissend. Beispiele dafür gibt es bereits unter den »Kindern des neuen Jahrtausends«, wie sie Jan Udo Holey genannt hat. Sie verfügen über Wissen, das sie direkt aus der Quelle beziehen. Meine Tochter sagte mir einmal, als wir ein bestimmtes Thema besprachen: »Mama, ich weiß zu dem Thema gar nichts. Aber wenn ich darüber sprechen soll, weiß ich alles und das bis ins kleinste Detail.«

> Aber nicht nur die jüngere Generation ist dabei, ihre Verbindung zur Quelle zu nutzen oder wiederherzustellen. Viele Menschen mittleren Lebensalters haben ebenso begonnen, diese kosmische Datenbank anzuzapfen und sich mit den geistigen Hierarchien bis hinauf zum Schöpfer zu verbinden.

Eine Vielzahl von Büchern, die in den letzten Jahren erschienen sind, dokumentieren dies. Eines davon ist z.B. das oben angeführte Buch über den Lichtkörperprozess und die Informationen über den Speicherinhalt unserer DNS. Das Wissen wurde erhalten, indem Tashira Tachiren (der Autor) eine geistige oder mentale Verbindung zur Ebene der Erzengel einging, der Ebene, die immer in Verbindung mit der Quelle allen Seins existiert.

Der Prozess unserer Höherentwicklung als Spezies wird also durch äußere Schwingungserhöhung und entsprechende Lichtcodierungen (galaktisches Zentrum, Sonne – Erde, Photonenring etc.) geleitet. Er führt dazu, dass die Erde und alle Lebensformen mit einer höheren Frequenz in Resonanz gehen und an Dichte verlieren, das heißt feinstofflicher werden. Wir als Menschheit nehmen in dieser Entwicklung ein neues Schwingungsmuster an, das in einem evolutionären Prozess unsere DNS, unser Gehirn und unsere Stoffwechsel- und Energiegewinnungsprozesse fundamental verändern wird.

> Das Erreichen der vollständigen Resonanz mit den neuen Leitfrequenzen wird als *Aufstieg der Erde in eine neue Dimension* bezeichnet. Die alte Dimension, in der wir viele Jahrtausende gelebt haben, wird damit transformiert.

In diesem Prozess ist es unsere Aufgabe, alte Überlebensmuster sowie destruktive Gedanken- und Emotionsenergien aus unserem physischen Körper zu lösen. Wir ersetzen sie durch Energiefelder, die von Mitgefühl und Liebe, den Frequenzen der Schöpfung, bestimmt sind. Uns steht ein Dimensionswechsel ungeahnten Ausmaßes bevor, der das Bewusstsein der Menschheit vollständig verändern und anheben wird.

> Ein Ziel dieser Veränderungen ist die Wiederherstellung von Harmonie – also Gleichgewicht auf unserem Planeten –, ist die Heilung der Erde und aller Lebensformen, die diese Energie aufrechterhalten können.

Der Aufstieg der Erde in eine höher schwingende Dimension ist ein Ereignis, das von anderen Sternenzivilisationen sowie der Galaktischen Föderation seit langem beobachtet wird, weil seine Auswirkungen nicht auf unsere Erde und unser Sonnensystem begrenzt bleiben, sondern auf vielfältige Weise das Bewusstsein unserer Galaxis und darüber hinaus beeinflussen wird.
Öffnen Sie sich diesem Wissen! Werden Sie selbst wach! Erwachen ist der Beginn dieser großartigen Zeit, die uns allen bevorsteht, der goldenen Zeit des Lichts!

Es erwarten uns unglaubliche Geschenke, die nie so großzügig verteilt wurden, wie im Wassermannzeitalter.

Der Sinn des Spiels
ist Bewusstwerdung

Mit diesem Kapitel möchte ich das Wesen des Prozesses, der uns im Aufstieg der Erde erwartet, deutlicher werden lassen und vermitteln, dass es sich um einen inneren Bewusstwerdungsprozess handelt. Die globalen kosmischen Einflüsse werden also unser Bewusstsein verändern. Was dabei geschehen wird, ist weder etwas Mystisches noch Unbegreifbares. Es ist auch kein Ereignis, das allein im Außen stattfindet, wie einige vielleicht vermuten oder auf das sie in Verbindung mit dem Jahre 2012 warten. Das, was uns erwartet, ist ein Prozess, in dem das menschliche Bewusstsein eine tief greifende Transformation durchläuft. Durch diese Transformation erfahren wir *den* inneren Reifungsprozess, für den wir viele Leben immer wieder auf die Erde gekommen sind, ohne ihn jedoch als gesamte Menschheit wirklich begonnen zu haben. Einzelne Menschen konnten diese Transformation schon zu vielen Zeiten erleben. Jetzt hat sie für einen bestimmten Teil der menschlichen Spezies begonnen.

> Dieser Prozess wird zunehmend unser eigentliches Potenzial als menschliche Wesen offenbaren und uns befähigen, nicht nur unsere Probleme zu lösen, sondern ins Paradies zurückzukehren.

Die innere Reife, die wir dabei erlangen, wird gleichzeitig die äußere Welt verändern. Der neue Himmel (unser transformiertes Bewusstsein) wird eine neue Erde erschaffen.

Vielleicht glauben Sie ja, wie auch ich das tat, dass der Mensch doch die Spezies mit dem höchsten Bewusstsein sei. Was soll da noch kommen?! Das, was noch kommt bzw. für einige schon Realität ist, wird sich als entscheidender Schritt für unsere Evolution darstellen. Wir werden aus dem Schlafzustand heraustreten, geistig erwachen und somit von der Kelleretage in das Erdgeschoss gelangen, um allmählich auch noch die weiteren Etagen unseres Hauses in Besitz zu nehmen. Denn solange wir uns im Zustand des universellen Schlafes befinden, können wir von unserer wirklichen Kraft keinen Gebrauch machen. Erst wenn wir aus dem kindlichen Stadium unserer Entwicklung herausfinden und erwachsen werden, kann dieses unglaubliche Potenzial, das in uns angelegt ist, zur Entfaltung gelangen. Dies ist unser eigentlicher Reifeprozess als Spezies. Dabei spielen unsere Emotionen eine entscheidende Rolle, wie wir noch sehen werden.

Betrachten wir Bewusstwerdung einmal als einen linearen Prozess (obwohl er das nicht ist), unter Zuhilfenahme einer Leiter oder Skala, die 17 Stufen besitzt. Diese fand ich vor vielen Jahren in dem Buch von Dr. David R. Hawkins: »Licht des Alls, die Wirklichkeit des Göttlichen«, der sein Leben als Mediziner, Wissenschaftler und Mystiker der spirituellen Bewusstseinserforschung gewidmet hat und für mich einer der wichtigsten Lehrer war. Viele Jahre seines Lebens entwickelte er, nachdem er selbst ein hohes Bewusstsein erlangt hatte, unter Einbeziehung Tausender Testpersonen mithilfe des Testverfahrens der Kinesiologie die unten aufgeführte Skala. Das Lesen seiner Bücher hat mein Bewusstsein enorm erweitert und mir klar gemacht, warum die Welt so ist, wie sie ist und bisher nicht anders sein konnte.

Tafel der Skala des Bewusstseins nach David R. Hawkins [5]

Gottver-ständnis	Lebensauf-fassung	Ebene	Mess-wert	Emotion	Prozess
Selbst	Ist	*Erleuchtung* ↑	700 - 1000	unbeschreibbar	reines Bewusstsein
All-Sein	voll-kommen	*Frieden* ↑	600	Glückseligkeit	Durchlichtung
eins	voll-ständig	*Freude, bedingungslose Liebe* ↑	540	heitere Gelassenheit	Verklärung
liebend	wohl-wollend	*Liebe* ↑	500	Verehrung	Offenbarung
weise	bedeutungs-voll	*Vernunft* ↑	400	Verständnis	Abstraktion
gnädig	harmonisch	*Akzeptanz* ↑	350	Vergebung	transzendieren
begeis-ternd, inspirierend	hoffnungsvoll	*Bereitwilligkeit* ↑	310	Optimismus	Absicht, Vorsatz
befähigend	befriedigend	*Neutralität* ↑	250	Vertrauen	loslassen
erlaubend	machbar	*Mut, Wahrheit, Integrität* ↑ *Ebene von Wahrheit*	200	Bejahung	sich ermächtigen

		Ebene von Nicht-wahrheit				
gleichgültig	fordernd	*Stolz* →	175	Verachtung, Spott, Hohn	Angeberei	
rachsüchtig	feindlich	*Wut, Ärger* →	150	Hass	Aggression	
leugnend	enttäuschend	*Begehrlichkeit* →	125	heftiges Verlangen	Versklavung	
strafend	beängstigend	*Angst* →	100	Ängstlichkeit	Rückzug	
vernachlässigend	tragisch	*Kummer* →	75	Reue	Verzagtheit, Verzweiflung	
verdammend	hofnungs-los	*Apathie, Hass* →	50	hoffnungslos	aufgeben	
rachsüchtig	böse	*Schuldbewusst-sein* →	30	Schuldzuweisung	Zerstörung	
schmähend	voller Hass	*Scham* →	20	Erniedrigung	Ausmerzung	

Die Sprossen dieser Leiter stellen eine Landkarte der Energiefelder des menschlichen Bewusstseins mit den dazugehörigen vorherrschenden Emotionen oder Lebensauffassungen sowie dem entsprechenden Verständnis von Gott dar. Das bedeutet, jede Ebene wird von einem bestimmten Energiefeld, in dem derjenige lebt, der diese Ebene geistig »bewohnt«, begleitet. Jeder Mensch ist, aus der Sicht seines Bewusstseins gesehen, auf einer dieser Ebenen zu Hause oder vereint gleichzeitig Anteile mehrerer Ebenen in sich. Dem entsprechend macht er ganz bestimmte Erfahrungen in seinem Leben, die andere Menschen, deren Bewusstsein in einer höheren oder tieferen Ebene verankert ist, nicht machen können. Alle großen spirituellen Disziplinen haben versucht, Wege zu finden, wie man auf dieser »Leiter« »aufsteigen« kann, denn dieser »Aufstieg« stellt unseren Evolutionsprozess, unsere Reise nach Hause, zurück in unser göttliches Bewusstsein dar.

Betrachten Sie die Skala einmal von unten nach oben und versuchen Sie, jedes Gefühl der Ebenen bis »Stolz« einzeln zu fühlen. Fühlen Sie sich hinein in Scham, Schuldbewusstsein, Apathie, Kummer, Angst, Begehrlichkeit, Wut, Ärger, Stolz. Spüren Sie, wie es sich anfühlt, erniedrigt zu werden, schuldig zu sein, ohne Hoffnung zu leben, Angst zu haben, gehasst zu werden, Spott, Hohn und Verachtung zu erfahren und anderen ähnliche Gefühle entgegenzubringen. Empfinden Sie, wie trostlos sich das Ganze anfühlt, wie traurig es macht?! Vielleicht merken Sie auch einfach nur, dass es ihnen in diesen Ebenen nicht besonders gut geht. Vielleicht sind es Gefühle, die Sie zurückweisen und die Sie nicht in ihrem Leben haben wollen, weil Sie diese stark verdrängt haben. Möglicherweise verursachen sie Schmerz oder ein flaues Gefühl in der Magengrube.

> Den meisten Menschen dürfte es nicht schwerfallen, sich hier einzufühlen, denn diese Ebenen waren charakteristisch für das Leben in ihrer Kindheit.

Sie bestimmen deshalb zu einem großen Teil immer noch ihr heutiges Leben, besonders in der Familie und den Partnerbeziehungen.

Und nun machen Sie dasselbe mit den Ebenen ab Mut aufwärts: Lassen Sie Mut, Neutralität, Bereitwilligkeit, Akzeptanz, Vernunft, Liebe, Freude, Frieden in sich wirken. Versuchen Sie ebenso, eine innere Beziehung zu den dazugehörigen Emotionen herzustellen: Vertrauen, wie fühlen Sie sich mit Vertrauen? Und wie, wenn Sie sich in Optimismus, Vergebung, Verständnis, Verehrung, Heiterkeit und Seligkeit *einfühlen*? Spüren Sie, welche Wirkung diese Emotionen auf Sie haben? Wie wäre es, wenn z. B. Ihr Partner oder eine andere nahe Bezugsperson, die in Ihrem Leben ist, Ihnen vollständig vertrauen würde, den ganzen Tag optimistisch wäre, Ihnen bei allen Dingen, die Sie besser nicht getan hätten, sofort vergeben würde, Verständnis hätte, für alles, was Sie tun, Sie gleichzeitig auch noch in höchstem Maße lieben und verehren würde, den ganzen Tag heiter, wie der Sonnenschein herumspringen und am Abend in Seligkeit mit Ihnen einschlafen würde. Wäre das nicht das Paradies auf Erden?

Das ist das Paradies auf Erden!

Nur, dass Sie selbst es sein werden, der diese »Eigenschaften«, dieses Bewusstsein verkörpern wird.

Über so viele Jahrtausende war uns das Paradies scheinbar verschlossen, weil wir in den Energien und Emotionen von Erniedrigung, Schuldzuweisung, Hoffnungslosigkeit, Reue, Angst, Verlangen, Hass, Verachtung, Spott und Hohn gelebt und uns damit selbst ein leidvolles Leben erschaffen haben.

Wenn wir den Bewusstseinsgrad der Menschheit insgesamt betrachten, so lag dieser laut Hawkins bis in die Achtzigerjahre des vorigen Jahrhunderts bei einem Messwert von 190 und ist erst zum Ende der Neunzigerjahre auf einen Wert von 204 angestiegen. Daran lässt sich leicht erkennen, dass wir als menschliche Spezies erst etwa ein Fünftel des Weges unserer Bewusstseinsentwicklung zurückgelegt haben. Wir steckten also bis dahin wirklich noch in den Kinderschuhen, wenn man davon ausgeht, dass die Ebenen des Bewusstseins bis 1 000 kalibrieren. Uns erwarten also noch 80 Prozent an Bewusstseinsentwicklung, wenn man dies rein zahlenmäßig betrachtet. Die Entwicklung, die wir bis zu den 90er-Jahren vollzogen haben, ist vergleichsweise sehr gering in Bezug auf das, was uns in der Zukunft noch erwartet. Das heißt zum Glück nicht, dass wir die fünffache Zeit dazu benötigen werden.

Machen wir uns bewusst, dass wir als Menschheit etwa bis zum Beginn des zweiten Jahrtausends in den *unteren* Bewusstseinsebenen gelebt haben, die mit der Ebene »Mut« beendet werden. Diese repräsentieren Energiefelder und Emotionen, die destruktiv oder zerstörend wirken und damit Leid erschaffen. Sowohl das Ausleben dieser Emotionen als auch ihre Unterdrückung können das Leben völlig zerstören und die Beteiligten sehr viel Leid und auch Krankheit erfahren lassen.

> Auf diesen Ebenen scheint das Leben keinen wirklichen Sinn zu haben, weil es von negativen Energien und Abhängigkeiten beherrscht wird, aus denen es scheinbar kein Entrinnen gibt.

Mit einem solchen Bewusstsein erschaffen wir äußere Umstände, die von Kampf, Leid und Krankheit geprägt sind. Nur leider wissen wir dies nicht. Wir glauben nämlich, die Welt existiere unabhängig von uns und wir hätten mit all dem, was »da draußen« passiert, nichts zu tun. Wir kommen nicht einmal auf den Gedanken, dass z. B. unsere Krankheiten etwas mit uns selbst zu tun haben könnten, sondern leben in der Vorstellung, sie seien durch unglückliche äußere Umstände oder gar Zufälle entstanden. Diese Energieebenen repräsentieren den »universellen Schlafzustand der Menschheit«. Sie sind dadurch gekennzeichnet, dass wir uns unserer eigenen Natur nicht wirklich bewusst sind. Wir sind nicht fähig zu erkennen, wer wir wirklich sind. Wir handeln vollkommen reaktiv und sind äußerst manipulierbar. Wir merken nicht, dass wir uns das Leid selbst antun und wir tun es täglich. Wir können Wahrheit nicht von Unwahrheit unterscheiden. Deshalb können uns

z. B. die Medien, solange wir nicht wach geworden sind, verdummen, ohne dass wir es merken. In den unteren Bewusstseinsebenen agieren wir als Menschheit vorwiegend zerstörerisch, weil wir genau diese destruktiven Energien ausleben oder in uns unterdrücken. Probleme werden nicht gelöst, sondern geschaffen. Wenn wir uns ansehen, wie viele wir davon in den letzten Jahrzehnten geschaffen und was wir alles zerstört haben, so kann dies ganz schnell klar werden. So grundlegende Probleme, wie Armut, Hunger und Elend existieren selbst in den zivilisierten Ländern noch, obwohl für alle Menschen genug Nahrung da wäre. Gewalt und Krieg sind nach wie vor an der Tagesordnung. Die Zerstörung der Erde, der Meere und der Atmosphäre hat insbesondere in den letzten Jahrzehnten drastische Ausmaße angenommen. Und wir diskutieren immer noch über den Ausstoß von CO_2, obwohl es diesbezüglich bereits viertel *nach* zwölf ist. Technologien, die ohne Schadstoffausstoß Energie erzeugen können und die schon lange existieren, werden aus Profitsucht unterdrückt. Das Reaktorunglück in Tschernobyl z. B. passierte auf der untersten Ebene des Bewusstseins – auf der Ebene von »Scham«, obwohl dort Wissenschaftler mit entsprechender Ausbildung tätig waren. Höherer Intellekt bedeutet nicht gleichzeitig auch höheres Bewusstsein. Intelligenz im herkömmlichen Sinne kann einhergehen mit einem sehr niedrigen Bewusstsein und wird deshalb gefährlich für das Leben. Die Erschaffung von Problemen geht immer noch weiter. Wir häufen Waffen an, die die Erde mehrfach zerstören könnten. Seit vielen Jahren sprühen wir per Flugzeug Gifte in den Himmel (»Chemtrails«) mit der fadenscheinigen Begründung, die allgemeine Erwärmung aufhalten zu wollen, und nehmen mit Billigung der WHO den Tod von jährlich mindestens 40 Millionen Menschen, vornehmlich älteren und kranken, in Kauf.

Kriegerische Auseinandersetzungen und Konflikte gibt es permanent auf der ganzen Welt, und wenn es gerade keinen Krieg gibt, kann man unter Missachtung aller Gesetze und mit betrügerischen Behauptungen schnell einen hervorzaubern (Irak) oder Terrorangriffe organisieren, um das Massenbewusstsein mithilfe von Angst so zu manipulieren, dass das Ziel, alles und jeden zu überwachen, gesetzlich sanktioniert werden kann. Kontrolle und Machtstreben sind Energien, die den unteren Bewusstseinsebenen angehören. Macht stützt sich immer auf trügerische Argumente und Lügen. Wenn Sie testen würden, wie viele in der Öffentlichkeit stehenden Personen, die in den Medien auftreten, nicht die Wahrheit sagen, wären Sie zutiefst erschüttert.

Ich belasse es bei diesen wenigen Beispielen, unser zerstörerisches Handeln und das Erschaffen von Problemen darzustellen. Sie können dies durch genügend andere Quellen erfahren und vertiefen.

> Auf den unteren Bewusstseinsebenen können wir nicht erkennen, dass es unser Bewusstsein ist, das all diese Szenarien erschafft und sie zu unserer Realität werden lässt.

Deshalb können der Wahnsinn und das Leid erst aufhören, wenn wir diese Energien, durch welche die Probleme entstanden sind, verlassen. Bevor wir nicht die Ebene von »Neutralität« erreicht haben, werden unsere äußeren Bemühungen, mit der Zerstörung und Leiderschaffung aufzuhören, nicht wirklich greifen, weil ihnen die Kraft dazu fehlt. Erst ab der Ebene »Mut« und noch stärker ab »Neutralität« werden sich die Energien in konstruktive und aufbauende Energien wandeln, die deutlich mehr Kraft und vor allem Klarheit besitzen. Deshalb können sie die erschaffenen Probleme wirklichen Lösungen zuführen. Schauen Sie sich dazu noch einmal die Emotionen der oberen Bewusstseinsebenen an. Es sind ausschließlich aufbauende und damit erschaffende Energien. Vertrauen, Optimismus, Vergebung, Verständnis, Verehrung, Heiterkeit und Seligkeit sind Energien, die, wenn unser Bewusstsein und damit unser Sein von ihnen durchdrungen ist, uns zu wirklicher Liebe und unserem höchsten schöpferischen Potenzial führen. Mit ihnen verlassen die Ursachen für unseren Kampf, unser Leid und unsere Krankheiten unser Leben. Sie schaffen inneren Frieden und damit Frieden auf der Erde.

Wenn ich z. B. vertrauen kann, habe ich keine Angst mehr
und brauche nicht mehr zu kontrollieren.
Wenn ich vergeben kann, brauche ich nicht mehr zu hassen
oder zu verachten.
Wenn ich Verständnis besitze, benötige ich keine Schuldzuweisungen mehr
und wenn ich mich selbst liebe, verlange ich von meinem
Partner nicht mehr, dass er mich mehr lieben und mehr für
mich tun müsste, damit ich glücklich sein kann.

Wir werden endlich Wahrheit von Unwahrheit unterscheiden können
und nicht mehr manipulierbar sein. Alle Probleme, die wir uns in den
unteren Bewusstseinsebenen erschaffen haben, werden einer Lösung
zugeführt.

Der Transformationsprozess, der unser Bewusstsein in die oberen Energieebenen bringen wird, ist somit ein Energiewandlungsprozess. Angeregt durch äußere Schwingungserhöhung, wie ich es im Kapitel über
den kosmischen Plan beschrieben habe, werden die alten, dunklen Energien der unteren Ebenen aus uns »herausgeschwungen«, um den neuen
lichten Energien der oberen Ebenen Platz zu machen. Das ist jedoch
kein Prozess, der sich im Selbstlauf vollzieht. Er verlangt von uns eine
bewusste Teilnahme und Anstrengung.

Es als Energiespiel oder ganzheitlichen Prozess zu erleben, fühlte sich
bei mir etwa so an: Zuerst wollten die alten, destruktiven Energien gehen und schafften sich Raum, um meinen Körper verlassen zu können.
Man könnte sagen, sie drückten sich heraus aus meinem zellulären
System. Diesen Druck spürte ich körperlich, es tat weh, auch, weil
es schmerzliche Emotionen waren. Das war die Zeit, in der täglich
neue »Bomben« aus dem Untergrund meiner Schattenwelt auftauch-
ten. Diese, man könnte sagen dunklen Energien, weil sie besonders
»schwer« sind, bahnten sich ihren Weg in die Freiheit. Im ersten Jahr

dieses Prozesses habe ich hauptsächlich wahrgenommen, dass etwas aus mir heraus wollte, was nicht mehr zu mir zu gehören schien. Ganz allmählich jedoch fing ich an zu bemerken, dass etwas Neues anwesend war, was es vorher nicht gegeben hatte. Meine Tochter, die das wahrnehmen konnte, fragte mich oft, ob ich nicht spüre, um wie viel leichter es mir wird, wenn die Emotion den Körper verlassen hat. Ich sagte nur immer, dass ich nichts spüren könne und war froh, wenn der schmerzliche Zustand vorbei war. Später jedoch nahm auch ich zunehmend wahr, dass es mir zwischen den einzelnen »Bomben« anfing, besser zu gehen. Alles fühlte sich leichter oder freier an. Meine Energie nahm zu. Ich schien kaum mehr müde zu werden, z. B. während oder nach dem Hausputz oder der Gartenarbeit. Dadurch konnte ich viele Arbeiten schneller und leichter verrichten und der Stress, den ich mir früher immer damit gemacht hatte, verschwand völlig. Sogar mein Sohn stellte dies eines Tages auch bei sich fest und meinte: »Mama, das Saubermachen geht jetzt viel einfacher und schneller. Ich weiß gar nicht, warum wir früher immer Stress damit hatten.« Das und noch viel mehr bewirkten die inneren Veränderungen, die in mir stattfanden. Ganz allmählich »füllte« sich mein zelluläres System mit Emotionen der oberen Bewusstseinsebenen. Ich kletterte die »Leiter« hinauf. Dabei verwandelte sich mein ganzes Leben – so würde ich es heute sagen – von einem Albtraum in einen schönen Traum, obwohl ich erst, als ich erwachte, erkennen konnte, dass es ein Albtraum gewesen war. In der Zeit davor, die mehr als drei Jahrzehnte betrug, wusste ich nicht, in welchem Zustand ich lebte. Ohne den Traum zu kennen, wissen wir nicht, dass wir in einem Albtraum gefangen sind. Wir benötigen die Polarität der Gegensätze, um das herauszufinden. Und heute, etwa zwei Jahre danach, kann ich kaum noch glauben, dass dieser Albtraum überhaupt existiert hat.

Vergessen geht schnell und mein »neuer Zustand« ist schon normal geworden.

Diesen Prozess könnte man auch als einen Austauschprozess bezeichnen. In dem Maße, wie uns die alten, zerstörenden Energien verlassen, strömen die neuen, erschaffenden Energien nach und erfüllen uns zunehmend.

> Wir werden in einem evolutionären Entwicklungsprozess zu dem, was wir schon immer waren – ein Geschenk des Göttlichen. Damit verändern wir unsere Resonanzen zur Umwelt. Gleiches zieht Gleiches an und findet entsprechend immer weniger Resonanz zu den destruktiven Energien der alten Erde.

Diese werden für die Menschen, die in den inneren Transformationsprozess gehen, abstoßend. Am Ende steht völlige Resonanzfreiheit zur alten Realität des Dualitätsbewusstseins, die wir über viele Jahrtausende durch unsere eigenen Energien erschaffen und damit aufrechterhalten haben. Wir sind frei!

Der Prozess des geistigen Erwachens beginnt oberhalb der Ebene von »Neutralität«, etwa bei einem Messwert von 255. Von diesem Moment an beginnt eine deutliche Transformation unseres Bewusstseins.
Sie ist dadurch bestimmt, dass scheinbar mehr Liebe in unser Leben kommt. In Wirklichkeit jedoch werden wir selbst zu Liebe und damit transformiert sich unser äußeres Leben.

Im Gegensatz dazu ist das Leben in den unteren Bewusstseinsebenen absteigend von »Mut« bis »Scham« dadurch charakterisiert, dass immer mehr Liebe verloren geht. Auf den untersten Ebenen von »Kummer« bis »Scham« werden Liebe und Güte sogar als Feind betrachtet oder gehasst. Da, wo Liebe fehlt, wird das Göttliche in uns völlig zurückgewiesen, verleugnet oder verachtet. Dagegen wird auf den obersten Bewusstseinsebenen (über 500) das Verständnis des Göttlichen als Liebe oder Verehrung erlebt.

Wie wir von David R. Hawkins wissen, war es in der Vergangenheit so, dass der Bewusstseinszuwachs nach seiner Skala in einem durchschnittlichen Menschenleben nur 5 Punkte betrug! Vor 1990 sind beinahe alle Menschen mit der Bewusstseinsebene gestorben, mit der sie geboren wurden!

> Trotzdem kann ich Ihnen Mut machen. Unser Voranschreiten auf der Bewusstseinsleiter beschleunigt sich seit Beginn des Wassermannzeitalters enorm.

Haben laut Dr. Hawkins 1995 erst 15 Prozent der Menschheit die Ebene 200 übersprungen, so sind es nur acht Jahre später, 2003, bereits 22 Prozent. Die Entwicklung in der Vergangenheit hat für das Wassermannzeitalter keine so entscheidende Bedeutung mehr. Es beginnt die große Transformation, die Uhren werden neu gestellt! Erwachen steht unmittelbar bevor. Die Möglichkeit, sich in den Bewusstseinsebenen aufwärts zu bewegen, nimmt enorm zu. Das Wassermannzeitalter stellt die Energien dafür bereit! *Es ist das Potenzial vorhanden, mehrere Ebenen in einem Leben zu durchschreiten.*

> Wichtig ist, zu erkennen, dass die Entwicklung unseres Bewusstseins der entscheidende Schritt ist, den die Evolution uns jetzt zugedacht hat.

Es ist der innere geistig-emotionale Schritt, der unsere äußere Realität verändern wird.
Erst oberhalb der Ebene Mut, Wahrheit und Integrität (200) verlassen wir die zerstörenden oder destruktiven Energiefelder und den ewigen Kreislauf der Erschaffung von Problemen und neuem Leid in der nachfolgenden Generation.
Jede Bewusstseinsebene aufwärts bringt uns der Wahrheit über uns selbst ein Stück näher. Die Illusion löst sich auf, wir erwachen aus dem Schlaf und der Sinn unseres Lebens offenbart sich. Erst mit einem er-

wachten Bewusstsein hören wir auf zu zerstören und beginnen, friedvolle Lebensbedingungen zu erschaffen.

Je früher Sie sich für diese Wahrheit öffnen, desto eher aktivieren Sie Ihren eigenen Aufstiegsprozess auf der großen Leiter des Bewusstseins. Wir alle sind auf dem Weg zum höchsten Bewusstsein. Dieser Weg ist nicht nur Auserwählten vorbehalten.

Ich bin David R. Hawkins zutiefst dankbar, dass er meinen Weg beschleunigte, wodurch klar wurde, wohin nicht nur meine, sondern die Reise der ganzen Menschheit führen wird: zurück zu ihrer eigenen Göttlichkeit und damit wirklichen menschlichen Größe. Ohne diesen Schritt würde sich das menschliche Leben auf der Erde wahrscheinlich selbst ein Ende setzen. Die Rückkehr zur eigenen Göttlichkeit ist die Rückverbindung mit unserer Essenz, der Quelle allen Seins, dem großen ewigen Geist, der allem, was ist, zugrunde liegt. Mit dieser Rückverbindung beginnt unser Bewusstsein, die kosmischen Gesetze, die das Universum regieren, zu erkennen, und Wissenschaft und Spiritualität werden auf höherer Ebene zusammengeführt. Es entsteht eine ganzheitliche Wissenschaft, die die Grundlage unserer Existenz – ein verkörpertes geistiges Wesen in Verbindung mit seiner Essenz zu sein – endlich wieder zu einer gelebten Realität werden lässt.

Etwas Persönliches

An dieser Stelle füge ich einiges zu meinem Weg ein, damit Sie erkennen, wie er zu einem Bewusstwerdungsprozess wurde, obwohl ich von alldem, was ich ihnen im Buch dazu berichte, noch zur Jahrtausendwende keine Ahnung hatte. Ich stellte Fragen und erhielt Antworten. Wenn Sie keine Fragen haben bzw. stellen, werden Sie keine Antworten bekommen. Wenn Sie glauben, kein Problem zu haben, dass Sie lösen wollen, wird sich kein Weg auftun.

Ich habe am Anfang nur eines gesucht: Gesundheit und ein langes Leben. Ich wollte einfach auch mit 90 Jahren noch fit und sportlich aktiv sein, denn das Leben vieler alter Menschen erschien mir trostlos und nicht besonders lebenswert. Sie hatten scheinbar alle Erfahrungen gemacht und waren doch größtenteils krank und nicht glücklich. Damals dachte ich, dass dies hauptsächlich damit zusammenhängt, dass sie ihr ganzes Leben lang nur gearbeitet und nie über Zeit und Mittel verfügt hatten, sich um sich selbst zu kümmern, Sport zu treiben und etwas für ihren Körper und ihre Gesundheit zu tun.

Mit dem Glauben, dass dies doch nicht alles sein kann, begann ich meine Suche.

Ich hatte mich zeitlebens sportlich betätigt, weil es einfach Bestandteil meiner Jugend gewesen war zu trainieren. Wahrscheinlich hat meine Eltern und meine Oma mein Bewegungsdrang verrückt gemacht. Ich erinnere mich jedenfalls noch an das, was meine Oma mir einmal sagte: »Konnes, (irgendwie wollten sie mich wohl eher als Jungen sehen, denn als Mädchen und deshalb die männliche Anrede. Ein Thema übrigens, das später einer Erlösung bedurfte!) steh doch endlich mal still, wegen dir muss ich immer so viel Staub wischen!« Mein Vater schnappte mich also eines Tages und brachte mich in eine Leichtathletik-Sportgemeinschaft, in der ich meine überschüssige Energie in Bewegung umsetzen konnte und somit wenigstens an zwei Tagen der Woche müde ins Bett fiel. Sport wurde jedenfalls für einige Jugendjahre mein Leben, und bis heute habe ich das Laufen nicht aufgegeben. Nach dem Abitur folgte die Zeit meines Studiums. Danach heiratete ich den Mann meiner Träume, zog aus Berlin in ein kleines Dorf, den Wohnort meines Mannes, um dort eine Arbeit in einer Bank aufzunehmen. In den nachfolgenden Jahren bekam ich zwei Kinder. Das war die Zeit, in der ich mich am meisten von mir selbst entfernte, weil ich glaubte, all die Rollen (Studentin, Ehefrau, Mutter, Angestellte), die damit verbunden waren, gut spielen zu müssen. Eigene Bedürfnisse nahm ich, besonders, als die Kinder klein waren, kaum wahr, außer, dass ich wöchentlich mein Jogging betrieb.

> Fast unmerklich verschwanden in diesen Jahren meine einstige Fröhlichkeit und mein Lachen, und konnten durch Dinge, die ich in meinem Leben tat, nicht zurückgeholt werden.

Nach der Wende 1990 begann ich mich, angeregt durch ein Unternehmen aus den USA, mit Nahrungsergänzungen zu befassen. Ich glaube, damit habe ich auch etwas die Umstellungsphase von DDR zu BRD nach der Wendezeit bewältigt. Es gab eine Neuorientierung und der Zugang zu bestimmten Büchern erweiterte sich. In dieser Zeit las ich viel über Gesundheit, was mein Wissen enorm erweiterte.

Durch meine beiden Kinder, den Beruf, Mann und Haushalt war ich oft ziemlich ausgepowert. Die Ärztin, bei der ich manchmal wegen der Kinder war, meinte, bei meinem niedrigen Blutdruck (90/70) wäre sie auch nur müde. Ich glaubte ihr, dass es nur am Blutdruck lag, und fand mich mehr oder weniger damit ab.

Acht Jahre später, nachdem ich nichts unversucht gelassen hatte, um über Nahrungsergänzungen, Wassertrinken, Darm- und Leberreinigung sowie Ernährungsumstellung meinem Körper zu helfen, hatte ich immer noch denselben Blutdruck, aber doppelt so viel Energie! Das war ein Umstand, der mir zu denken gab, Dinge die widersprüchlich waren, die nicht zusammenpassten. Niedriger Blutdruck konnte also nicht die Ursache für Energiemangel sein. Der Arzt konnte es auch nicht erklären. Ich hatte mir in der ganzen Zeit »nur« alternatives Wissen angeeignet und mehr Selbstverantwortung für meinen Körper übernommen – und siehe da, ich bin auf Dinge gestoßen, die selbst mein Arzt nicht wusste. Ich machte weiter.

> Mir wurde zunehmend klarer, dass die konventionelle Medizin nicht der Weg sein konnte, seine Gesundheit dauerhaft zu erhalten.

Es gab kaum Wissen, wie man den bekannten Alters- oder Zivilisationskrankheiten vorbeugen kann. Das schien auch nicht die Aufgabe der konventionellen Medizin zu sein. Sie betreut kranke Menschen. Ich erkannte: Verantwortung für meine Gesundheit zu übernehmen, bringt mich weiter. Man sollte nicht nur Spezialisten vertrauen, sondern selbst Lösungen anstreben.

Ich setzte meine Suche fort, inzwischen mit mehr Energie!

Auf diesem Weg lernte ich ein Professorenehepaar aus der Ukraine kennen, die sich schon einige Jahre mit Methoden und Möglichkeiten befasst hatten, wie man unter den heute ungünstigen Umwelt- und Lebensbedingungen überleben und gesund bleiben kann. Genau mein Thema! Aus heutiger Sicht war dieses Zusammentreffen ein großer Glückstreffer für mich. Die Professoren brachten ein geniales Gerät mit, das für die russisch-amerikanischen Weltraumforschung entwickelt worden war, und erklärten, damit könne man den Zustand aller Organe und Systeme im Körper checken sowie Krankheiten prognostizieren, die sich für die Zukunft abzeichnen. Ich war begeistert! Erst später wurde mir richtig klar, dass beide in der Ukraine und darüber hinaus bedeutende Persönlichkeiten sind und Kontakte in viele Länder haben. Inzwischen verbindet uns eine langjährige Freundschaft. Ihre Arbeit und das, was ich bei ihnen lernen durfte, ermöglichten mir wiederum eine Bewusstseinserweiterung. Ich erfuhr etwas über die Ursachen von Krankheiten und welche

Möglichkeiten es gibt, diese zu beseitigen. Dadurch konnte ich die rein stoffliche Auffassung vom Körper mit seiner energetischen Basis verbinden und gleichzeitig die Illusion auflösen, ich sei super-gesund. Das gab mir die Möglichkeit, weitaus zielgerichteter an der Regenerierung meines Körpers zu arbeiten. Das, was ich zum Zeitpunkt des Schreibens des Buches bin, ist gesundheitlich gesehen Lichtjahre davon entfernt, was ich noch 1998 war. Ich habe viel erreicht. Mit ihrer Hilfe fand ich den Zugang zum Konzept der »Lebendigen Nahrung« und wusste sofort: Das werde ich ausprobieren! Ich trank täglich vier große Portionen eines grünen, sehr schonend getrockneten Pflanzenpulvers (Living Greens) in Wasser aufgelöst. In nur sechs Wochen erhöhte sich meine Energie nochmals derart, dass es mir schien, ich sei wie Phönix aus der Asche gestiegen. Ich war begeistert und seitdem weiß ich: lebendige Nahrung gleich lebendiger Körper. Das war sowohl ein großer Schritt für meine Energieerhöhung als auch eine enorme Bewusstseinserweiterung.

Gleichzeitig jedoch wurde mir immer klarer, dass die Einnahme von vielen verschiedenen Nahrungsergänzungen nicht die eigentliche Lösung für unsere gesundheitlichen Probleme sein kann. Da passte auch wieder etwas nicht zusammen, denn sobald diese Einnahmen beendet wurden, ging es einigen Menschen wieder schlechter oder ihre Symptome kehrten zurück.

> So kompliziert kann es die Natur nicht gemeint haben. Es muss einfachere Wege geben.

Ich sollte damals einen Vertrieb für Nahrungsergänzungen in Deutschland aufbauen. Ich fühlte jedoch, dass ich das nicht mehr wollte. Zudem waren auch die deutschen Gesetze für die Zulassung ausländischer Nahrungsergänzungen ein nicht zu überwindendes Hindernis. Trotz allem quälte ich mich mit dieser Entscheidung mehr als zwei Jahre, bis ich sie endlich treffen konnte. Damit hob ich unbewusst meinen eigenen Weg aus der Taufe.

Nachdem meine Tochter mir erklärt hatte, dass ich einen Riesenschritt weiterkommen würde, wenn ich erst verstehen könnte, was man mit »reiner Energie« alles machen kann, nahm ich dies zur Kenntnis, dachte aber noch nicht wirklich darüber nach. Es war mehr wie: »Na gut, ich werde sehen.« Immer hat mir geholfen, dass ich innerlich offen blieb. Ich sagte nie, das glaube ich nicht oder das ist unmöglich. Ich ließ mir damit immer eine Chance, dass mich Wahrheit finden konnte. Denn auch das war eine Illusion, die ich zu Beginn meiner Suche hatte. Am Anfang nahm ich an, *ich* würde etwas suchen und finden. Daraufhin meinte Kristin: »Nicht du suchst etwas, Mama, sondern *es findet dich*, wenn du alle Hindernisse in dir beseitigt hast!« Das veranlasste mich zu einem grundsätzlichen Umdenken oder Umglauben. Es dauerte noch etwa ein Dreivierteljahr und ich bekam über eine gute Berliner Freundin Kontakt zu einem Bioenergetiker aus der Nähe von Rostock. Dieser hatte gerade etwas entwickelt, von dem er behauptete, es schwinge in Resonanz mit dem Lichtspektrum der Sonne und den Radiowellen, also Energien, die den Ordnungszustand unseres Körpers aufrechterhalten. Er erklärte mir kurz, dass wir von diesen Energien zu wenig erhalten würden, weil wir uns vorwiegend in Gebäuden aus Stahlbeton aufhalten. Das war mir plausibel. Ich sagte ihm, dass ich seinen Chip testen würde und er sendete ihn mir zu. Ich trug ihn circa 20 Stunden am Körper, von Mittags bis zum Morgen des darauffolgenden Tages. Als ich morgens aufstand, konnte ich kaum glauben, was ich da fühlte. Es war, als hätte ich zehn Kilo abgenommen. Und dabei bin ich schon ein Leichtgewicht. Ich lief in unserer Küche umher, wobei ich ständig die Knie hob und zu meinem Mann sagte: »Das ist ja unglaublich, ich bin leicht wie eine Feder. Das gibt es doch gar nicht.« Darauf rief ich den Bioenergetiker an, um ihm das Resultat mitzuteilen und noch einige Hintergrundinformationen oder schriftliche Unterlagen zu bekommen. Mit Erstaunen stellte ich fest: Er hatte keine! Wie Sie sich leicht vorstellen können, war mein Interesse geweckt, meine Suche nach Informationen begann und »ich fand« als Nächstes durch meine gute Freundin aus Bad Orb zu Prof. Popp und seiner Entdeckung über das Licht in unseren Zellen. Der Kreis konnte sich schließen und mein Bewusstsein hatte sich wieder einmal erweitert. Der Übergang von der rein materiellen Auffassung der Welt zum Verstehen seiner energetischen Basis war vollzogen. Das war ein entscheidender Wendepunkt, an dem mein Geist noch freier wurde. Gleichzeitig bemerkte ich an unserer Tochter zunehmend mediale Fähigkeiten. Sie hatte Zugang zu Wissen, das mich in Erstaunen versetzte. Wieder eine Herausforderung für mich, ob sich dafür Beweise finden lassen. Ich stellte entsprechende Fragen und die Antworten kamen pfundweise über Bücher zu mir. Ich las alles, was mir irgendwie nützlich schien. Von Tepperwein über Holey, von McTaggert bis Braden, von Kryon bis Cooper, von Doreal bis Drunvalo, von Monroe bis Redfield und Arguelles bis Osho, Walsch und Jasmuheen … Manche Bücher las ich dann später nicht mehr vollständig. Sie dienten mir wie zur Erinnerung an etwas. Ich stellte fest: Auf jede Frage, die ich hatte, gibt es Antworten! Es war alles schon geschrieben worden, wozu ich Fragen hatte! Und ich stellte gleichzeitig fest, dass das, was meine Tochter sagte, stimmte! Ein neues Weltbild erschuf sich mit rasender Geschwindigkeit in meinem Inneren. Meine neue »Festplatte« schien immer kompletter zu werden. Ich hatte das Gefühl, Lichtjahre zu durchschreiten. Als ich dann den weisen Spruch von Stuart Wilde »Ich folge stets der Energie meiner höchsten Entwicklungsstufe« auf meine innere Fahne schrieb, nahm auch dies das Universum wörtlich! In dieser Zeit lernte ich, mit Energien zu arbeiten und sie zu fühlen.

> Und irgendwann kam der klare Gedanke zu mir: Mein Leben ist so, weil ich so bin. Und alle Probleme, die sich scheinbar in meinem äußeren Umfeld abspielten, sind meine eigenen inneren Probleme, die ich schon seit Urzeiten mit mir herumtrage!

Mir musste diese Wahrheit wirklich erst auf tiefer Ebene bewusst werden. Ich erlebe die Welt so, *weil ich so bin*. Dazu fand sich die Weisheit »Das Gute an der objektiven Realität ist, dass es sie nicht gibt«. Ja, es gibt keine objektive Realität! Alles sind subjektive Welten, wobei jeder Mensch eine andere hat. Ich erkannte plötzlich: Ich sitze in meinem eigenen Gefängnis. Dies führte zu dem inneren Bewusstseinsprung, dass mir niemand wirklich etwas angetan hat, wie ich das so oft geglaubt hatte. Alle wissen nur, genau wie ich auch bis dahin, nicht wirklich, was sie tun. Erwachen stand vor der Tür und transformierte mein Weltbild, indem es sich vom Kopf auf die Füße stellte. Gerade noch war ich bereit geworden, zu vergeben, und tat dies auch, da wurde klar, dass es nichts zu vergeben gibt. Es gibt auch keine Schuld – niemand ist wirklich schuldig, alle sind nur »schlafend« und unwissend.

Ich aktivierte den Spruch, den Sie bereits aus dem ersten Kapitel kennen »... dann will ich alles so schnell wie möglich loslassen« und es begann ein innerer Prozess der Erlösung alter Wunden. In diesem Prozess, der immer noch läuft, setzte Erwachen auf vielen Ebenen ein. Wie ich heute weiß, kletterte ich dabei auf der Leiter des Bewusstseins Stück für Stück nach oben. Es war, wie die Kumulation von allem, was ich davor getan hatte. Alles fügte sich scheinbar nahtlos in den göttlichen Plan von »Bewusstsein selbst« ein und brachte mir das zurück, was ich zuvor im Außen erfolglos gesucht hatte: inneren Frieden, Liebe, Freiheit und Glück. Egal, wo Sie heute stehen, Ihr Lebensweg wird Sie irgendwann auch dahin führen, denn all unsere Wege führen dahin.

Illusion und Wirklichkeit – das Spiel

Alles ist sowieso nur eine große Illusion
und irgendwann streifen wir sie ab
und kommen in die göttliche Wahrheit.

Ich schreibe dieses Buch mit der liebevollen Absicht, Sie ein wenig an den Schultern zu rütteln, damit Sie schneller wach werden können. Vielleicht kann ich Ihnen eine Brücke schlagen zu dem, was Sie bisher noch nicht wirklich glauben konnten oder vor dem Sie Angst hatten, was Sie von sich gewiesen haben.

> Denn heute weiß ich sicher: Genau da, wo die Angst ist, geht der Weg weiter, so lange, bis alle Ängste durchschritten und aufgelöst wurden.

Ich möchte Sie dazu ermutigen, etwas zu tun, was Sie vielleicht noch nie getan haben: Ihr bisheriges Weltbild vom Kopf, wo es viele Leben lang gestanden hat, zurück auf die Füße zu stellen, um den Traum oder die Illusion, in der Sie leben, loslassen zu können. Ich weiß, dass die meisten Menschen gern träumen und alles wäre vielleicht auch gar nicht so schlimm, wenn sie in diesem Traumzustand nicht so viel Unheil anrichten würden, denn dieser Zustand ist, wie Sie jetzt wissen, die grundlegende Ursache für alles Leid, was auf der Welt geschieht. Einige Beispiele habe ich dafür bereits gegeben. Weitere finden sich täglich in den Medien. Der menschliche Wahnsinn ist kaum noch zu überbieten. Die Erde ist ein Schulungs- oder Lernplanet. Und wir sind hier, um durch die Situationen unseres täglichen Lebens zu lernen. Das ist Bestandteil des kosmischen Plans. Damit wir ausreichend Lernsituationen bekommen, hat man eine *Matrix* erschaffen, einen Spielplan, der die Regeln bzw. Bedingungen vorgibt, nach denen das Spiel abläuft. Kein Spiel funktioniert ohne Spielplan und Regeln. Und ich sage es im Voraus: In diesem Spiel geht es nicht ums Gewinnen. Es geht nicht darum, Sieger zu werden und die anderen damit automatisch zu Verlierern zu machen. Nein, dieses Spiel stellt besondere Anforderungen und ist deshalb am Anfang ein Spiel mit wenigen Spielern. Nur die Mutigsten unter uns beginnen damit! Es sind genau die, die über ihren eigenen Schatten springen können und bereit sind, sich auf etwas völlig Neues einzulassen. Die den Mut und die Kraft haben, vieles, was ihnen ihre Eltern, die Schule und die Gesellschaft beigebracht haben, hinter sich zu lassen und sich damit, ganz auf sich allein gestellt, auf ein unbekanntes Terrain zu wagen. Sie werden am Anfang scheinbar von niemandem unterstützt. Aber auch das kann sie nicht aufhalten. Sie wissen, dass das Spiel endlich gespielt werden muss, weil die Zeit dafür angebrochen ist. Ihnen ist klar, dass es mit diesem Spiel etwas ganz Besonderes auf sich hat. Erschwerend kommt hinzu, dass auch sie, diese wenigen Spieler, am Anfang weder den wirklichen Spielplan noch die Regeln kennen!

> Aber genau das gehört zum Plan: Finde heraus, dass es ein Spiel gibt, beginne mit dem Spiel, ohne die Regeln zu kennen, werde dir während des Spiels bewusst, welche Regeln existieren und was der Sinn des Spiels und sein letztendliches Ziel ist!

Unglaublich, welche Voraussetzungen die Spieler mitbringen müssen! Sie können sich vorstellen, dass so ein Spiel von der Masse nicht begonnen werden kann. Dafür sind die Anforderungen zu hoch. Die Masse der Menschen hat einfach zu viel Angst vor Neuem und Angst vor den Gefahren, die da sein könnten! Sie läuft lieber ausgetretene Pfade. Deshalb haben nur die Mutigsten unter uns begonnen, und noch dazu meist jeder für sich allein, ohne am Anfang die anderen Spieler zu kennen. Erst später, als sie allmählich herausfanden, wie die Regeln sind und was der Sinn des Spiels ist, erkannten sie auch die anderen Spieler und begannen, sich mit ihnen auszutauschen und bei dem Spiel zu unterstützen. Sie wurden sich der Genialität dieses Spiels bewusst und ihnen wurde klar, dass sie den größten Schatz des Universums gefunden haben!

Auch ich musste für dieses Spiel meinen ganzen Mut zusammennehmen und die verflixte Angst überwinden, um mich daran zu beteiligen. Allein hätte ich es bestimmt nicht geschafft!

Deshalb habe ich große Hochachtung vor allen, die vor mir kamen und bereit waren, das Spiel zu beginnen. Ich verneige mich vor ihrem Mut und vor ihrem Weitblick! Ich weiß, dass Ihr inzwischen an vielen Orten seid, um das Spiel immer bekannter zu machen und die Spielregeln zu erklären. Ich bin unendlich dankbar, dass ich mitspielen durfte und weiter mitspiele in dem grandiosen kosmischen Spiel, das nur für uns alle erschaffen wurde und der Menschheit die Möglichkeit einräumt, endlich zu erwachen und erwachsen zu werden und damit ihre eigentliche Mission zu erfüllen:

Frieden und Liebe für immer auf der Erde zu verankern!

Die gute Nachricht, die ich Ihnen wie eine frohe Botschaft weitergeben möchte, ist: Sie dürfen mitspielen, weil die Zugangsvoraussetzungen für das Spiel bedeutend einfacher geworden sind. Sie können darauf vertrauen, dass die Mutigsten unter uns herausgefunden haben, wie die Spielregeln sind, was man als Spieler zu tun hat, um erfolgreich zu spielen und was das Ziel und der letztendliche Sinn des Spiels ist. Sie ersparen sich damit unter Umständen viele Jahre Ihres Lebens, in denen sie genau das hätten suchen müssen! Sie werden schneller am Ziel sein. Sie benötigen also nicht mehr ganz so viel Mut und Überwindung, um mit dem Spiel zu beginnen, sie sind nicht mehr allein und bekommen jede Unterstützung, die sie benötigen. Sie müssen sie nur anfordern. Und das Allerbeste zum Schluss: Nachdem die ersten Spieler herausgefunden hatten, was Sinn und Zweck des Spiels ist, wurden sie sich klar darüber, dass es möglich ist, auf die Spielregeln in gewisser Weise Einfluss zu nehmen, wenn dies im Sinne des Spiels ist. Denn das Spiel selbst ist nicht veränderbar. Alles kann nur in Übereinstimmung mit seinem höchsten Zweck erfolgen.

Jetzt wollen Sie sich bestimmt nicht länger hinhalten lassen und wollen wissen, was es mit dem Spiel auf sich hat. Aber Sie werden noch etwas Geduld benötigen, denn Sie erfahren zuerst, was dieses Spiel nicht ist: Es ist kein Spiel, bei dem es Gewinner oder Verlierer gibt. Deshalb ist es auch kein Spiel, bei dem man gegen jemanden antreten muss, um ihn zu bekämpfen und zu besiegen. Diese Spielbedingungen sind von vornherein ausgeschlossen. *Dieses Spiel, wenn es richtig gespielt wird, erschafft nur Gewinner!* Ist das nicht genial? Ein Spiel, bei dem es nur Gewinner gibt! Die meisten bekannten Spiele enden traurig, weil alle, bis auf einen, verlieren. Deshalb unterscheidet es sich grundsätzlich von den meisten Spielen, die Sie kennen.

Dieses Spiel wird, vielleicht zu Ihrem Erstaunen, nur nach einer einzigen Regel gespielt. Und diese Regel lautet:

Unterscheide, was Illusion und was Wirklichkeit ist, und indem du das unterscheiden kannst, löst sich die Illusion auf, und die Wirklichkeit wird sichtbar!

Je mehr Illusionen du auflöst, desto schneller kommst du zum Ziel und wirst frei! Aber auch während des Spiels wirst du bereits erkennen, dass dein Leben sich zu wandeln beginnt.

Sollten Sie jetzt glauben, Sie wüssten doch, was Illusion und was Wirklichkeit ist, dann gehören Sie entweder zu den bereits Erwachten oder aber Sie schlafen noch sehr tief.

Das Spiel wird zu Beginn meist noch etwas zaghaft gespielt, und besonders für die neuen Mitspieler ist es am Anfang schwer, den Sinn vollständig zu erfassen und das Ziel zu verstehen. Die Spielregel erscheint den meisten nicht so bedeutsam. Und obwohl es nur eine einzige Regel gibt, fehlt manchmal der Wille, sich daran zu halten. Einige vergessen die neue Regel einfach und spielen zeitweilig wieder ihr altes Spiel, das sie schon so viele Leben gespielt haben. Das ist in der Übergangsphase normal, davon sollte man sich nicht entmutigen lassen. Mit wiederholter bewusster Erinnerung wird auch die neue Regel ihren Platz finden und die Spieler werden mit größerer Begeisterung spielen. Wenn die ersten Illusionen aufgelöst sind, wird der Sinn des Spiels ziemlich schnell verstanden. Man bemerkt, wie sich das eigene Energielevel erhöht und die Motivation wächst. Scheinbar plötzlich geschehen Dinge im Leben, die man nie für möglich gehalten hätte, und einfach nur deshalb, weil man angefangen hat, dieses neue Spiel zu spielen.

Erweitern wir jetzt als Erstes unser Verständnis für die Basis des Spiels: Illusion und Wirklichkeit. Um das Spiel spielen zu können, muss es also etwas geben, das die *Illusion repräsentiert und etwas, das für die Wirklichkeit steht. Stimmen Sie mir zu?*

Im Gegensatz dazu, dass die Wirklichkeit immer die Wirklichkeit ist und man sie nicht verändern kann, ist es möglich, eine Illusion zu erschaffen – ähnlich wie das Holodeck auf der Enterprise oder die Matrix im gleichnamigen Kinofilm, den Sie vielleicht kennen.

Im Film stand die Matrix für eine illusorische Welt, die erschaffen wurde, weil es nicht möglich war, auf der zerstörten Erde zu leben. Sie war ein Computerprogramm, eine Illusion, von der jedoch jeder, der in ihr lebte, annahm, sie sei real. Alle kannten nur die Matrix und nur ganz wenige, wie z. B. Morpheus und seine Gruppe, waren sich bewusst, dass es eine Realität gibt. Das machte sie zu Außenseitern! Ähnlich wie ich es in Bezug auf die Mutigsten, die mit dem Spiel begannen, beschrieben habe.

In unserem aktuellen Spiel auf der Erde ist es ähnlich. Das, was wir alle als sogenannte »Realität« betrachten, ist *die Illusion*, die Matrix oder die Scheinrealität. Unter Erwachten bezeichnet man sie als *Dualität* und sagt, wir leben in einem Dualitätsbewusstsein. Die *unveränderbare Wirklichkeit* oder tatsächlich existierende Realität ist jedoch das *Einheitsbewusstsein*, also das genaue Gegenteil davon. Was getrennt oder dual ist, kann nicht Einheit sein. Beides schließt einander aus. Die Spielbedingungen sind so gestaltet, dass man anhand der Gegensätze der Dualität oder der darin vorhandenen Polaritäten erkennen kann, dass wir einer Illusion aufgesessen sind, denn letztendlich ist alles Einheit und das ist unverrückbar. Dies jedoch zu erkennen, funktioniert in unserem Spiel leider nicht mit einer roten Pille, wie im Film »Matrix«, sondern die Spieler werden aufgefordert, das Spiel wirklich zu spielen, weil es genau aus diesem Grund erschaffen wurde. Wenn es leicht wäre, hätten es schon viele durchschaut. Bisher haben es aber nur wenige durchschaut. Sie sind die Kundigen, Wissenden oder Erwachten.

Das Paradoxe daran ist, dass der Verstand das Ganze nicht durchschauen kann, im Gegenteil: Der Verstand erweist sich beim Erkennen der Illusion in der Regel sogar als Hindernis. Ja, wer soll es denn sonst tun, werden Sie jetzt vielleicht fragen. Darüber werden wir zu einem späteren Zeitpunkt ausführlich sprechen.

Die Spielbedingung der Dualität als Illusion ist die wichtigste Voraussetzung, die erschaffen werden musste, damit das Spiel funktionieren kann. Die Realität des Einheitsbewusstseins existiert schon seit Äonen. Um sie brauchen wir uns keine Gedanken zu machen. *Sie tritt in Erscheinung sobald alle Illusionen aufgelöst sind.*

Deshalb beschäftigen wir uns noch ein wenig mit der Dualität, also der Illusion, weil sie schwerer zu verstehen ist. Oder wissen Sie etwa, wie die Welten auf dem Holodeck der Enterprise erschaffen werden? Oder das Computerprogramm in »Matrix«?

Dualität bedeutet also Getrenntheit, das heißt etwas wurde geteilt und befindet sich nicht in seiner ursprünglichen Einheit. Wir kennen aus unserer Matrix einige Dualitäten oder Gegensätze, wie Liebe und Hass, Gut und Böse, Licht und Dunkelheit, männlich und weiblich, Freude und Schmerz, Glück und Unglück, Ruhe und Unruhe, schlafend und wach. Man kann z. B. hell nicht ohne dunkel erkennen, also ohne sein Gegenteil. Wenn alles immer nur hell wäre, wüsste man nicht, dass genau dies hell ist. Erst wenn die Dunkelheit als Gegenspieler dazukommt, *werden wir uns bewusst*, dass es Licht und Dunkelheit gibt. Innere Unruhe z. B. kann man erst wahrnehmen, wenn man innere Ruhe kennt. Ist man ständig unruhig, glaubt man, das sei normal, weil ein Gefühl von Ruhe nicht vorhanden ist. Man weiß nicht, wie sich innere Ruhe anfühlt. Man kennt einfach keine Ruhe mehr – ein Zustand, in dem sich heute viele Menschen befinden. Sie sind nur im Stress. Sie haben vergessen, wie Ruhe sich anfühlt. Sie können sich dieses Zustandes nicht mehr bewusst werden. Deshalb kommen sie sich oft vor wie Gejagte.

Bin ich ständig unglücklich und erlebe nie das Gegenteil davon, nämlich glücklich zu sein, dann wird Unglücklichsein mein Normalzustand. Irgendwann habe ich dann vergessen, wie sich Glücklichsein anfühlt, weil ich es nicht mehr erlebe. Chronisch unglücklich zu sein, ist ebenso für viele Menschen zum Normalzustand geworden. Es ist ein Zustand, der charakteristisch ist für die unteren Bewusstseinsebenen.

Wenn ich ständig »schlafend« bin, vergesse ich, wie es sich anfühlt »wach« zu sein. Mein Normalzustand ist dann schlafend, und ich kann ihn nicht einmal als solchen erkennen.

Wenn alle Menschen nur lieb oder gut wären, wüsste keiner, was böse ist. Alle sind ja liebevoll. Liebevoll zu sein, wäre der Normalzustand und das Natürlichste der Welt. Nur keiner wäre sich dessen bewusst. Niemand wüsste, dass genau dies liebevoll ist, denn etwas anderes existiert ja scheinbar nicht.

> Bewusstwerdung zu erfahren, also zu erkennen, was ich bin, ist immer nur im Spannungsfeld von Gegensätzen möglich.

Stellen Sie sich jetzt vor, da, wo wir herkommen, aus der Quelle allen Seins, ist liebevoll zu sein der Normalzustand. Keiner weiß dort, was böse ist. Unglaublich oder? Und dennoch wahr!

Bevor mein Vater im September 2007 starb, bat ich ihn, sich nach seinem Tode von der »anderen Seite« zu melden, von dort, wo wir wieder hingehen, wenn wir unseren Körper verlassen, nämlich genau dahin, woher wir gekommen sind: aus der Quelle allen Seins, der Realität oder göttlichen Einheit. Er hat mir diese Bitte erfüllt. Noch an seinem Sterbetag erschien er meiner Tochter und einige Wochen später uns beiden, um uns mitzuteilen, wie sich die dortige Realität anfühlt. Kristin und ich hatten gerade den Film »Medium, nichts bleibt verborgen« gesehen, in welchem eine Frau mit Verstorbenen spricht. Wir standen noch unter dem Eindruck des Films, als sich mein Vater »meldete« und Kristin ihn wahrnahm. Er erzählte uns, mit wie viel Liebe er auf der »anderen Seite« lebe, und dass liebevoll zu sein, dort der einzige Zweck sei. Er war sehr glücklich. Gleichzeitig war es, als würde sich ein Fenster öffnen, und wir spürten die Energien, die von dort zu uns herüberströmten. Die hohe Schwingung der Liebe war kaum auszuhalten. Es fühlte sich an wie ein Zerfließen in Liebe. Wenn man lange genug in dieser Schwingung ist, vergisst man, dass es je einmal etwas anderes gegeben hat. Es gibt nur Liebe, und Liebe ist unser natürlicher Zustand. Liebe ist die Energie der Schöpfung. Sind wir in der Einheit der Schöpfung, also in der Realität, dann sind wir Liebe, aber wir sind uns dessen nicht bewusst, weil dort kein Gegenteil dazu existiert. Und da es hier auf der Erde darum geht, sich bewusst zu werden, dass wir nur Liebe sind, weil das die Realität ist, musste ein Spannungsfeld erzeugt werden, in dem wir genau dies herausfinden können.

> Dieses Spannungsfeld wurde sozusagen »künstlich« erzeugt, durch die Illusion von Gut und Böse. Man erschuf auf diese Weise eine Spielbasis auf der Erde, die es jedem, der aus der göttlichen Einheit kommt, ermöglichen würde, zu erfahren und sich bewusst zu werden, dass er in Wirklichkeit nur Liebe ist. Dabei hat er also die Aufgabe, diese Illusion zu erkennen und aufzulösen, um schon zu Lebzeiten in der wirklichen Realität leben zu können, in der Einheit der Liebe.

Das sogenannte Böse musste also künstlich erzeugt werden. Wer konnte und wollte das tun? Wer hat sich bereit erklärt, die Matrix, also die

Illusion, zu erschaffen, und was war seine Motivation? Wer hat überhaupt die Kraft, die Energien der Dunkelheit, des Bösen über so viele Tausend Jahre hinweg aufrechtzuerhalten? Der Dunkelheit, vor der sich die Menschen seit Äonen von Jahren fürchten, und die sie seitdem mit allen Mitteln bekämpfen? (Zur besseren Erklärung wähle ich hier eine Metapher.)

Die Energie der Dunkelheit, vor der sich so viele Menschen fürchten, wird von einem *Erzengel* aufrechterhalten! Es ist nicht nur ein »einfacher« Erzengel. Es ist der Erzengel, der unter Gottes Himmel die höchste Schwingung besaß und damit die größte Liebe ausstrahlte, die nur noch von Gott selbst übertroffen wurde. Es ist Erzengel Luzifer – der Lichtträger – der strahlendste unter allen Erzengeln Gottes – fast gottgleich in seiner Liebe. Die Menschheit hat ihn seit jeher verkannt und ihn als Satan oder Teufel bezeichnet. Aber das ist er nicht – er ist der Lichtträger, der sich dazu bereit erklärt hat, die Energie der Dunkelheit für unser Spiel hier auf der Erde zur Verfügung zu stellen. Mit dem einzigen Zweck, dass wir durch die Polarität von Licht und Dunkelheit das Licht wiederfinden können, das wir selbst sind. Und er tat dies aus einem einzigen Grund: weil er uns so sehr liebt! Anders wäre dies auch gar nicht möglich gewesen. Nur aus einer so großen Liebe heraus konnte er dies tun, weil er sich dazu von seiner hohen und lichten Schwingung, die er innehatte, loslösen musste, um sich derart zu verdichten, dass er das verkörperte Böse werden konnte. Und glauben Sie nicht, dass er dazu nur von einer Energieebene herunterkommen musste, die vielleicht auf der Ebene der Erleuchtung liegt. Er musste sich von einer Energieebene herunter transformieren, die in ihrem energetischen Messwert in den Millionen liegt! Diese unglaubliche Kraft der Liebe und des Lichtes schließt ein Leben im stofflichen Körper völlig aus, weil sie ihn sekundenschnell auflösen würde, auflösen in Liebe, in Gott.

Luzifer hat sich zu diesem Spiel bereit erklärt, weil er, genau wie Gott, wollte, dass wir diese Erfahrung machen können, die Erfahrung, anhand der Polarität von Gut und Böse zu erkennen, dass das Böse eine Illusion ist, aufrechterhalten durch eine Energie, die ursprünglich Liebe war.

Es ist das verwandelte oder herunter-transformierte Gute, geschaffen durch die Kraft der Liebe mit der Absicht der Liebe. Dies ist Bestandteil des kosmischen Plans.

Jetzt wissen Sie, wer die Illusion erschaffen hat und warum er dies tat! Das Letzte und Wichtigste jedoch, was Sie wissen müssen ist: Wo wurde die Illusion erschaffen? Denn wenn Ihnen das nicht klar wird, können Sie weder das Spiel beginnen noch haben Sie eine Chance, die Illusion zu verlassen. Im Film »Matrix« wird die Illusion zunächst als äußere Realität dargestellt, auf der Enterprise ist das Holodeck ein spezieller Teil des Raumschiffs. Die Illusion, die auf unserer Erde existiert, hat auch einen speziellen Raum. Dieser Raum jedoch befindet sich nicht an irgendeinem Ort auf der Erde oder in der äußeren Welt.

> Dieser Raum, in dem die Illusion existiert, von der wir hier reden, befindet sich in uns selbst, in unserem eigenen Körper – oder anders ausgedrückt, in unserem eigenen Geist, im Zentrum unseres Bewusstseins.

Es ist Zeit, zu erkennen, dass die Illusion – und damit also die Dualität zwischen Gut und Böse, die größte Illusion unseres Lebens – nur in uns selbst und sonst nirgends existiert! Die Anerkenntnis dieser Tatsache ist die wichtigste Basis für das Verlassen der Illusion. Die Dualität dieser beiden Kräfte oder Energien in uns, führt uns zu einer großen Wahrheit: Wir selbst haben alle Mittel in der Hand, um das vermeintlich Böse zu erlösen, indem wir es in das Gute, was es ja ursprünglich ist, zurücktransformieren. Darauf wartet es schon so viele Leben. Es schreit förmlich nach Erlösung oder Erliebung! Über die vielen Tausend Jahre seiner Existenz hat es endgültig genug vom vermeintlichen Kampf, den wir immer und immer wieder geführt haben, um das scheinbar Böse im Außen zu bekämpfen. Wir haben dabei nämlich immer nur gegen uns selbst gekämpft und uns selbst weh getan! Ob es der Kampf mit unserem Partner, mit unseren Kindern, mit unseren Eltern, den Politikern, der Regierung und all den Menschen, die in unser Leben traten und unseren Widerstand hervorriefen, war. Dieser Kampf war Bestandteil des alten Lernspiels und hat uns lange genug gedient. Er neigt sich jetzt – mit Beginn des Wassermannzeitalters – seinem Ende zu. Da dies zum großen Plan gehört, wird es in jedem von uns zur Wahrnehmung und Erlösung dieser Dualitäten kommen. Indem wir erkennen und uns bewusst werden, dass das Böse eine Illusion ist, die »nur« in uns selbst existiert, werden wir uns auch klar darüber, dass jeder äußere Kampf unser eigener innerer Kampf ist, der seine Widerspiegelung in der äußeren Realität findet.

Es gab nie einen Feind im Außen!

Und auch Luzifer, der in der Geschichte viele Namen hatte, wartet auf seine Erlösung. Die Kräfte der Dunkelheit über so viele Jahrtausende zu repräsentieren, war eine unglaubliche Anstrengung, wie wir es wahrscheinlich nicht erahnen können. Er will endlich wieder der Engel sein, der er eigentlich ist – der hellste und strahlendste unter Gottes Himmel, der Lichtträger – der mit der größten Liebe. Auch er ist, genau wie wir, müde geworden.

Kampf ist immer Illusion – Illusion, die dem EGO entspringt

Gott hat uns die Realität der Liebe erschaffen,
und wir haben uns entschieden
in der Illusion des Kampfes und der Angst zu leben.
Das war unsere eigene Entscheidung.
All das, was wir daraufhin erleben mussten,
haben wir uns selbst angetan.

Solange Sie glauben, kämpfen zu müssen, sind Sie in der Matrix oder Illusion verfangen. Sie sind »schlafend«.

Als ich den Teil über Illusion und Wirklichkeit schrieb und für den Vergleich den Film »Matrix« heranzog, ahnte ich noch nicht, was dabei passieren würde. Ich saß eines Morgens an meinem Schreibtisch und machte mir einige Notizen. Dabei kam ich im inneren Bild zu der Filmszene, in der Morpheus Neo die rote und die blaue Kapsel anbietet. Ich hörte Morpheus den Satz sagen: »Dies ist deine letzte Chance, danach gibt es kein Zurück!«

Wie eine innere Erleuchtung wurde mir schlagartig klar: Dieser Film soll Erwachen darstellen!

Beginnst du das Spiel, gibt es ebenfalls kein Zurück mehr, du kannst nie wieder schlafend werden und sagen, du hättest von all dem nichts gewusst. Deine alte Welt wird nicht mehr weiter existieren können, sie wird sich allmählich auflösen. Die Puzzleteile fügten sich zu einem vollständigen Bild und Fragen, die wichtigsten Fragen, die mir zum Film geblieben waren, wurden beantwortet. Ich brauchte mehrere Stunden, um das zu verdauen und mich wieder zu besinnen. Ich war überwältigt von der Tiefe und Konkretheit, die der Film vermittelt.

Für diejenigen, die den Film nicht kennen, versuche ich hier Einiges wiederzugeben, was als scheinbar äußere Geschichte dargestellt wird, in Wirklichkeit jedoch die innere Geschichte unseres eigenen Bewusstseins ist. Mit erstaunlicher Klarheit wird der Kampf gegen das vermeintlich Böse wiedergegeben, wie er sich in unserem Inneren abspielt und damit unser äußeres Leben dominiert.

Im Film wird das »Böse« dargestellt durch die *Maschinen*, die sich der Menschen bemächtigt haben und sie als ihre Energiequelle benutzen. *Mr. Smith* repräsentiert als *Wächter* den menschlichen Verstand. Beide gemeinsam kann man als unser Ego ansehen. Mr. Smith versucht um jeden Preis zu verhindern, dass Neo die Matrix durchschaut. Alle Türen, die dieser öffnen will, werden entweder von Mr. Smith blockiert oder bedeuten scheinbar Lebensgefahr für Neo.

> So ist auch in unserem Leben unser Verstand das größte Hindernis, die Illusion zu durchschauen, indem er unsere inneren Türen blockiert, die nur darauf warten, endlich geöffnet zu werden.

Als es Neo dennoch gelingt, zum Erschaffer der Matrix vorzudringen, sieht er dort auf den Bildschirmen sich selbst. Damit wird klar, dass er selbst die Matrix ist, denn das Programm – was im Film als Computerprogramm in der äußeren Welt dargestellt wird – existiert in Wirklichkeit nur in ihm selbst, in seinem Bewusstsein. Man sieht im Film Bilder aus Neos Leben, von seiner Kindheit bis zum Erwachsenenalter. Das kann bedeuten, dass mit der Erschaffung des Programms, welches unser Leben unbewusst steuert, begonnen wurde, als wir noch kleine Kinder waren.

Genauso wie im Film hat das »Böse«, das unsere verdrängte Schattenseite darstellt, die Macht über uns gewonnen und entzieht uns unbewusst unsere Energie, *solange wir schlafend sind.* Wir erkennen nicht, dass wir der »Maschine« oder dem »wilden Tier«, das sich in unserem Inneren befindet, unsere ganze Energie geben. Auf diese Weise kann uns das EGO als Batterie benutzen, und zwar so lange, bis wir uns von ihm befreien und den Kampf beenden. Wir dienen den Maschinen so lange als Batterie, wie wir uns unbewusst und unwissend für den Kampf gegen sie entschieden haben. So ist der Kampf durch Morpheus Gruppe mit Neo an der Spitze nur unser eigener innerer EGO-Kampf, der in der äußeren Welt seine Widerspiegelung findet.

Als Bestandteil der perfekten Illusion verbirgt er sich in jedem von uns.

Im Film wird gezeigt, dass das »Böse« (die Maschinen) dir überall auflauert, wo immer du auch bist, und was immer du auch tust. Du bist nie vor ihm sicher. Es ist wie ein jederzeit angriffsbereites und zum Töten entschlossenes Tier, das in den dunklen Tiefen deines Seins immer auf dich wartet. Es überschattet und kontrolliert scheinbar dein Leben. Du kannst dich weder vor ihm verstecken, noch dauerhaft im Untergrund arbeiten, um ihm nicht zu begegnen. Es findet dich überall, weil es in dir selbst existiert. Ein Entrinnen ist nicht möglich. Solange du glaubst, dagegen kämpfen zu müssen, hast du schon verloren. Du kannst all deine Kraft, deinen Mut und deine Fähigkeiten einsetzen, es ist immer stärker als du. (Neo und die Morpheusgruppe konnten Mr. Smith und die Maschinen nicht besiegen.) Ständig hast du das Gefühl, es wird dich umbringen, wenn du nicht wachsam bleibst. Je mehr du dagegen kämpfst, desto mehr Legionen an Maschinen bringt es auf (Kampf um Zion), nur um dir eines zu zeigen: Es ist der Boss und unbesiegbar. Und du hast keine Chance. Du kannst ihm nie das Wasser reichen, obwohl du das glaubst. Keine Technik der Welt oder Verbesserung deiner Kampffähigkeiten kann der Stärke und der Wucht seines Angriffs etwas entgegensetzen. Es tötet scheinbar alles, was sich ihm in den Weg stellt. Die Besten fallen ihm zum Opfer, weil sie eines nicht begreifen können: seine Unbesiegbarkeit. Und auch du opferst im Wahn deines eigenen Kampfes oft genug alles, was dir einmal lieb war, dich selbst und deine Liebe (auch Trinity musste durch Neos Kampf sterben). Wegen des vermeintlich Bösen in dir bist du bereit, deine Beziehung und deine Kinder zu verlassen. Und als du schon völlig verzweifelt bist und hinausschreien möchtest: Ich kann einfach nicht mehr! Ich habe allen Mut und alle Kraft, alle Möglichkeiten und Mittel aufgeboten, aber alles war umsonst. Ich habe dabei alles geopfert und mein Leben scheint seinen Sinn verloren zu haben. Ich habe keine Kraft mehr zu kämpfen und auch keine Kraft mehr zu leiden!

Da dämmert es tief in deinem Innern und eine unglaubliche Erkenntnis – die große Wahrheit bricht durch: Es bleibt mir nichts anderes übrig, als mich dem Bösen zu ergeben! Ich muss endlich die Waffen niederlegen und den Kampf beenden! Es scheint das Letzte zu sein, was du allem Anschein nach tun kannst. *Denn der Kampf war eine Illusion und nicht gewinnbar.* Und du erkennst die größte Illusion deines Lebens. Diese Erkenntnis wird zum alles entscheidenden Schritt. Dieser scheinbar letzte Schritt, der jetzt noch übrigbleibt, erfordert von dir einen Mut, der unglaublich viel größer zu sein scheint als aller Mut, den du für den langen Kampf aufgebracht hast, denn dieser letzte Schritt aktiviert jetzt mit geballter Kraft deine allergrößte Angst. *Es ist die Angst vor deiner eigenen Vernichtung, die wir alle in uns tragen,* die Angst deines EGO, all das freizugeben, was du nicht bist, und somit seine Existenz zu verlieren. Denn durch sie musst du hindurchschreiten, es scheint keinen anderen Weg mehr zu geben. Du gerätst in die »Dunkle Nacht des EGO«, denn du bist in diesem Moment völlig blind, weil du nicht sehen kannst, was nun wirklich geschehen wird (dargestellt im Film durch Neos Augenbinde). Doch deine innere Stimme sagt dir: Geh jetzt endlich! Und du lieferst dich dem großen Ungeheuer aus, das dich scheinbar zu verschlingen droht. (Neo wagt sich weiter, als je ein Mensch vor ihm, mitten ins Herz der Maschinenstadt, um sich dem alles entscheidenden Showdown mit dem unkontrollierbaren Programm Smith zu stellen.) Es gibt nun kein Zurück mehr. Vielleicht erkennst du jetzt, dass du diesen Schritt tun musst, damit andere dir folgen können, deren Angst noch viel größer ist als deine. Du spürst, wie das Ungeheuer immer näher kommt, sich öffnet und dich völlig verschlingt.

> Deine große Angst fließt hinein in einen großen Schmerz, der den Schmerz deines gesamten Lebens zu repräsentieren scheint, und indem du diesen Schmerz aushältst und bereit bist, ihn endlich anzunehmen, findet die große Transformation statt – es wird endlich Frieden.

(Im Film herrscht nun Frieden in der Stadt Zion; die Maschinen ziehen sich zurück, Mr. Smith löst sich wie ein Phantom auf.) Das Ergebnis, wie du es nun spürst, ist ein innerer Frieden, der dich völlig aufgenommen hat und der sich anfühlt wie eine große Erlösung. Du musstest scheinbar sterben, um gleichzeitig neu geboren zu werden. Und indem du dir dessen bewusst wirst, erkennst du: Das große Ungeheuer, für das du ein Leben lang all deine Energie verbraucht hast und das scheinbar alles zerstört hat, was dir lieb und teuer war, ist überhaupt kein Ungeheuer!

> Es wollte dich auch nicht töten! Es wollte, dass du genau dies vollbringst: Den Kampf beenden und es endlich anzunehmen und damit aus seiner Gefangenschaft zu erlösen, aus dem tiefen dunklen Kerker, in den du es selbst verbannt hattest.

(Neo gelangt in das Zentrum des Ungeheuers, was ihn vollständig aufnimmt mit den Worten: »Es ist vollbracht.«)
Das ist der Sinn von Erlösung und Auferstehung, der Weg zurück in die Freiheit!
Das scheint mir die eigentliche Botschaft des Films »Matrix« zu sein. Er ist damit eine moderne Version von Homers Odyssee, wie wir noch sehen werden.

Diesen Weg zu beschreiten, ist der Sinn des Spiels hier auf der Erde und die Erfüllung des inneren Ziels des Lebens, deines Lebens und des Lebens aller Menschen. Es ist der geistige oder spirituelle Weg, dessen Ziel darin besteht, die Illusion von sich selbst aufzulösen und klar zu erkennen, wer man selbst ist.

Im Film drückt es Morpheus folgendermaßen aus:
Er fragt Neo: »Weißt du, wovon ich spreche?«, und Neo antwortet: »Von der Matrix.« Darauf Morpheus: »Möchtest du wissen, was genau sie ist?
Die Matrix ist eine Scheinwelt, die man dir vorgaukelt, um dich von der Wahrheit abzulenken.« Darauf Neo: »Welche Wahrheit?«
Morpheus: »Dass du ein Sklave bist, Neo! Du wurdest in die Sklaverei geboren und lebst in einem Gefängnis, das du weder anfassen noch riechen kannst. Ein Gefängnis für deinen Verstand!

> Dummerweise ist es schwer, jemandem zu erklären, was die Matrix ist. Jeder muss sie selbst erleben.

Dies ist deine letzte Chance, danach gibt es kein Zurück! Schluckst du die blaue Kapsel, wachst du in deiner Welt auf und glaubst an das, was du glauben willst. Schluckst du die rote Kapsel, bleibst du im Wunderland, und ich führe dich in die tiefsten Tiefen des Kaninchenbaus. Bedenke, alles, was ich dir anbieten kann, ist die Wahrheit … Solange die Matrix existiert wird der Mensch niemals frei sein!«[6]

Wenn Sie wirklich die Wahrheit über sich, Ihre Mitmenschen und Ihr Leben finden wollen, um zu freier Selbstbestimmung zu gelangen, dann besteht der Weg darin, sich die Frage zu beantworten, wie Sie am schnellsten erwachen können. Denn in Ihrer Kelleretage leben Sie in einer Illusion von sich selbst. Und Ihr Leben spiegelt diese Illusion in allen Facetten wider. Sie sind in Ihrem eigenen Albtraum gefangen oder Wächter Ihres eigenen Gefängnisses.

Leider können wir die Illusion nicht durch das Schlucken einer roten Kapsel verlassen.

Bewusstwerdung ist ein Prozess, der sich aus *Erkennen* und *Erfahren* oder *Erleben* zusammensetzt. Dieses Erleben schließt das *Fühlen* ein.

Neale Donald Walsch hat dazu in »Zuhause in Gott« Folgendes vermerkt:

> »Unsere Seele ist bestrebt, hier auf der Erde durch Erfahrungen zu erleben, was sie bereits weiß. Sie weiß z. B., dass sie Gott nie verlassen hat und strebt nun danach, dies zu erfahren – zu erleben.
> Das Leben ist somit ein Prozess, bei dem die Seele Wissen in Erfahrung umwandelt. Und erst wenn das, was du gewusst und erfahren und erlebt hast, zu einer gefühlten Realität wird, ist dieser Prozess vollendet.
> Zuhause, so stellt sich heraus, ist ein Ort namens Vollkommene Vollendung. Es ist das durch das Vollkommene Wissen und Vollkommene Erfahren und das Vollkommene Fühlen zur Vollendung gekommene Bewusstsein von wer du wirklich bist. Es ist das Ende der Trennung zwischen dir und der Göttlichkeit.«[7]

Das, was ich mit Ihnen teilen kann, sind Erkenntnisse und Erfahrungen, die ich in diesem Prozess gewonnen habe. Ich kann Ihnen den Weg zeigen, der mein Weg war. Indem ich begann, meine eigene Illusion wahrzunehmen, konnte ich ihre Auflösung in Gang setzen. Dieser Prozess läuft immer noch. Ich habe keine Ahnung, wie lange er dauern wird. Aber ich bin inzwischen so weit gekommen, dass ich den Weg genießen kann und das Spiel mir Freude bereitet. Beinahe täglich kann ich Illusionen finden und die Gefühle, die herauswollen, loslassen. Gelingt mir das nicht, weiß ich, wo ich Hilfe bekomme.

Der Weg, den ich bisher genommen habe, ist einer von verschiedenen Wegen, die zum Ziel führen. Er scheint mir sehr effektiv zu sein. Und was wichtig ist: Er besteht nicht aus vielen Regeln oder Anweisungen, die ich beachten muss. Denn ich habe immer das Einfache gesucht. Irgendwie ist mir klar geworden, dass der Schöpfer bei so viel Genialität einen für uns alle gangbaren Weg bereit haben muss.

> Ich wollte und konnte nicht stundenlang meditieren, Atemübungen machen, mich ständig weiter von Seminar zu Seminar bewegen oder Ähnliches. Sicher kann all das für bestimmte Zwecke nützlich sein, nur eben nicht unbedingt für die Bewusstwerdung, wenn Sie dabei nicht an Ihre verdrängten geistig-emotionalen Muster herankommen.

Es gab eine Zeit, ganz am Anfang, da fühlte es sich an, als ob jemand bei mir wäre, der um mich einen riesigen Wattebausch halten würde, so als ob er mir mitteilen wollte: Du musst ruhiger werden und aus dem Stresszustand herauskommen. Es war wie ein großes energetisches Dämpfungsfeld, was mir klarmachen wollte, wie ich ruhiger werden könnte – ein Zustand, den ich gar nicht mehr kannte. Ich sollte meine innere Balance wiederfinden. Zu dieser Zeit bekam ich CDs, die mit speziellen Frequenzen bespielt waren und mir halfen, von einem inneren Zustand der Unruhe aus wieder Ruhe wahrnehmen zu können. Damit hatte ich die Möglichkeit, mich durch die Polarität von Unruhe und Ruhe immer wieder in die innere Ruhe begeben zu können, was mir eine bessere Wahrnehmung von mir selbst ermöglichte. Wenn man in einem unruhigen Zustand ist (und die meisten Menschen sind in einem solchen), kann man nicht wirklich wahrnehmen, was im eigenen Inneren passiert. Denn um das verstehen zu wollen, was ich im letzten Teil geschrieben habe, müssen Sie Ihre bisherige, meist auf äußere Ereignisse fixierte Wahrnehmung verlassen und bereit werden, das wahrzunehmen, was in Ihrem Inneren passiert. Erst dann kann Ihnen etwas über sie selbst bewusst werden. Dies ist die Möglichkeit, herauszufinden, wer

Sie wirklich sind. Den Weg müssen Sie selbst gehen. Ihre Erfahrungen zu machen und das Fühlen kann ich Ihnen nicht abnehmen. Aber ich beschreibe den Weg so gut es mir möglich ist.

Die Illusion von uns selbst aufzulösen, wird dann möglich, wenn wir das abtragen, was wir nicht sind. All das Künstliche, mit dem man uns begann »einzuwickeln«, nachdem wir geboren wurden. Eine wirkliche innere Entwicklung wird nur dann in Gang gesetzt, wenn wir genau dies tun: die Illusion abwickeln, damit die Realität zum Vorschein kommen kann.

> Mit dem Einleben in das Dualitätsbewusstsein, das auf der Erde vorherrscht, vergaßen wir allmählich, wer wir sind, und lösten uns damit aus dem Einheitsbewusstsein.

Das ist Bestandteil des Spiels. Daran ist nichts, was man verurteilen müsste. Wodurch passiert das? Durch unsere Eltern, die Schule und die Gesellschaft. Alle stellen bestimmte Bedingungen an uns und erst, wenn wir diese erfüllt haben, sind wir gut oder lieb. Das heißt, sie leben mit uns eine »Liebe«, die Bedingungen stellt. Unsere Eltern haben das ebenso erfahren, als sie Kinder waren, und geben es uns unbewusst weiter.

> Wir erfahren dadurch die Polarität von Gut und Böse als Spannungsfeld in unserer Erziehung, indem wir eigentlich nur manipuliert oder konditioniert werden auf das, von dem unsere Eltern glauben, es sei »richtig«: ihre eigenen Illusionen.

Somit erziehen sie uns, ohne dass ihnen das bewusst wird, mit Angst, Scham- und Schuldgefühlen. »Schäm dich dafür, was du da gerade wieder gemacht hast. Das tut man nicht als Junge oder als Mädchen.« Manchmal bekommen wir die Schuld zugeschoben, nach dem Motto: Wer hat denn das schon wieder »verbrochen«. Sie haben oft Angst, dass wir »unerwünschte« Dinge tun könnten, sind dann wütend, wenn wir sie tun oder stolz, wenn wir etwas in ihrem Sinne getan haben. Wir erleben damit unsere Kindheit als ein Spannungsfeld zwischen Angst und scheinbarer Liebe. Immer müssen wir aufpassen, dass wir das »Richtige« tun, nach dem Motto: Was werden unsere Eltern dazu sagen?

Sie meinen, bei Ihnen war das ganz anders? Sie haben Ihre Kindheit nur in guter Erinnerung? Das glauben die meisten. Aber genau das ist der kollektive Schlaf! Er besteht darin, dass wir uns dessen nicht bewusst sind, weil wir die Gefühle, die in der Regel schmerzlich waren, so stark verdrängt haben. Als ich in Mc Kennas Buch »Spirituell unkorrekte Erleuchtung« den Bericht von Julie las, die sich auf das innere Spiel eingelassen hatte, empfand ich dies als sehr passende Beschreibung des Bewusstwerdungsprozesses: »… und mir ist, als wäre ich als Baby entführt worden und würde erst jetzt begreifen, was es mit meiner Gefangenschaft wirklich auf sich hatte.«

Als ich die traumatischen Erlebnisse mit meiner Oma auflöste und meiner Mutter davon berichtete, war ich schockiert, dass sie dem so wenig Bedeutung beimaß. Das sind die Dinge, von denen wir nichts mehr wissen wollen, weil wir sie so stark verdrängt haben und unsere Eltern ebenso. Aber dazu komme ich noch konkret. Wir wurden erzogen im Spannungsfeld von destruktiven Energien, die sich in uns zerstörerisch auswirken und unser weiteres Leben überschatten.

> Bedingungslose Liebe fanden wir nur sehr selten. Diese Energien, die in uns gespeichert bleiben, lassen uns zu Menschen werden, die sich klein und bedeutungslos vorkommen, die ein geringes Selbstwertgefühl haben und oft ein entsprechend großes EGO, was dieses kaschieren soll, und die gleichzeitig durch viele Ängste bestimmt werden.

Aus dem Glauben heraus, nicht gut genug zu sein, entsteht unser Bedürfnis, uns beweisen zu müssen und anderen zu zeigen, wie gut wir doch sind. Das ist die Ebene »Stolz«, die immer noch zerstörerisch sein kann. Erinnern Sie sich daran, wie viele Menschen ihr Leben lassen mussten, weil man sie auf der Basis »Stolz auf die arische Rasse« und Überlegenheitsgefühlen über andere Rassen in einen sinnlosen Krieg schickte.

Wir beweisen uns scheinbar, indem wir unbewusst Ersatzbefriedigungen nachjagen, die unser verlorenes wahres Sein ersetzen sollen. Wir wollen die Leere füllen und die Selbstliebe, die uns auf diesem Weg verloren gegangen ist, ersetzen. Das tun wir, indem wir uns im Außen nach »Dingen« umsehen, von denen wir glauben, sie würden uns in diesem Sinne befriedigen. Wir hängen sie an unser Ich-Gefühl an oder geben ihnen ein Ich-Gefühl. Man kann auch sagen, wir binden sie an uns oder verhaften uns mit ihnen. Das kann man sogar wörtlich nehmen, ist mir gerade aufgegangen. Verhaften – wir stecken uns mit ihnen zusammen in ein Gefängnis, das wir selbst erbaut haben. Das sind z. B. solche Dinge wie mein Besitz, mein Auto, mein Haus, mein Körper, mein Ehemann, meine Kinder, mein Name, meine Nationalität, mein Beruf, meine Religion, meine Eltern, mein Wissen, meine Vorlieben, meine Abneigungen oder meine Vergangenheit. Also Dinge, Formen und Rollen, denen wir ein Identitätsgefühl verleihen, indem wir »mein« davorsetzen, und die uns die Möglichkeit einräumen zu sagen, mein Haus, mein Mann, mein Wissen etc. ist viel besser als deines. Damit habe ich bewiesen, ich bin viel besser als du. Und das macht mich überlegen. Für die meisten Menschen ist das Leben ein unendlicher Kampf um das »Bessere« geworden. Sie glauben, es würde sie glücklich machen, besser zu sein als andere. Wir merken nicht, dass wir uns mit den »falschen« Göttern identifizieren, die uns nicht das zurückgeben können, was wir verloren haben.

Im Gegenteil, auf dem Weg der Anhaftungen an Dinge, Formen und Rollen entfernen wir uns immer mehr von uns selbst, da all diese Verhaftungen des EGO sind. Sie halten uns fest auf der Ebene von »Stolz« und verhindern, dass unser Bewusstsein sich erweitern kann. Wir leben in einer selbst erschaffenen Scheinidentität oder Illusion. Dieses

> EGO ist sozusagen die Basis der menschlichen Unbewusst-
> heit oder Gestörtheit, die Hauptzentrale unseres Kampfes.

Das Unbewusste in uns hat einen neunmal stärkeren Einfluss als das, dessen wir uns bewusst sind, und dominiert somit all unser Tun! Wir sind Sklave des EGO. Bevor wir es nicht wahrnehmen und transformieren, werden wir unser wirkliches Zuhause nicht wiederfinden, weil es uns genau daran hindert. Das EGO verkörpert auf unserer Erde, wie Eckhart Tolle schreibt, die letzte Phase des universellen Schlafs der Menschheit. Es ist eine notwendige Stufe in der Evolution unseres Bewusstseins.

Dabei ist das Identifizieren mit Formen und Rollen noch sehr einfach zu durchschauen. Sie werden leicht feststellen können, wie es sich anfühlt, Form- oder Rollenidentifizierungen zu erkennen und loszulassen. Je mehr Sie davon haben und je bedeutender sie Ihnen sind, desto schwerer scheint es oft. Versuchen Sie, sich Ihrer Identifizierungen bewusst zu werden.

Schwieriger ist es, sich der Teile des EGO bewusst zu werden, mit denen wir uns noch stärker identifiziert haben und die nicht so offensichtlich sind, wie Formen und Rollenidentifizierungen. Aber genau diese sind wichtig, um die Illusion zu erkennen, die sich tief in uns befindet. Diese Teile des EGO sind zum einen *unsere unkontrollierten und zwanghaften Gedanken (Verstand)*, die wir in der Regel nicht bewusst wahrnehmen. Deshalb sind wir ja auch unbewusst oder »schlafend«.

Machen Sie bitte den Versuch, zu beobachten, was die Stimme in Ihrem Kopf sagt, wenn Sie nicht denken müssen, also z. B. bei Routinearbeiten wie Hausarbeiten aller Art oder beim Jogging, Rasenmähen etc. Als ich mir zum ersten Mal dieser Stimme im Kopf wirklich bewusst wurde, es war beim Jogging, konnte ich vor Schreck nicht weiterlaufen. Es war unglaublich, welche Gedanken durch meinen Kopf rasten, während ich meinen Körper zum Laufen verpflichte. Das hat mich tief beeindruckt und aufgerüttelt.

Zum zweiten besteht unser EGO aus den emotionalen Reaktionen, die diese zwanghaften Gedanken in uns auslösen, und die uns ebenso nicht bewusst sind, solange wir »schlafen«. Einmal konnte ich das Gedankenmuster wahrnehmen, das unmittelbar – Millisekunden – vor der emotionalen Reaktion abläuft. Damit hatte ich Klarheit. Mir wurde bewusst, was da in mir passiert. Das Muster war uralt. Ich war bereit, die Emotionen, die es aktivierte, wahrzunehmen. Diese unkontrollierten Gedanken und emotionalen Reaktionen sind im Vergleich zu materiellen Anhaftungen reine Energie, die es uns genau deshalb noch schwerer machen, sie zu durchschauen, denn unsere Identifizierung mit ihnen ist aus diesem Grund wesentlich stärker. Im »Schlafzustand« glauben wir in der Regel, wir seien unsere Gedanken und Emotionen, so stark identifizieren wir uns mit ihnen. Aus dem Ganzen entsteht ein Zustand, den man mit EGO-Verhaftetsein beschreiben kann. Da das EGO bereits die Störung ist, sind wir also mit einer Störung verhaftet, wodurch wir oft gestört erscheinen. Wie erscheint Ihnen z. B. ein wütender Mensch, der seine Wut gerade an jemandem auslässt? Verrückt, oder? Er ist in diesem Moment mit seiner Wut vollständig identifiziert, die gleichzeitig eine emotionale Wunde verbirgt. Diese Identifizierung mit unbewussten geistig-emotionalen Mustern, verwandelt unser Leben in einen Albtraum, dem wir nur entkommen, *wenn uns dies bewusst wird*. Nur durch bewusste Wahrnehmung können wir diesen Albtraum auflösen.

Was sich hier so leicht beschreiben lässt, ist in Wirklichkeit ein Prozess, den man mit Folgendem vergleichen könnte: Wenn ein Verrückter erkennt, dass er verrückt ist, entsteht Bewusstheit! Ein scheinbares Paradoxon. Und doch ist es möglich, seine »Verrücktheit« zu erkennen! Dazu benutzen wir unser *beobachtendes Bewusstsein*. Es ist das Bewusstsein, das sagen kann: »Ich denke und ich fühle.« Dieses Bewusstsein richten wir nach innen, um unsere unkontrollierten Gedanken und die dadurch hervorgerufenen Emotionen zu beobachten. Die Weisheitslehren nennen dies »Zeuge sein«. Die nach innen gerichtete Beobachtung kann uns diese Prozesse bewusst werden lassen, was im Ergebnis dazu führt, dass wir in Bezug auf uns selbst eine neue Bewusstseinsebene aktivieren und aus dem Schlafzustand heraustreten. Darüber sprechen wir ausführlich im Abschnitt »Das Spiel«.

Wie die Illusion entstand

In Folgendem versuchen wir, den Emotionen oder emotionalen Reaktionen, die durch die unkontrollierten Gedanken hervorgerufen werden, näherzukommen, um zu erkennen, wie sie entstanden sind und wie sie uns das Leben zur Hölle machen können. Wir wollen uns mit dem Teil in unserem Inneren bekannt machen, der das scheinbar Böse repräsentiert. Er erzeugt – zusammen mit dem Guten, das wir glauben zu sein – das Spannungsfeld oder die Polarität zwischen Gut und Böse in uns, die Dualität. Dieses Verständnis ist die Basis für den Bewusstwerdungs- und Selbstbefreiungsprozess.

Dabei werden wir folgende Frage beantworten: Sind wir eigentlich der Besitzer unseres eigenen Hauses (Körpers) oder haben wir die Kontrolle schon lange abgegeben? Sind wir Gefangene unseres selbst erschaffenen Gefängnisses, verhaftet im Kerker, gemeinsam mit unserer Vergangenheit?! Sind wir wirklich Sklaven, wie Morpheus es so treffend im Film »Matrix« mitteilt?!

Kennen Sie eine Situation in Ihrer Familie oder Partnerschaft, in der Sie wütend, aggressiv oder verletzend waren und Dinge sagten, die Sie eigentlich gar nicht sagen wollten, die Ihnen später sehr leid taten? Oder Situationen, in denen Sie sogar körperliche Gewalt anwendeten gegen Ihre Kinder oder Ihren Partner, weil Sie die Situation nicht mehr beherrschten, was Ihnen unter Umständen noch mehr leid tat?

Situationen also, die der Volksmund folgendermaßen ausgedrückt und die Michael Kent in seinerer »Depesche«[8] so treffend mit passenden Fragen verknüpft hat:

»Das ist ihm so rausgerutscht!«
Frage: Wer hat es dann angeschoben?

»Er war nicht ganz bei sich!«
Frage: Wer war dann bei ihm?

»Er war außer sich vor Wut!«
Frage: Wo war er dann?

»Er hat seine Beherrschung verloren!«
Frage: Wer oder was hat ihn dann beherrscht?

»Sie sind mit ihm durchgegangen!«
Frage: Wer sind sie oder was hat die Kontrolle übernommen?

Kann es sein, dass es etwas in uns gibt, das uns Worte sagen lässt, die
wir nicht sagen wollten, uns wütend werden lässt, obwohl wir nicht
wütend werden wollten, uns ängstigt oder traurig macht, obwohl wir
nicht wissen, warum?
Kann jemand sagen, warum er wütend, aggressiv oder unbeherrscht wird?
Glauben Sie vielleicht, nur andere Menschen, wie Ihr Partner oder Ihre
Kinder, sind schuld daran? Dann sind Sie in tiefstem Maße unbewusst
und »schlafend« und haben die Kontrolle über sich selbst abgegeben.
Sie sind, ohne es zu bemerken, ein Sklave. Gibt es etwas in uns, das
uns unserer Selbstbestimmung beraubt, Macht über uns hat und uns
fremdbestimmt? Oder waren wir gerade von einem Dämon besessen,
haben kleine grüne Männchen uns etwas eingeflüstert? War es vielleicht
ein defekter Schaltkreis oder ein chemisches Ungleichgewicht, wie uns
Psychiatrie und Pharma weismachen wollen? Entscheidet sich jemand
bewusst, wütend zu werden?
Die meisten überkommt dieser Zustand, und sie wissen nicht warum.
Und wenn Ihre Sicht nach außen gerichtet ist, glauben sie ganz ernst-
haft (und ich tat das auch), der Partner, das Problem, die Kinder, der

Umstand seien Schuld an ihrer Wut. Ich habe mich viele Jahre gefragt, warum mein Mann wütend reagiert auf Dinge, die ich sage, obwohl das Gesagte aus meiner Sicht keinen wirklichen Anlass dazu gab. Ich fand keine Antwort. Ich versuchte dann, bestimmte Themen zu meiden, mit dem Ergebnis, dass es immer weniger Themen wurden, über die wir sprechen konnten. Gleichzeitig habe ich mich gefragt, warum *ich* wütend oder traurig werde, was vor der Beziehung zu meinem Mann und im Umgang mit anderen Personen so nicht aufgetreten war.

Die Erklärung, die mir sofort einleuchtete, fand ich viele Jahre später, genau zu dem Zeitpunkt, als ich sie am dringendsten nötig hatte, und zwar im Buch von Eva Maria Zurhorst »Liebe dich selbst und es ist egal, wen du heiratest«[9]. Ein Buch, das Sie lesen sollten, wenn Sie Ihre Beziehung besser verstehen wollen. Es beantwortet die meisten Fragen.

Ich gebe hier einige Passagen mit eigenen Worten wieder:

Stellen Sie sich einen Eisberg vor, von dem die Spitze, die aus dem Wasser schaut, der Teil ist, zu dem wir sagen: Das bin ich. Dieser Teil ist uns bewusst. Mit diesem Teil z. B. glauben wir, den Traumpartner gefunden zu haben. Er ist äußerlich sichtbar und macht ungefähr ein Zehntel des Eisbergrumpfes aus. In dem anderen Teil jedoch, dem übermächtigen Rumpf, der sich unter Wasser befindet und neun Zehntel der Eisbergmasse ausmacht, schlummert unsere gesamte komplexe Persönlichkeit, der Teil von uns, der uns nicht bewusst ist. Hier finden wir all das, was unserem Bewusstsein abhanden gekommen ist oder uns noch nie zu Bewusstsein kam – unser Unterbewusstes.

> Dieser Rumpf enthält alles, was wir aus unserer Ursprungsfamilie mitgebracht haben und was dort als ablehnenswert und unerwünscht galt. Was so schmerzte, dass wir es lieber verdrängen und vergessen wollten, was wir nicht verstanden, angenommen und geheilt haben, alle alten Muster, frühe Kindheitserfahrungen, alle Schmerzen, Verletzungen und Ängste. Alles, was wir uns nie zugetraut haben.

Alles, was einmal ganz natürlich zu uns gehörte, in unserer Familie jedoch keinen Platz hatte. Weshalb wir einstmals ein unbeachtetes oder böses Kind waren, was wir deshalb heute als gefährlich einstufen, bewusst nicht mehr wahrhaben wollen oder uns nicht mehr erlauben.

Vielleicht denken Sie jetzt, dass das bei Ihnen nicht so viel sein kann. Aber genau dies ist die Illusion und Bestandteil des Schlafs! All das hat sich in unserem Eisbergrumpf zum vermeintlich Bösen verwandelt, in unsere Schattenseite, weil wir es *verdrängt oder abgespalten haben.* Dieses Tier ist der schmerzende oder verwundete Teil unseres Emotionalköpers. Man kann ihn deshalb zur Vereinfachung auch als Schmerzkörper bezeichnen. Ähnlich einer Raubkatze, die in einen Käfig eingesperrt wurde und sich deshalb in ein angriffsbereites Ungeheuer verwandelt hat. (Dieses Ungeheuer finden wir verkörpert z. B. in den Maschinen im Film »Matrix«, im Wal in »Moby Dick«; im Drachen, den Siegfried im »Nibelungenlied« besiegte, den Ungeheuern, denen sich Odysseus stellen musste, wie wir später noch sehen werden.)
Wie ist dieser Schmerzkörper entstanden?
Alles, was wir vom Tag unserer Zeugung an erlebt haben, jede Energie, bleibt gespeichert. Als ungeborenes Kind empfinden wir bereits das gesamte Gefühlsspektrum unserer Mutter sowie die Energien aus ihrer Umgebung. Bei unserer Geburt nehmen wir die Gefühle der beteiligten Personen auf. In unserer gesamtem Kindheit und Jugend werden wir durch die Gefühlswelt unserer unmittelbaren Bezugspersonen geprägt. (Ich habe z. B. die Ängste meiner Eltern während meiner schwierigen Geburt aufgelöst.) Und dazu bringen wir noch »Gepäck« aus früheren Leben (Inkarnationen) mit, ebenso wie den kollektiven Schmerz der Menschheit, den wir über viele tausend Jahre mit uns herumtragen. Da das Leben in den unteren Bewusstseinsebenen, wie wir wissen, vorwiegend durch destruktive Emotionen geprägt ist, die Schmerz verursachen, tragen wir alle einen großen Schmerzrucksack mit uns herum.

Dieser Schmerzkörper ist zu einem Energiefeld geworden, das in unseren Körperzellen lebt und uns unbewusst steuert. Die Kinesiologie nach Dr. Klinghardt hat eine Gefühlskarte entwickelt, die aufzeigt, in welchen Organen Energien gespeichert sein können:
Wut in der Leber;
Angst in den Nieren;
Ablehnung in der Gallenblase;
plötzlicher Schock im emotionalen Herz;
Freudlosigkeit im physisches Herz;
chronischer Kummer in der Lunge; Scham in der Blase etc.

Der Schmerzkörper kann die Ursachen sowohl für psychische als auch körperliche Erkrankungen sein. Da er größtenteils in unserer Kindheit entstanden ist, reagiert und handelt er auch wie ein Kind.
Als Neugeborene können wir nichts anderes tun als empfangen: Nahrung, Wärme und Zuneigung genauso wie Abweisung und Misshandlung. Unsere Eltern, die genauso unbewusst und schmerzkörpergesteuert waren wie wir heute, konnten mit ihrer eigenen Wut, Traurigkeit oder Angst nicht umgehen – und so auch nicht mit unseren Gefühlen. Wir bekamen in der Regel nur Liebe, wenn wir bestimmte Bedingungen erfüllten. Wir sollten aufhören, wütend zu sein, weil wir damit ihren eigenen Schmerz aktivierten, Jungen durften nicht weinen, unsere Traurigkeit wurde als nicht so schlimm hingestellt, unsere Angst nicht ernst genommen. Wir lernten, Gefühle nicht zu fühlen, sondern sie zu verdrängen, denn sie waren oft nicht erwünscht, sogar positive! Ich erinnere mich noch, wie meine Mutter mir oft sagte, wenn ich sehr ausgelassen lachte: »So wie du lachst, weinst du noch.« Es war ihr anscheinend nicht recht, dass ich lange und laut lachte, vielleicht, weil ich damit bei ihr etwas aktivierte. Tatsächlich passierte dabei oft folgendes Paradoxon: Wenn ich lange genug gelacht hatte, musste ich weinen. Lachen schien schmerzhafte Gefühle in mir zu aktivieren. Hinterher jedoch fühlte ich mich besser. Wie mir heute klar ist, kann man

diesen Prozess bewusst einsetzen, um die Last emotionaler Schmerzen zu vermindern.

Immer, wenn wir ausreichend Liebe und Zuwendung bekamen, schreibt Frau Zurhorst, konnten wir wachsen, wenn sie jedoch fehlten, konnte kein Wachstum stattfinden. Bekamen wir als Baby nicht genug Zuwendung und Liebe, dann gibt es einen Teil in uns, der wie ein verängstigtes, einsames oder hungriges Baby reagiert. Wurden wir als Teenager verlacht, verletzt oder missbraucht, dann gibt es einen Anteil, der wie ein verletzter Teenager reagiert. Das Gleiche gilt für jede Altersstufe: Kleinkind, Schulkind usw.

> Immer wenn unsere Bedürfnisse nach Zuwendung, Nähe, Schutz, Liebe oder Ähnlichem nicht erfüllt wurden und damit eine Unterversorgung oder Traumatisierung stattfand, blieben Teile von uns in ihrer seelischen Entwicklung stecken und spalteten sich ab.

Der damit verbundene Schmerz konnte von uns nicht angenommen werden – es tat zu weh. Uns blieb nur eines übrig: Wir mussten ihn verdrängen. Damit jedoch lebt die schmerzliche Emotion in uns weiter.

> Wir wuchsen heran zu einem Menschen mit teilweise vollständigen und teilweise unvollständigen Persönlichkeitsanteilen, die genau dem Stadium unserer Entwicklung entsprechen, in dem bestimmte Bedürfnisse nicht erfüllt wurden. Und so schleppen wir, wenn wir später eine Beziehung eingehen, eine regelrechte Großfamilie aus abgespaltenen Säuglingen, Kleinkindern, Heranwachsenden und Pubertierenden mit uns herum.

Unser Leben kann sich nicht erfüllen bzw. die Erfüllung ist immer dort blockiert, wo diese Kinder noch ihre ganz eigene Art von Erfüllung suchen. Dieser Schmerzkörper beherrscht unser ganzes Leben, weil wir uns mit ihm identifizieren und glauben, wir seien unser Schmerz, genauso, wie wir glauben, unsere Gedanken zu sein. *Und immer, wenn wir bewusst handeln wollen, aktivieren sich alte Gefühle und Blockierungen und übertragen sich auf die aktuelle Situation.* Das passiert völlig automatisch und unbewusst. Ohne Hinterfragen werden die alten Kindheitsverletzungen und Muster reaktiviert und auf unsere aktuelle Lebenssituation übertragen. Je traumatischer und langanhaltender die Erfahrungen waren, denen wir als Kind ausgesetzt waren, desto intensiver wirken sie heute in uns und machen uns wütend, unbeherrscht, verstimmt, beleidigt, bockig, traurig, ängstlich, usw. Um unseren Schmerz zu reaktivieren, bedarf es manchmal nicht einmal eines Wortes. Vieles passiert sogar »nur« auf der energetischen Ebene. Ihr Partner redet z. B. aus unbekanntem Grund nicht mit Ihnen. Sie beschleicht ein unangenehmes Gefühl. Vielleicht, denken Sie, habe ich etwas falsch gemacht, weil er nicht mit mir redet? Oder Sie werden traurig darüber, zum Schluss gar wütend, weil er immer noch schweigt. Sie wollen ihn zur Rede stellen, haben jedoch ein flaues Gefühl, das Ihnen Angst macht, dies zu tun. Sie wissen nicht, weil Sie es so stark verdrängt haben, dass es sich um eine Situation aus Ihrer Kindheit handelt, in der Ihre Eltern nicht mit Ihnen redeten, weil Sie irgendetwas angestellt hatten. Sie waren dann immer sehr traurig, fühlten sich einsam und verlassen und waren zum Schluss vielleicht wütend auf Ihre Eltern, weil man Ihnen Hausarrest oder eine andere Bestrafung gegeben hatte. Diese alten abgespaltenen Gefühle kann z. B. das Schweigen Ihres Partners aktivieren und Sie damit wieder in Kontakt mit Ihrem alten Schmerz bringen. Sie möchten all Ihre Wut auf Ihren Partner richten und ihn anschreien: »Was tust du mir damit an!« In Wirklichkeit ist es etwas, was ihnen lange vor Ihrer Partnerschaft angetan wurde, von Schlafenden, die nicht wussten, was sie tun.

Sobald Sie erkennen, dass hier der Ursprung für alles Leid in Ihrem Leben und im Leben anderer Menschen liegt, wird Ihnen auch die Ursache für den gesamten menschlichen Wahnsinn, der überall auf der Welt herrscht, bewusst. Diese

Ursache befindet sich in jedem von uns. Sie kann deshalb auch nur von jedem selbst aufgelöst werden.

Die Akzeptanz dieser Wahrheit ist erste Voraussetzung für Ihre Bereitschaft, sich auf das Spiel einzulassen und die Illusion zu erkennen, die Illusion von sich selbst!

Ein praktisches Beispiel aus dem Leben:
Ein Mann, nennen wir ihn Herrmann, ist mit seiner Frau und seinem Sohn in einer Tiefgarage, aus der er rückwärts hinausfahren will. Seine Frau steht, ebenso wie sein Sohn, neben dem Wagen, ohne jedoch zu wissen, was Herrmann genau vorhat, da er eigentlich auch vorwärts herausfahren könnte. Er fährt etwa in Garagenmitte. Rechts und links vom Auto befinden sich schwere Betonpfeiler. An drei der Pfeiler ist er bereits vorbei, der vierte ist noch hinter ihm. Da er nicht zum ersten Mal in der Garage ist, glaubt seine Frau, dass er den vierten Pfeiler sieht und macht sich keine weiteren Gedanken. Plötzlich schlägt Herrmann rückwärts ein und ihr wird schlagartig klar, dass er den letzten Pfeiler doch nicht im Blick gehabt hat! Als sie laut ruft, um das Schlimmste zu verhüten, ist ihr Mann bereits mit der hinteren Stoßstange des Wagens gegen den Pfeiler gestoßen. Sie bleibt zunächst einmal ruhig, aber als ein Wort das andere gibt, weil er erklärt, er hätte durch die Rückscheibe wegen des Gepäcks im hinteren Teil des Kombis nicht richtig sehen können, was da hinter ihm ist, steigt Wut in ihr auf, weil er dann ja zumindest hätte um Hilfe bitten können. Die Wut kollidiert mit seiner Wut, die dadurch so richtig aktiviert wird. Er lässt sie kurze Zeit darauf an seinem Sohn ab, der jetzt neben ihm im Wagen sitzt und völlig unbeteiligt an dem Vorgang war, und natürlich an seiner Frau, die ebenso nicht schuld war. Der Tag ist verdorben.

Die Auflösung:
Für Herrmann ist es schwierig, andere um Hilfe zu bitten, weil er dabei das Gefühl hat, nicht verstanden zu werden. Wenn er als Kind seine

Eltern um Hilfe gebeten hat, bekam er oft nur zur Antwort, er solle sich selbst einen Kopf machen. Das hat ihn jedes Mal wütend und traurig gemacht und ihn oft in einem verzweifelten und hilflosen Zustand zurückgelassen.

> Diese Gefühle projiziert er nun auf seine Frau und seinen Sohn, denen er unbewusst die Schuld für den Unfall gibt.
> In Wirklichkeit meint er damit seine Eltern, von denen er als Kind nicht genügend bzw. keine Hilfe bekam. Die Situation hat ihn in einen Angst- oder Schockzustand versetzt, genau, wie er das als Kind oft erfahren musste. Er reagiert mit Wut, Rückzug und Abschottung aus Angst, den alten Schmerz wieder fühlen zu müssen.

Erkennen Sie, wie das mit unserer Unbewusstheit und unserem Schlafzustand ist. Wut ist oft der beste Indikator! Aber dazu kommen wir noch.

Der Schmerz, der in jedem von uns existiert, erschafft den täglichen Wahnsinn, der auf der Erde herrscht. In seinem Namen werden Menschen ermordet und Kriege geführt, Ehen zerstört, Kinder geschändet und getötet. In seinem Namen begehen Menschen Selbstmord. Auf diese Weise ist ein Leiderschaffungsprozess ungeahnten Ausmaßes in Gang, den wir nur beenden können, indem wir aus unserem Schlaf erwachen und erkennen, was uns da beherrscht!

Was uns die alten Mythen und Sagen wirklich mitteilen wollen

Als mir im Prozess des Schreibens die eigentliche Bedeutung des Films »Matrix« klar wurde, war mein Interesse geweckt zu erfahren, wer das Buch zum Film geschrieben hat. Ich stieß im Internet auf die Wachowski Brüder, die für Buch und Regie verantwortlich zeichnen. Es war nicht wirklich viel über sie zu finden, was ich fast schon vermutet hatte. Aufmerksam wurde ich jedoch, als ich Folgendes las: Wenn sie zusammen sind, wirken sie, als hätten sie ein gemeinsames Gehirn. Bei 3 856 293 Entscheidungen, die für den Film »Matrix« zu treffen gewesen waren, hatten sie nur drei(!) Meinungsverschiedenheiten gehabt. Ihre Lieblingsbücher sind u. a. »Odyssee« von Homer. Ich ging im Internet weiter zu Homer und kam auf »Die Irrfahrten des Odysseus«, wo ich mir den Inhalt anschaute. Dort fand ich verschiedene Passagen, die, ohne dass ich tiefer schürfen konnte, meine Vermutungen bestätigten. Odysseus ist der bekannteste Held der griechischen Mythologie. Seine Irrfahrten stehen für unsere Irrfahrten, die wir erleben, wenn wir nicht erwachen. Seine Kämpfe sind unsere Kämpfe, die wir austragen, solange wir schlafend sind. Ich besorgte mir daraufhin das Buch und wurde an vielen Stellen fündig. Hier einige Stichpunkte dazu:

> Alle Kämpfe, die Odysseus scheinbar im Äußeren zu bestehen hatte, beziehen sich auf den Kampf in seinem Inneren, den Kampf mit seinem Schmerzkörper.

Auch dieser Mythos hat, neben der äußeren Handlung, eine innere Parabel, die von unserer Bewusstwerdung handelt. Historiker oder Homer-

Forscher, die bemüht waren, den Inhalt zu interpretieren, mussten dies übersehen und sind deshalb am Wesenskern des großen Werkes vorbeigegangen.

Kurz einige Stichpunkte:

Häufig findet man den Satz »… noch hab ich unsere Heimat nicht berührt; ich irre noch stets von Leiden zu Leiden …«, oder »… ich leide noch stets.« Mit »Heimat« ist nicht unbedingt nur das Land, die Insel Ithaka, die äußere Heimat, gemeint. Es kann auch für unsere innere Heimat, unser wirkliches Zuhause stehen, das Einheitsbewusstsein des Göttlichen. Solange ich es nicht wiedergefunden habe, bin ich leidend.

> In unsere innere Heimat gelangen wir erst, wenn wir uns allen Ungeheuern, dem wilden Tier in unserem Inneren, unserem Schmerzkörper gestellt haben.

Das wird durch Odysseus Kämpfe gegen Seeungeheuer und Zyklopen in der äußeren Parabel deutlich gemacht. Er muss sich seinen eigenen Schatten, die immer größer zu werden scheinen, stellen, indem er sich auf sie einlässt und sich mit ihnen konfrontiert. Denn nur so sind sie zu erlösen. Dabei lernt er, durch die Ängste hindurchzugehen und sich mutig jedem neuen Ungeheuer, das aus unserem Inneren auftaucht, zu stellen.

Vergebung, die dabei eine Schlüsselrolle spielt, wird durch Odysseus' Besuch in der Schattenwelt versinnbildlicht. Er stellt sich seiner Vergangenheit, indem er die Verstorbenen besucht, um zu vergeben, was an Unrecht getan wurde (Schmerzkörpererschaffung), um sich mit ihnen auszusöhnen und inneren Frieden zu finden. Eine Aufgabe, die auch wir zu bewältigen haben.

Immer ist er der »einsame Dulder«. Das wird sehr häufig erwähnt, denn all dies kann er nur allein tun, niemand kann ihm dabei helfen. Seine Gefährten kommen während seiner Irrfahrten um, das soll heißen: Auf dem inneren Weg sind wir immer auf uns selbst zurückgeworfen, wir müssen die Wachstums- oder Transformationsschmerzen allein aushalten. Homer beschreibt sogar »Die dunkle Nacht des EGO«, die uns in die Erfahrung und damit in die Transformation unserer größten Angst bringt. Es ist ein Zustand, in welchem es scheinbar nicht mehr weiter zugeht. Man kann nichts mehr tun, außer, sich der schrecklichen und angsteinflößenden Situation vollständig hinzugeben und sie zu durchleben, zu durchfühlen. Im Matrixfilm ist das die Stelle, an der Neo mit verbundenen Augen in den Schlund des Ungeheuers gefahren wird. Es ist genau der Punkt, an dem wir uns dieser Angst entledigen können. Homer schreibt dazu: »Aber Skylla ließ mich der Vater der Menschen und Götter nicht mehr schauen; ich wäre sonst nie dem Verderben entronnen! Und neun Tage (*und neun Nächte*) trieb ich umher; (*auf einem Holzbalken im Wasser*) in der zehnten der Nächte führten die Himmlischen mich gen Ogygia ...«[10]

»Ich wäre sonst nie dem Verderben entronnen«, bedeutet: »Ich komme nicht heraus aus dem Leid und dem Kampf, die mein Untergang sind, wenn ich mich meiner zentralen Angst nicht stelle. Solange bleibe ich in der Dunkelheit.«

Einen weiteren Hinweis auf den inneren Prozess erhält man, wenn Odysseus sich mehrmals als »Niemand« bezeichnet. Das kann bedeuten, er gibt seine Identifizierung mit seiner Rolle als König von Ithaka und mit seinem Namen auf (löst sich von der wichtigsten Rolle, die er gespielt hat in seinem Leben – als Bestandteil der Transformation des EGO) oder er weiß immer noch nicht, wer er ist, solange er seine innere Heimat nicht wiedergefunden hat. Möglicherweise drückt es beides gleichzeitig aus. All das erkennt man erst durch eigene Erfahrungen im Bewusstwerdungsprozess.

Eine weitere wunderbare Beschreibung dieser inneren Vorgänge findet sich im Dreizehnten Gesang, als Odysseus auf dem Schiff endlich heimkehrt: »Heimwärts tragend den Mann, an Weisheit ähnlich den Göttern.« (Will sagen: *Wenn die Illusion aufgelöst ist, erfährst du die ganze Wahrheit und erhältst gleichzeitig die Weisheit, die gottgleich ist.*)

Ach! Er hatte so viel' unnennbare Leiden erduldet, da er die Schlachten der Männer geschlagen und tobende Fluten durchkämpfte; (*Damit sind seine inneren Kämpfe und inneren Schlachten gemeint, die alle Männer erleiden, indem sie in der äußeren Welt kämpfen.*)

Und nun schlief er so ruhig, und all seine Leiden vergessend. (*Ab einem bestimmten Punkt in diesem Prozess nimmst du deutlich wahr, dass deine Leiden immer weniger werden, mit jeder Illusion, die du auflöst. Und dann beginnst du allmählich deine Leiden zu vergessen. Alles erscheint dir nur noch wie ein Traum, der nicht wirklich war, bis du dich kaum noch daran erinnerst, dass du überhaupt gelitten hast. Du wirst leidfrei.*)

Als nun östlich der Stern mit funkelndem Schimmer emporstieg, welcher das kommende Licht der Morgenröte verkündet, schwebten sie nahe der Insel im meerdurchwallenden Schiffe. (*Der Morgenstern ist der Planet Venus, die Venus die Göttin der Liebe. Wenn du dein Leid erlöst hast, erwartet dich das neue Licht der Liebe und des Mitgefühls, du wirst zu Liebe und Mitgefühl. Es wird deine neue Lebensbasis.*)

Phorkys, dem Greise des Meers, ist eine der Buchten geheiligt, gegen der Ithaker Stadt, wo zwei vorragende schroffe Felsenspitzen der Reede sich an der Mündung begegnen.Diese zwingen die Flut, die der Sturm lautbrausend heranwälzt, Draussen zurück; inwendig am stillen Ufer des Hafens ruh'n unangebunden die schöngebordeten Schiffe.«[11]

(*Dies ist die Beschreibung der inneren Stille oder des inneren Friedens, den man erhält, wenn die innere Transformation abgeschlossen ist. Die Stürme des Lebens bleiben draußen zurück, innen sind wir nun friedlich und völlig frei – unangebunden, ohne Identifizierungen. Die schroffen Felsspitzen symbolisieren den starken Schutz, den wir vor den Stürmen des Lebens erhalten. Die Reede ist unser geschützter Ankerplatz, den wir von jetzt an in unserem Inneren besitzten und an dem wir jederzeit verankert sein können, sodass die äußeren Stürme uns nichts mehr anhaben können. Unangebunden zu sein – frei von Identifizierungen des Schmerzkörpers und alter destruktiver Programmierungen – bringt uns unsere innere Schönheit zurück, die durch äußere Schönheit zum Ausdruck kommt – »schöngebordeten Schiffe«.*)

Als Odysseus endlich von seinen Irrfahrten nach Hause kommt, findet er seine vertraute Welt nicht mehr, seine alte Welt, die er einst verlassen hatte, ist verschwunden. Nachdem wir die inneren Prozesse durchlaufen haben, sind wir nicht mehr in unserer alten Welt, weil die Energien, die in der alten Welt vorherrschen, transformiert wurden. Wir bewohnen eine Energieebene mit höherer Schwingung, die nichts mehr gemein hat mit der Welt, die wir verlassen haben.

Odysseus ist jetzt fähig, die Liebe zu Penelopeia, seiner Frau, zu erneuern, indem er die letzten Illusionen, die zwischen ihm und ihr stehen, die Freier, tötet. Außerdem entledigt er sich der Kräfte, die ihm einst treu gedient haben, die er nun jedoch als untreu entlarvt, weil er erkennt, dass sie ihn in Wirklichkeit nur von seiner Heimreise abgehalten haben, der Reise zu sich selbst. Das symbolisiert meines Erachtens das Töten der »untreuen Knechte und Mägde«, die die Beendigung des Dienstes des EGO darstellen. Damit ist der Transformationsprozess abgeschlossen. Die »Irrfahrten des Odysseus« beinhalten also eine innere Lehre, die den Weg zur Befreiung vom EGO/Schmerzkörper und so den Weg der Selbstbefreiung aufzeigt, der heute wieder in das Bewusstsein der Menschheit rückt. Es ist der Weg unserer Heimkehr zu uns selbst.

Was ich vermute ist, obwohl ich mich nicht damit befasst habe, dass auch die arabischen Märchen, wie z. B. »Sindbad der Seefahrer«, Ähnliches zum Ausdruck bringen.

Spontan kamen mir dann auch die deutschen Sagen in den Sinn und ich suchte unter meinen Büchern etwas Passendes. Im Buch der Nibelungen fand ich meine Vermutungen bestätigt. Siegfried, der Drachentöter, wird durch das Blut des Drachen unverwundbar und findet in der Höhle des Drachen den Schatz.

> Unverwundbarkeit erlangen wir, wenn wir den Schmerzkörper erlöst haben, unseren inneren Drachen, das wilde Tier.

Weil wir dann resonanzfrei zu destruktiven Emotionen sind und nicht mehr verwundbar. Den Schatz wiederfinden heißt die innere Quelle wiederentdecken, unser wahres Sein. Dann erst sind wir zu Hause angekommen, nämlich bei uns selbst.

Kriemhild, deren Schmerzkörper durch den heimtückischen Mord an Siegfried derart aktiviert ist, dass sie Hunderte von Männern töten lässt, soll uns auf die Bedeutung von Vergebung im inneren Prozess hinweisen. Die Verwirklichung von Kriemhilds Racheplan ist ein ausdrucksstarkes Beispiel für den Leiderschaffungsprozess und wie er sich immer wieder generiert, solange Vergebung nicht stattfindet. Für den Schmerz, den man Kriemhild mit dem Mord an Siegfried antut und den sie nicht vergeben kann, müssen Hunderte von Männern sterben. Wenn man den Teil über Kriemhilds Rache und das grauenvolle Ende liest, möchte man sie an den Schultern packen und schreien: »Hör auf mit dem Wahnsinn, *wach auf* und *komm endlich zu Bewusstsein*! Erkennst du denn nicht, was du tust? Für ein Leid, das dir angetan wurde, erschaffst du hundertfach neues Leid! Du lässt Hunderte von Männern in ihren besten Jahren töten, nur weil du dich an Siegfrieds Mörder rächen willst. Du zerstörst gerade dein eigenes Leben, weil du nicht bereit bist *zu vergeben*! Nichts von dem, was dir lieb und teuer war, wird übrigbleiben. Dein Sohn und dein Mann, alle deine Brüder und deine besten Getreuen werden ihr Leben geben müssen, deine Mutter wird vor Kummer vergehen. Ist es das wert? Hör endlich auf zu kämpfen!« Sie erschafft damit so viel neues Leid, dass sie selbst am Ende sagt, nachdem ihr Sohn im Babyalter ermordet wurde, durch die, die sie danach umgehend töten ließ, »… das habe ich nicht gewollt«. Sie hat mit ihrem Hass endgültig ihr und das Leben vieler anderer zerstört. Doch die ersehnte Befreiung vom nagenden Schmerz in ihrem Innern ist nicht eingetreten! Rache und Kampf kann erlittenen Schmerz nicht erlösen. Der Kampf im Außen gegen das vermeintlich Böse führt nicht zu unserer Erlösung und ist Illusion, die größte, die unser Leben bestimmt! Erst, wenn wir »Schuld« vergeben, beschreiten wir den Weg des inneren Friedens und beenden somit die Leiderschaffung.

Viele Äußerungen im Nibelungenlied machen deutlich, dass es hier um die alte und immer wieder neue Wahrheit oder Weisheit geht, verpackt in eine äußere Geschichte.

Der Mensch wusste intuitiv, dass es mit den alten Sagen,
Mythen und Märchen etwas Besonderes auf sich hat.
Deshalb sind sie uns über so lange Zeit erhalten geblieben.

Sie haben immer unser Herz berührt, damit wir jetzt, wenn die Zeit reif dafür ist, ihren inneren Kern aufnehmen und verstehen können, denn sie wollen uns auf den größten Schritt unserer Evolution als Mensch hinweisen und uns den Weg zeigen zu Erwachen und Bewusstwerdung. Gleichzeitig begriff ich, dass die Brüder Wachowski mit ihrem Film »Matrix« eine moderne Odyssee erschaffen haben.

Der Leiderschaffungsprozess

Wer den Leiderschaffungsprozess verstanden hat, hat die Chance, sich aus ihm zu lösen. Auch für mich waren diese Erkenntnisse »Wachrüttler« zur Selbstbefreiung. Sie haben den Boden bereitet.

Aller Wahnsinn der Welt, alles Leid oder Unglück, das in Ihrem Leben existiert, hat seinen Ursprung tief in Ihrem Inneren, da, wohin Sie Ihren eigenen Schmerz *verdrängt haben*, in Ihrem Eisbergrumpf, *wo Ihr angriffsbereites Ungeheuer sitzt.* Hier beginnt Ihr eigener Leiderschaffungsprozess. Ausgangspunkt sind die Verletzungen Ihrer Gefühle in der Kindheit, die geheilt werden wollen. Da Sie jedoch »schlafend« sind, kann Ihnen das nicht bewusst werden. In Ihrem Inneren befindet sich ein energetisch gespeichertes Programm, dessen Energien Sie unbewusst mit dem Aufdruck »böse« oder »schlecht« versehen haben. Somit haben Sie sie polarisiert in Bezug auf das Gute, was Sie glauben zu sein. Sie erschufen sich damit ein Spannungsfeld, einen Plus- und einen Minuspol, der nach Auflösung oder Erlösung strebt. Diese Polarität der unerlösten Energien hält Ihr Leben so lange in einer Kampf-Rachementalität gefangen, solange Sie »schlafend« oder unbewusst sind. Sie bleiben Gefangener Ihres eigenen Gefängnisses.

Das Programm heißt etwa so: Jeder, der mir scheinbar Schmerz zufügt, muss bekämpft werden. Damit rächen Sie sich unbewusst für die in Ihrer Kindheit erlittenen und nicht geheilten Schmerzen. Dieser Zustand kann ein ganzes oder sogar viele Leben andauern. Allein das ist schon verrückt. Das noch Verrücktere daran jedoch ist, dass wir uns meist nicht an denen rächen, die uns den Schmerz angetan haben, sondern an Menschen, die damit in der Regel nichts zu tun haben.

Wie kann das sein, werden Sie vielleicht fragen. Das liegt daran, dass wir den ersten Schmerz erfahren, wenn wir noch sehr klein sind, und zwar von Personen, die wir lieben und die für unsere Erziehung verantwortlich sind. In erster Linie sind das unsere Eltern und Menschen, die uns betreuen, in Kindertagesstätten und später in Hort und Schule. Alles, was sie uns unbewusst an Schmerz erschaffen, sind wir »gezwungen« anzunehmen. Als Kinder haben wir nur die Möglichkeit, mit Verdrängung zu reagieren. Auch diese Menschen sind unbewusst und haben in ihrer Kindheit ebenso ihre eigenen Gefühle verdrängen müssen. Sie wissen nicht, dass ihr Verhalten und ihr eigener Schmerz zur Abspaltung auch unserer Gefühle und damit zur Erschaffung neuen Leids führen. Sie können uns deshalb nicht helfen. Zudem sind sie für uns Autoritätspersonen, denen wir sozusagen »ausgeliefert« sind. Wir haben sie meist sehr lieb und glauben, uns in jedem Fall nach ihnen richten zu müssen, weil wir uns davor fürchten, ihre Versorgung zu verlieren. Sie sind unser Maßstab, mit dem wir alles in unserem Leben messen. Wir wollen ihren Vorstellungen entsprechen. Des Weiteren kommt dazu, dass wir als Kinder unbewusst den Schmerz unserer Eltern aufnehmen und mittragen, weil wir sehr feinfühlig sind. Das macht unser »Schmerzgepäck« noch größer. Ich konnte viele destruktive Programme und Schmerzen meiner Eltern und Großeltern in mir lösen.

Im Kontakt zu Gleichaltrigen bekommen wir dann später erstmalig die »Chance«, Verletzungen auszuagieren, denn diese aktivieren sehr oft unseren Schmerz. Verbale Boshaftigkeiten oder körperliche Gewalt findet man lange vor dem Schulalter.

> Kinder, die große Schmerzpakete mit sich herumtragen, werden oft verspottet oder gehänselt. Andere wissen unbewusst meist genau, womit man sie wütend machen kann. Man wusste, mit wem man »es machen kann«.

Oft wurden daraus Kinder, die nicht gerne in die Schule gingen, weil ihr Schmerz, den sie bereits mitbrachten, ständig durch Mitschüler aktiviert wurde. Sie fühlten sich unwohl, wurden von anderen gemieden und standen außerhalb. Körperliche Gewalt unter Kindern und Jugendlichen ist der innere Schmerz, unbewusst ausagiert auf der äußeren Ebene von Kampf, mit »Gegnern«, die diesen scheinbar verursachen, jedoch nur den alten, bereits vorhandenen Schmerz aktivieren. Verbale oder körperliche Gewalt jeder Art ist das Projizieren von innerem Schmerz in die äußere Welt mit scheinbaren Gegnern. Wir leben damit in einer Illusion von uns selbst und in tiefer Unkenntnis über die wahren Zusammenhänge. Eines sollten Sie an dieser Stelle schon mitnehmen, weil es das Verständnis deutlich erweitert:

> Weder Ihre Eltern, noch Ihr Partner, Ihre Kinder oder Verwandte haben Ihnen böswillig oder vorsätzlich, aus einer Laune heraus, etwas angetan. Sie haben immer nur ihren eigenen, tief versteckten Schmerz unbewusst an Sie weitergegeben.

Wäre ihnen das bewusst gewesen, hätten sie sofort damit aufgehört. Aber sie haben den Wahnsinn nicht erkannt. Aus diesem eigenen Leid ist in jeder nachfolgenden Generation neues Leid entstanden, denn der Schmerzkörper ist »selbstregenerierend«, solange wir nicht erwachen. Da uns, als wir Kinder waren, in diesem wahnsinnigen Kreislauf oft das Herz gebrochen wurde, ist die kürzeste Formel für Leiderschaffung: Gebrochene oder verwundete Herzen erschaffen immer wieder gebrochene oder verwundete Herzen!

An dieser Stelle möchte ich noch ein kurzes Beispiel anführen, um zu zeigen, welche Folgen der Leiderschaffungsprozess haben kann und wie er nicht nur zu psychischer, sondern auch zu körperlicher Krankheit führt. Ich fand es bei Sabine Hinz und Michal Kent in der »Depesche«. Dieses von Michal Kent schon seit einigen Jahren verfasste Blatt, das zweimonatlich erscheint, trägt den Untertitel »Für die Freiheit gegen den Wahnsinn«. Ich glaube, genau das könnte auch der Untertitel für mein Buch sein. Was das Interessante daran ist, es ist mir gerade erst aufgefallen! Falls Sie die Depesche noch nicht kennen: Sie ist sehr empfehlenswert. Für mich war sie ein weiterer »Wachrüttler«.

Michael Kent schreibt Folgendes:
Als ich meinen Zivildienst absolvierte, gab es da diesen einen Kerl, der an sogenannter Gehirnschrumpfung litt, seit zwölf Jahren im Bett lag und gefüttert werden musste. Immer dann, wenn ihm die Schwestern seinen wundgelegenen Rücken neu verbinden wollten, schlug der Knabe um sich und schrie: »Du Arschloch! Du Arschloch! Du Arschloch!« Na, die Schwestern versuchten ihn dann immer nett zu beruhigen, was nie funktionierte.
Als ich dann an der Reihe war, den Knaben zu verbinden, ging es wieder los: »Du Arschloch!« und ich erwiderte nur laut und deutlich die folgende Frage: *»In Ordnung, wer sagt das?«* Und was soll ich Ihnen sagen, plötzlich war es, als ob der Bursche aus einem zwölfjährigen Schlaf erwachte. Er kam vollkommen in die Gegenwart, schaute mich mit großen Augen an, richtete seinen Oberkörper auf (was er vorher noch nie getan hatte) und sagte: *»Mein Vater – warum?«* Und ich: *»Vielen Dank! Was sagt Ihr Vater weiter?«*
Und er erzählte mir die komplette Begebenheit, in der er von seinem Vater nahezu zu Tode geprügelt worden war, in allen Einzelheiten. Und dann ließ ich ihn alles noch einmal erzählen und noch einmal. Und schließlich war Friede! Sagenhaft, oder?

Ein einziges Prügelengramm (»Engramm« kommt von »eingravieren« oder »eindrücken« und ist ein eingeprägtes Schmerzmuster auf der emotionalen/mentalen Ebene mit den Inhalten: »Du Arschloch! Du Arschloch! Du taugst nichts, du Faulenzer, du hast nichts im Kopf!« Und als der Junge vor den Schlägen des Vaters wegrennen wollte: »Schön hiergeblieben! Du wirst schön hierbleiben! Du wirst nirgendwo hinrennen! So kommst du mir nicht weg!« Das war, wie gesagt, ein Beispiel aus dem wahren Leben – und die Folge: Der Sohn litt fortan an Gehirnschrumpfung (Er befolgte damit den Befehl: »Du hast nichts im Kopf!« Lachen Sie nicht, dies ist keine Witzdepesche und die Auswirkungen sind zu ernst, um sich darüber zu amüsieren. Er lag zwölf Jahre lang im Bett (»Du wirst schön hierbleiben!«), er schlief fast nur (»Du Faulenzer«), er war nach diesen zwölf Jahren »Gehirnschrumpfung« so unfähig geworden, dass er praktisch mit niemandem sprach (außer mit mir, als ich ihn das Geschehnis erzählen ließ, in dem er seit über zwölf Jahren feststeckte), und er befand sich in einem derart miserablen Allgemeinzustand, dass er mit der Schnabeltasse gefüttert werden musste.

Der Vater war übrigens erfolgreicher Unternehmer, ein gesellschaftlich angesehener Mann. Der Sohn konnte dessen Erwartungen nicht erfüllen. Es wäre in diesem Zusammenhang interessant zu wissen, welche Engramme beim Vater seinerseits restimuliert (oder reaktiviert) waren, als er seinen Sohn beinahe zu Tode prügelte – doch eigentlich können wir das nach der bisherigen Lektüre schon blind erraten, oder? Wahrscheinlich wurde er seinerseits von seinem Vater mehrfach wortreich verprügelt. So »vererben« sich Gewalt, Wahnsinn und psychosomatische Leiden von Generation zu Generation![12] So regeneriert sich der Schmerzkörper. Ich danke Michael Kent für dieses Beispiel. Ich konnte es schon vielfach verwenden.

> Immer, wenn eine »schlimme Tat« geschieht, ist der Täter unbewusst, weil er sich so stark mit seinem eigenen Schmerzmuster identifiziert, dass er in seinem Wahnsinn alles zu tun bereit ist.

Dinge, die er ansonsten nie vollbringen könnte, werden dadurch möglich! Er ist so unbewusst in einem solchen Moment, dass er sogar die Erinnerung an die Tat verlieren kann, wenn er wieder bei »Bewusstsein« ist. Es gibt viele geprüfte Fälle, in denen Täter behaupten, die Tat nicht begangen zu haben. Und sie wissen es tatsächlich nicht mehr! Es ist wichtig, dies zu verstehen, um den menschlichen Wahnsinn zu begreifen und ihn zu beenden.

Befreien Sie sich von der Illusion, sie seien eine Ausnahme! Jeder von uns hat genug Schmerz verdrängt, der durch die Übertragung von Elternschmerz auf die Kinder übergegangen ist. Dass Kinder in ihren Familien geschlagen oder gar geprügelt werden, ist bis heute Realität. In bestimmten religiösen Gruppierungen ist es sogar ausdrücklich erwünscht und wird mit Liebe gleichgesetzt. Dieses und das neue Leid, das daraus entsteht, werden die nachfolgenden Generationen aufarbeiten müssen. Öffnen Sie die Augen, in welcher Form auch immer Ihnen Gewalt begegnet. Sehen Sie die Täter aus einem anderen Blickwinkel: Auch sie waren einst Opfer. Damit will ich nicht sagen, dass sie nicht bestraft werden sollen, wenn sie wiederholt Unheil anrichten. Aber, wenn Sie den oben dargestellten Zusammenhängen folgen, wissen Sie, dass die Täter tatsächlich oft »nicht bei Bewusstsein« und damit eigentlich unzurechnungsfähig sind. Sie gehen den Weg der Schmerzabgabe, weil ihnen selbst so viel Schmerz angetan wurde. Der Dichter W. Longfellow schrieb einmal: »Wenn wir die geheime Geschichte unserer Feinde lesen könnten, würden wir im Kummer und im Leid jedes Einzelnen so viel finden, dass jede Feindseligkeit von uns abfallen würde.«

Zum Einstieg in dieses Thema und besonders für Menschen, die psychische Probleme haben und vielleicht sogar mit Psychopharmaka behandelt werden, kann ich das Buch von Ty C. Colbert »Das verwundete Selbst« empfehlen. Colbert durchschaute als einer von wenigen konventionellen Psychiatern, woher all unsere »Verrücktheiten« und unser Wahnsinn kommen. Lesen Sie die Beispiele, die dies konkret dokumentieren. (Da sein Buch noch nicht neu aufgelegt wurde, werde ich im Anhang die Kindheit von Charles Manson, der mit seiner Gang acht Menschen tötete, und die Geschichte von Anna Jennigs aufnehmen, die sich wegen eines als Baby erlittenen Traumas das Leben nahm. Ich gebe ihnen auch einen Hinweis, wie Sie das Buch noch erwerben können.)

Erkennen Sie die Ursache für den menschlichen Wahnsinn, werden Sie wach! Vielleicht meinen Sie, das seien extreme Beispiele. Nicht jeder wird gleich zum Mörder oder verübt Selbstmord. Das ist richtig. Weltweit ausgeübte Gewalt wird uns jedoch durch die Medien schon morgens zum Frühstück serviert und häusliche Gewalt ist ein Thema, das ebenso präsent ist. Und wir sehen hier nur die Spitzes des Eisbergs, weil die meisten, die davon betroffen sind, es aus Schuld oder Scham erdulden und sich niemandem anvertrauen, geschweige denn an die Öffentlichkeit gehen würden.

> Die Ursachen für alle Gewalttaten, ob verbal oder körperlich, sind immer die gleichen: erlittener Schmerz und die Abspaltung, Unterdrückung und Leugnung dieser Gefühle. Aus diesem ungeheilten Schmerz heraus entstehen unsere psychischen Erkrankungen wie Zwänge, Abartigkeiten, manisch-depressive Erkrankungen, Wahnvorstellungen, Depressionen, Schizophrenien sowie kindliche Verhaltensauffälligkeiten. Schmerz treibt Menschen in den Selbstmord. Ist er groß genug, wird auch diese Schwelle überschritten, denn bei vollem »Bewusstsein« kann sich niemand töten.

Immer ist es tiefe innere Verzweiflung, die unserem unkontrolliertem Verhalten zugrunde liegt, egal in welcher Art und Weise unsere »Abartigkeiten« zum Ausdruck kommen.

Deshalb macht es wenig Sinn, Gewalt lediglich zu verurteilen oder gegen sie zu kämpfen, denn dadurch kann sich nichts Grundsätzliches verändern. Versuchen Sie, Mitgefühl zu empfinden, auch in vermeintlich ausweglosen Situationen, für das, was sich in Ihrer Umgebung abspielt. Die meisten wissen nicht, was sie tun und sind Gefangene ihres Schmerzes. Sie haben keine Ahnung, wie sie aus leidvollen Situationen herauskommen können. Betrachten Sie die Dinge, die sich in der Welt abspielen, mehr aus der Warte von Jesus Christus, der als Sehender sagte: »Herr vergib ihnen, denn sie wissen nicht, was sie tun.« Denn wenn sie es wüssten, wären sie schockiert und würden den Wahnsinn sofort beenden. Versuchen Sie, ob Sie Mitgefühl für Opfer und Täter zeigen können, die beide nur zwei Seiten ein und derselben Medaille repräsentieren, den inneren Kampf des Menschen gegen das scheinbar »Böse« und damit den Kampf gegen sich selbst. Lassen Sie Ihre eigenen Gefühle zu, die in Ihnen aufsteigen wollen im Angesicht solcher »Taten«, und bedecken Sie sie nicht mit Ihrem dogmatischen Urteil oder Ihrer Wut, die wiederum oft nur eigenen Schmerz kaschieren, den Sie selbst nicht bereit sind zu fühlen und anzunehmen. Sie sind ab heute, da Sie dies alles wissen, nicht mehr völlig unbewusst, denn Sie besitzen die Erkenntnis, woher der Wahnsinn kommt. Der Elefant steht sozusagen in Ihrem Wohnzimmer und Sie werden ihn schwerlich dort wegbekommen. Lassen Sie diese Tatsachen in sich wirken und beginnen Sie, die Welt aus einer neuen Perspektive zu sehen.

Beginnen Sie wahrzunehmen, wo in Ihrem Leben Drama, Leid und Unglücklichsein vorhanden sind. Schauen Sie hin, wo Ihr EGO recht haben will, um andere ins Unrecht zu setzen. Erkennen Sie, wenn Ihre Kinder sich von Ihnen zurückziehen und nicht mit Ihnen über ihre Probleme sprechen wollen. Fühlen Sie, dass es oftmals der Schmerz ist, der Sie selbst gefangen hält, der Schmerz, den Sie Ihren Kindern unbewusst mitgegeben haben. Helfen Sie ihnen, sich dem Schmerz zu öffnen, indem Sie selbst Mitgefühl und Liebe zeigen. Erlauben Sie sich und ihnen wieder zu weinen. Zeigen sie anstelle dogmatischer Bewertung und Maßregelung Ihre eigenen Gefühle und verstecken Sie sie nicht länger hinter Ihrer Wut, Angst oder Ohnmacht. Geben Sie zu, dass Sie traurig sind, wenn die Dinge nicht so laufen, wie sie laufen sollen. Öffnen Sie sich Ihren Kindern und Ihrem Partner, was Ihre Gefühle betrifft. Zeigen Sie Ihren Kindern, dass Sie sie in jeder Situation lieben, auch und besonders, wenn etwas schiefgegangen ist. Wenn Sie sich von ihnen abwenden, wird der Schmerz für beide Seiten nur noch größer. Sie können ihn so nicht heilen. Sich erlauben zu weinen, kann oft den größten Gefühlsdruck nehmen. Es öffnet einen Kanal zu der unendlichen Traurigkeit, die wir oft Jahrzehnte mit uns herumtragen.

Als ich Holographic Healing, eine Energiearbeit, praktizierte und ein guter Freund während einer Behandlung anfing, ununterbrochen zu schlucken, was sich auch auf mich übertrug, wurde später klar, dass er damit unbewusst versuchte, seine aufsteigenden Gefühle zu unterdrücken. Beim zweiten oder dritten Mal fühlte ich plötzlich in mir eine große Traurigkeit aufsteigen, die ich nicht mehr unterdrücken konnte. Ich ließ sie zu – und die Tränen liefen mir nur so die Wangen hinunter. Der Schmerz und die damit einhergehende Traurigkeit war so stark, dass ich nichts anderes tun konnte, als ihn zuzulassen. Er war Teil seines Schmerzes und der Traurigkeit, die er als Kind erlebt hatte, als seine Mutter versuchte, sich körperlich etwas anzutun, wie wir später herausfanden. Erst danach, in einer kleinen Gesprächsrunde, in der wir von N.D. Walsch »Eine kleine Seele spricht mit Gott« hörten, war er fähig, seinen Tränen freien Lauf zu lassen. Er sagte, dies hätte ihn unglaublich erleichtert. Gefühle zuzulassen, anstatt sie zu unterdrücken, hilft uns, sie zu heilen. Werden Sie sich bewusst, dass wir keine defekten Schaltkreise haben, wenn wir scheinbar »verrückt« sind. Wir benötigen auch keine Psychopharmaka und unsere Kinder kein Ritalin (Medikament gegen ADHS)! Die heutige psychiatrische Praxis und Lehrmeinung baut in dieser Beziehung auf derselben Illusion auf, in der wir alle leben.

> Erkennen Sie, dass Gewalt nicht vom Spielen entsprechender Computerspiele herrührt, sondern von verwundeten oder gebrochenen Herzen. Heftiges Verlangen ist, wie alle Sucht, ein Schrei nach Liebe.

Diese Spiele dienen unseren Kindern unbewusst als Ersatzbefriedigung für die fehlende Liebe, die wir ihnen nicht geben konnten,was dazu führte, dass sie sich selbst keine Liebe entgegenbringen können. So haben unsere verschlossenen Herzen zu ihren verschlossenen Herzen geführt. Der Schmerz hört erst auf, wenn auch wir unsere Herzen wieder öffnen, indem wir uns erlauben, unsere Gefühle zu fühlen, sie anzunehmen und damit zu heilen. Erst an diesem Punkt beginnen wir, eine reale Basis für die Heilung auch unserer Kinder zu legen.

Warum konnten wir nicht erwachsen werden?

Der Glaube, dass wir erwachsen und wach sind, ist das größte Hindernis für unsere Entwicklung. Der bloße Gedanke, dass das Gegenteil der Fall sein könnte, fühlt sich vielleicht für viele schon wie ein Angriff auf ihr EGO an.

Erwachsen werden können wir erst dann, wenn wir die Illusion von dem, was wir angeblich sind, das, womit man uns »eingewickelt« hat, wieder abwickeln. Die Illusion, die aus alten destruktiven geistig-emotionalen Mustern besteht. Die Akzeptanz dieser Tatsache ist der größte innere Schritt auf dem Weg in die Freiheit, auf dem Weg ins Erwachen! Er erfordert außerdem die Anerkennung, dass das, was ich über mich und mein Leben geglaubt habe, auf Sand gebaut ist. Ich bin einer Täuschung von mir selbst auf den Leim gegangen. Wer von Ihnen ist freiwillig bereit, dies zuzugeben?

> Solange wir uns im Zustand des universellen Schlafes befinden, können wir von unserem Potenzial, das unser Schöpfer uns mitgegeben hat, keinen Gebrauch machen. Erst wenn wir aus dem kindlichen Stadium unserer Entwicklung herausfinden, indem wir uns von unseren unreifen Emotionen und reaktiven Mustern lösen, kann dieses unglaubliche Potenzial, das in uns angelegt ist, zur Entfaltung gelangen.

Warum sind wir in einem kindlichen Stadium unserer Entwicklung stecken geblieben? Diese Frage hat sich eigentlich mit dem vorletztem Kapitel selbst beantwortet. Unsere in ihrer Entwicklung zurückgebliebenen Persönlichkeitsanteile mit den entsprechenden unreifen Emotionen und reaktiven Verhaltensweisen sowie unsere unbewusste Abhängigkeit von ihnen sind die Ursache dafür, dass wir, obwohl wir in Wirklichkeit schon 40, 50 oder 60 Jahre alt sind, nicht erwachsen werden konnten. Osho sagte in den 80er-Jahren, dass das durchschnittliche psychologische Alter eines Erwachsenen zwölf Jahre betragen würde. Die Testungen, die ich mit Sabine Wolter* durchführte, haben für das Jahr 1985 und die deutsche Bevölkerung ein psychologisches Durchschnittsalter von 11 Jahren ermittelt und damit diese Aussage durchaus bestätigt. Psycho-emotional sind wir Kinder geblieben. Haltungen und Emotionen, die auf dem Spielplatz vorherrschen, finden sich am Arbeitsplatz, in der Weltpolitik und besonders in unseren Beziehungen wieder.

> Die meisten Erwachsenen sind Kinder, die Erwachsensein nachahmen.

Unsere Sprache ist zwar würdiger geworden, aber wir agieren oft nur die Szenarien und Programme aus, geistig-emotionale Reaktionsmuster, die aus unserer Kindheit stammen und auf EGO und Schmerzkörper basieren.

> So sind Eifersucht, Selbstmitleid, Neid, Konkurrenzverhalten, Hass, Rivalität, Dickköpfigkeit, emotionale Ausbrüche, Launenhaftigkeit oder Suche nach Bewunderung Eigenschaften von Kindern. Es gibt die Veranlagung, die Schuld auf andere zu schieben, sie ins Unrecht zu setzen, Verantwortung nicht übernehmen zu wollen, Dinge zu sammeln, »eingeschnappt zu sein«, nicht mehr mit dem anderen zu reden, in Hysterie oder Wutanfälle auszubrechen. All das sind Attribute eines Kindes und Beispiele für unsere unreifen Emotionen. Mobbing zählt ebenfalls dazu.

---

* Sabine Wolter ist Ärztin für Naturheilverfahren und arbeitet seit über zehn Jahren mit der Methode der Kinesiologie.

Dickköpfigkeit und Opposition z. B. sind Eigenschaften zweijähriger Kinder. Sie beherrschen die Persönlichkeit bis weit ins hohe Alter und manchmal da ganz besonders stark. Ich brauche dabei nur an meinen Opa mütterlicherseits und seine letzten Jahre zu denken. Wenn er mit der Faust auf den Tisch schlug, weil es nicht pünktlich genug das Essen gab und er seinen Ärger darüber zum Ausdruck brachte, habe ich mich immer schnell verzogen, weil ich Angst bekam. Ich war damals etwa acht Jahre alt.

Sicher wissen Sie, was Ihre Kinder sagen würden, wenn sie einen Streit zwischen den Eltern mit anhören mussten …

Wirkliches Erwachsensein kann also erst beginnen, wenn Sie erwachen und aus dem Schlafzustand heraustreten. Erst von diesem Zeitpunkt an beginnen Sie, Ihre unbewussten reaktiven Muster zu erkennen und Ihnen wird klar, dass die oben genannten Eigenschaften mit Ihren Prägungen in Kindheit und Jugend zu tun haben. Sie erkennen, dass Sie selbst es sind, der die Probleme erschaffen bzw. mit erschaffen hat, die er in der äußeren Welt erlebt. Und erkennen ist nur der erste Schritt. Der nächste Schritt, um aus dem Kindstadium herauszutreten ist, diese Muster abzulegen und sich von ihnen frei zu machen, das heißt die unbewusste Identifizierung mit ihnen aufzugeben. Erst dann werden Sie frei von Ihrer kindlichen Vergangenheit, die Sie bis dahin als »Erwachsener« leben und die Sie oft fest im Griff hat.

Öffnen Sie sich dieser Wahrheit und beginnen Sie, die Illusion, die Sie von sich selbst haben, zu erkennen und infrage zu stellen. Es gibt keinen anderen Weg zu Ihrer Befreiung. »Das Spiel …« weiter hinten im Buch, kann Ihnen einen Weg aufzeigen, wie Sie diesen Prozess in Gang setzen können.

Dass wir seit den 80er-Jahren und dem Beginn des Wassermannzeitalters Fortschritte in Bezug auf unser Erwachsenwerden gemacht haben, belegen meine kinesiologischen Testungen mit Frau Wolter. Entsprechend der Entwicklung in den Bewusstseinsebenen zeigt sich auch eine wachsende Dynamik im psychologischen Durchschnittsalter der deutschen Bevölkerung. Schon im Jahre 1997 ist der Wert von elf Jahren (1985) auf 16 Jahre angestiegen. Heute (2007) beträgt er bereits 24 Jahre! Das psychologische Durchschnittsalter der Weltbevölkerung liegt zurzeit bei 19 Jahren, in den USA bei 21 Jahren. Dies kann auch als Beispiel für die beschleunigte der Evolution der Menschheit und das bereits begonnene globale Erwachen angesehen werden.

Die Geschichte von Adam und Eva – unsere eigene Geschichte

Diese Geschichte, wie sie allgemein interpretiert wird, ist mir erst später klarer geworden, als ich den Zusammenhang zum Leiderschaffungsprozess erkannte.

Die meisten Menschen glauben, dass es sich hierbei um eine uralte Geschichte aus längst vergangener Zeit handelt, sie ist jedoch nach wie vor aktuell, denn es handelt sich ebenfalls um ein Gleichnis, eine äußere Parabel, die uns auf einen inneren Bewusstwerdungsprozess hinweisen soll. Genauer gesagt beschreibt sie den Prozess des Verlustes unseres göttlichen Bewusstseins, was gleichzusetzen ist mit dem Verlassen des Paradieses, das sich in unserem Inneren befindet.

> Somit ist es die ganz alltägliche Geschichte, die sich jeden Tag neu hier auf der Erde abspielt, nämlich mit jeder neuen Generation, jedem neuen Menschen, der geboren wird. Es ist die Erfahrung, aus dem Einheitsbewusstsein in die Getrenntheit zu fallen, eine Erfahrung, die uns hier auf der Erde zugedacht ist.

Als ich zum ersten Mal den Satz las: »Das Paradies ist nur einen Gedanken von uns entfernt, wir müssen ihn nur denken«, wurde ganz tief in mir etwas berührt. Lange Zeit versuchte ich, diesen Satz an andere weiterzugeben, damit er sie genauso berühren konnte. Aber er berührte sie nicht genauso.

Mir wurde klar, dass »Paradies« etwas mit uns selbst zu tun hat, mit unserem Denken. Ich ahnte damals nicht, dass es noch viele Jahre dauern würde, bis nicht nur meine Gedanken, sondern vor allem meine Gefühle

»reifer« sein würden für das Paradies. Ich wusste nicht, dass mich der Weg dorthin durch meine eigene Hölle führen würde und ich es selbst in der Hand haben würde, diese Hölle zu verlassen, um endlich wieder paradiesische Zustände zu erleben.

Die Geschichte von Adam und Eva soll uns daran erinnern, dass wir selbst es sind, die wir uns aus dem Paradies vertreiben, indem wir jede neue Generation, jedes neugeborene Kind aus seinem göttlichen Bewusstsein »vertreiben«.

Wie tun wir das?

Der »Sündenfall« beschreibt, wie Adam und Eva, die im Garten Eden – im Paradies – leben, entgegen dem Verbot Gottes vom Baum der Erkenntnis essen. Daraufhin vertreibt Gott sie aus dem Paradies. Adam muss von nun an schwer arbeiten und Eva leiden.

> »Vom Baum der Erkenntnis essen«, kann meinen, sich über Wissen mit dem Verstand zu identifizieren und letztendlich mit dem EGO zu verbünden und diesem Teil in uns die Priorität oder Herrschaft einzuräumen. Wir werden zu Menschen, die weitestgehend vom EGO gesteuert sind.

Dabei vergessen wir allmählich die Kraft unseres liebenden Herzens und verlieren die Verbindung zu unserer ureigensten Quelle, dem göttlichen Bewusstsein. Und indem das passiert, beginnen wir dadurch, dass wir das EGO zum Herrscher über unser Leben gemacht haben, Leid zu erschaffen. Wir werden zu gespaltenen Persönlichkeiten und leben fortan im Dualitätsbewusstsein mit all seinen Illusionen, Kämpfen und Schmerzen, die wir jedoch selbst erschaffen haben. Wo Verstand und EGO herrschen, ist kein Platz mehr für jene bedingungslose Liebe, die im göttlichen Einheitsbewusstsein vorherrscht. Auf diese Weise vertreiben wir uns von Generation zu Generation immer wieder aufs Neue aus dem Paradies, mit jedem Menschen, der auf der Erde geboren wird.

Das verlorene Paradies steht für unseren auf diese Weise verloren gegangenen göttlichen Geistes- oder Bewusstseinszustand.

Für alle, die den inneren Weg gehen, ist dieser Zustand jedoch wieder erreichbar.

Den Prozess des Verlustes unseres bei der Geburt vorhandenen göttli-
chen Bewusstseins habe ich mit Frau Wolter kinesiologisch getestet.
Ein neugeborenes Kind betritt die Erde mit einem Lichtbewusstsein
(Messwert »900« auf der Skala nach David R. Hawkins). Es fällt mit
zunehmendem Lebensalter auf das Bewusstseinsniveau seines sozialen
Umfeldes herunter und ist in der Regel als Jugendlicher oder junger
Erwachsener an das Massenbewusstsein angeschlossen.
So hat in der Vergangenheit jede Eltern-Generation ihre Kinder auf ihr
Niveau heruntergezogen. Dieser Prozess wird erst dann seinem Ende
entgegengehen, wenn wir uns als Menschheit wieder auf Bewusstseins-
ebenen hinaufbewegen, die für die nachfolgende Generation keinen
Absturz mehr bedeuten. Dann haben wir durch eigene Erfahrung Be-
wusstheit über den dabei zurückgelegten Weg erlangt und das Paradies
wiedergefunden.

Erwachen und Traumpartner

Erwachen befreit Sie von der Illusion, dass es Traumpartner gibt. Ihre Partner können immer nur das Gegenstück zu dem sein, was Sie selbst sind: Bedürftige, Menschen mit Abspaltungen und Schmerzkörper, die genau wie Sie in der Illusion leben, ein Traumpartner könnte Ihre Bedürfnisse erfüllen. Dabei will er eigentlich nur mit Ihnen »weiterschlafen«. Auf der Ebene des universellen Schlafs der Menschheit gibt es keine derartigen Traumpartner. Es gibt, mit ganz wenigen Ausnahmen, nur Schlafende, die in der tiefen Illusion leben, ein anderer Partner könne sie glücklich machen, das heißt von ihrem Leid befreien. Das kann er aber nicht! Er kann nicht einmal sich selbst glücklich machen, geschweige denn noch einen anderen Menschen. Auf der Ebene der Bedürftigkeit – ein energetischer Mangelzustand – ist dies nicht möglich. Deshalb scheitern auch so viele Partnerbeziehungen. Beides, sich selbst und einen anderen, glücklich zu machen hängt nämlich unmittelbar miteinander zusammen.

> Bevor ich mich nicht selbst glücklich machen kann, kann ich auch meinem Partner keine bedingungslose Liebe geben.

Das ist das scheinbare Dilemma. So laufen also jede Menge bedürftiger Menschen durch die Welt, in der Hoffnung, einen Glücklichen oder Nichtbedürftigen zu finden, der sie glücklich machen könnte. Das, was wir suchen, existiert jedoch nicht. Sie sind auf der Suche nach einem Phantom! Die gute Nachricht und einzige sinnvolle Schlussfolgerung, die Sie daraus ziehen können, ist, mit der Suche aufzuhören, denn sie ist sinnlos. Sie können dieses unbewusst selbst gestellte Ziel nicht erreichen. Nichts ist schlimmer, als einem Phantom nachzujagen. Sie verschwenden Ihre Kraft und vielleicht Ihr Leben damit. Auch diese Illusion, die Sie sich selbst erschaffen haben, ist Bestandteil der Matrix. Zeit aufzuwachen!

Machen Sie sich bewusst, was das für Sie bedeuten kann. Geht es Ihnen mit diesem Wissen besser? Vielleicht kann Sie dieses Wissen erleichtern und Sie können aufatmen?

> Denn wenn unsere Suche nach dem Traumpartner sinnlos ist, können wir vielleicht in unserer Beziehung endlich zur Ruhe kommen und alle Zweifel, die es diesbezüglich gab, alle Gedanken, doch nicht den »Richtigen« gewählt zu haben, fallen lassen.

Und um es noch einmal klar zu sagen: Ja, wir haben alle aus den »falschen« Gründen geheiratet und wir wussten es nicht. Wir waren schlafend. Unser Partner, von dem wir in der Zeit der rosaroten Romantik glaubten, dass er all das hat, was uns fehlt, konnte uns nicht glücklich machen. Das haben die meisten schnell festgestellt, wenn nach der Hochzeit oder dem Zusammenziehen die Ernüchterung oder Desillusionierung einsetzte. Wir wurden aus unserem Traum gerissen und standen der nackten Wahrheit gegenüber. Die meisten erkannten, irgendetwas stimmt nicht mehr mit dem Partner. Irgendetwas hat sich verändert. Er ist nicht mehr so, wie er am Anfang war. Was ist passiert? Hatte ich Tomaten auf den Augen oder war ich im anfänglichen Liebesrausch wirklich nicht zurechnungsfähig? Mein Partner hat sich völlig verändert.

Weil mich dieser Zustand in meiner Beziehung damals ziemlich erschütterte, kann ich mich noch genau daran erinnern. Zuerst trat diese »Veränderung« bei meinem Mann nur zeitweise auf, bis es ein chronischer Zustand wurde. Er hatte einfach dicht gemacht, »Herzklappe zu« und fertig! Ich konnte ihn auf der emotionalen Ebene immer weniger erreichen – was natürlich auch mit mir zu tun hatte und dem »Gepäck«, was ich in die Beziehung mitbrachte. Einmal, als er sich kurzzeitig wieder emotional öffnete, fragte ich ihn unter Tränen, wo er denn »so lange gewesen sei«, aber ich bekam keine Antwort. Er wusste ja selbst nicht, was mit ihm passiert war. Aus Angst vor eigenem Schmerz hatte er sein Herz verschlossen. Ich wurde immer trauriger. Es begann die Odyssee, wie Eva-Maria Zurhorst sie in ihrem Buch beschreibt, von Machtkampf über Klette bis Eiszeit. Ich habe alles versucht, doch nicht wirklich etwas erreicht. Ich hatte keine Ahnung, womit das alles zusammenhängt. Aber irgendwie wusste ich immer: Das, was ich erlebe, kann nicht die ganze Wahrheit sein. Aber ich wusste nicht, wo ich die Wahrheit finden sollte. Viele, die den Partner gewechselt oder auch schon den dritten oder vierten Partner gefunden hatten in der Hoffnung, dass es nun endlich der Traumpartner sei, konnten ihre Illusion noch ein bisschen länger leben. Die meisten von denen, die geblieben sind, haben sicher irgendwann aufgegeben, sich selbst und ihre Beziehung, denn das ist oft der Preis, den wir für unsere Unbewusstheit zahlen. Sie haben resigniert und sich mit ihrem unglücklichen Schicksal abgefunden. Sie haben sich derart angepasst und ihre Gefühle unterdrückt, dass sie oft nicht mehr spüren konnten, wie sehr sie sich abhängig gemacht haben von ihrem Partner. Ihnen wurde nicht bewusst, dass sie oftmals das Leben ihres Partners führen, anstatt ihr eigenes. Sie verloren dabei ihre Fröhlichkeit und Freude und viele wurden depressiv. Sie hatten keine Ahnung, wie sie aus der Situation herauskommen können.

Für alle, die in einer Partnerschaft sind, gibt es eine zweite gute Nachricht:

> Die meisten sind in der richtigen Beziehung mit dem richtigen Partner und genau dies eröffnet ihnen – vor allem, wenn sie wacher geworden sind – die Möglichkeit, doch noch zum Traumpartner zu werden.

Das glauben Sie nicht? Das kann ich verstehen. Aber wenn Sie endlich glücklich werden wollen in Ihrer Partnerschaft, ist Erwachen der einzige Weg dazu. Lassen Sie uns deshalb zuerst über die Aufgabe und den wahren Sinn einer Beziehung sprechen. Dazu treten wir aus der Illusion heraus. Das, was ich Ihnen dazu sagen werde, hört sich wieder so an, als würde ich alles auf den Kopf stellen wollen. Rechnen Sie also mit dem Protest Ihres EGO.

Sie wissen bereits, dass in einer Beziehung zwei Menschen zusammenkommen, die nicht erwachsen werden konnten, weil sie in ihrer Kindheit schmerzvolle Erfahrungen gemacht haben, die sie mit vielen abgespaltenen, destruktiven Gefühlen und nicht vollständig entwickelten Persönlichkeitsanteilen zurückließen. Es treffen sich also zwei verwundete Kinder, die den dringenden, jedoch unbewussten Wunsch haben, endlich heil und glücklich zu werden. Dieser Wunsch kann in Erfüllung gehen, jedoch nur dann, wenn sie aufwachen und ihre eigene Illusion erkennen und sich so sehen, wie sie wirklich sind. Solange sie schlafend sind, bleibt dieser Wunsch eine Illusion.

In dem Moment, in dem wir erwachen und den inneren Weg beschreiten, können wir glücklich werden. Wie müssen nur herausfinden, wie.

Werden Sie sich dazu der Aufgabe und des wahren Sinns einer Beziehung bewusst:

> Ihre Beziehung ist der Ort Ihrer vollständigen Heilung, der Ort, an dem Sie all Ihr Unglücklichsein, das Leid, die alten Wunden und die Traurigkeit heilen können, die in Ihnen sind. Ein Ort, an dem Sie endlich erwachsen werden können, weil er Sie am schnellsten mit Ihrer eigenen Illusion in Kontakt bringt. Die Beziehung zu Ihrem Liebespartner ist der Ort, der Sie am schnellsten mit Ihrer eigenen Illusion in Kontakt bringt.

Deshalb können Sie hier eine Transformation ungeahnten Ausmaßes erwarten, wenn Ihnen das bewusst wird und sie sich auf den inneren Prozess einlassen können. Das ist das Geschenk, das unsere Beziehung für uns bereithält!

Wie soll das gehen, werden Sie vielleicht fragen.

Akzeptieren Sie als Erstes, dass Sie sich den Partner ausgesucht haben, der zu Ihnen passt. Selbst wenn wir schlafend sind, finden wir meistens den Partner, der unserem eigenen Schmerzkörper entspricht. Und genau dadurch kann Ihr Partner zum perfekten Spiegel für Sie werden. Er besitzt (ohne es selbst zu wissen) die Kraft, Ihren ungeheilten Schmerz zu berühren und zu aktivieren, damit Sie ihn endlich zur Kenntnis nehmen. Da Sie ihn vor sich selbst versteckt haben, bekommt er durch Ihren Partner die Gelegenheit, aus seinem Versteck aufzusteigen, um wieder gesehen bzw. gefühlt zu werden. Er kann Ihnen auf diese Weise bewusst werden, was eine Voraussetzung für seine Heilung ist. Ihr Partner kennt unbewusst all Ihre Wunden und Schmerzpunkte. Die Aktivierung dieser alten Wunden beginnt jedoch meist erst dann, wenn Sie sich auf Ihren Partner völlig einlassen. Solange Sie sich nur mal ab und zu treffen oder am Wochenende sehen, ziehen Sie sich unbewusst geschickt zurück. Ihr Schmerzkörper kann damit nicht seine volle Aktivierung erfahren. Aber in dem Moment, in dem Sie die Entscheidung treffen, ständig zusammen zu sein, »schnappt die Falle zu« und es beginnt die gegenseitige Schmerzkörperaktivierung. Aus Angst vor Wiederholung der Probleme aus früheren Partnerschaften entscheiden sich einige für »Distanz« in der nächsten Partnerschaft. Beide behalten ihre Wohnung und man sieht sich nicht täglich. So kann man in der Illusion leben, in dieser Partnerschaft wäre vielleicht alles besser geworden. Man vermeidet Nähe. Aber diese Taktik wird das ursprüngliche Problem nicht lösen. Die Partner verstecken sich nur weiter vor sich selbst und vertagen die Problemlösung auf unbestimmte Zeit.

> Ihr Partner kann Ihnen am schnellsten zeigen, dass Sie eine Mogelpackung sind. Denn er kennt unbewusst Ihre inneren Wunden und beginnt mit unglaublicher Genauigkeit, auf ihnen herumzudrücken, wodurch sie sich wieder öffnen und erneut zu schmerzen beginnen.

Das ist die Zeit in der Beziehung, in der die rosarote Romantik abrupt oder allmählich ihr Ende findet und Ernüchterung einsetzt. Es ist die Zeit, in der die Kommunikation schwieriger wird oder ganz aufhört bzw. sich nur noch um Allgemeinplätze dreht und die Dinge, über die man eigentlich sprechen möchte, scheinbar nicht mehr besprochen werden können. Ich habe mich jahrelang gefragt, warum mein Mann auf Dinge ärgerlich reagiert, die aus meiner Sicht nicht zu derartigen Reaktionen führen. Später habe ich versucht, diese Themen nicht mehr anzusprechen, mit dem Ergebnis, dass die Themen immer weniger wurden. Es ist die Zeit, in der die Schmerzkörper das Sagen haben, denn das Gleiche passiert Ihrem Partner natürlich auch durch Sie. Auch Sie aktivieren seine wunden Punkte. Es kann die Zeit des Kampfes und der Schlachten sein und Sie können sich dies nicht wirklich erklären und glauben vielleicht, in einem verrückten Film mitzuspielen. Sie erleben Dramen und Leid und gezieltes Aufreißen Ihrer alten Wunden. Schuldzuweisungen sind an der Tagesordnung, denn Sie glauben wirklich, Ihr Partner sei an all dem Schuld. Eine Freundin sagte mir einmal: Liebe und Hass liegen oft ganz dicht beieinander. Ja, so fühlt es sich manchmal an. Eben noch Liebe oder das Gefühl, das man im »Schlafzustand« dafür hält – und gleich darauf wieder Wut oder sogar Hass. Sie sind nicht in der Lage zu erkennen, dass all dies mit Ihnen selbst und Ihrem bedürftigen Zustand zu tun hat, denn Sie sind »schlafend«. Sie ahnen nicht, dass sich hier die perfekte Möglichkeit zu Ihrer eigenen Heilwerdung verbirgt. Aber genau das ist es! Je mehr »Schläge« Sie scheinbar einstecken müssen, desto mehr alte Wunden können aufreißen und sich zeigen, um endlich zu heilen. Erinnern Sie sich an die Worte von Jesus Christus: »Wenn dich jemand auf die eine Wange schlägt, dann halte ihm auch noch die andere Wange hin.« Ein Ausspruch, der uns in diesem Zusammenhang in seiner inneren Bedeutung wieder bewusst werden kann.

Er meint nichts anderes, als den Schlag, der deine Wunde trifft, bereitwillig zu empfangen, um ihn zu deiner Heilwerdung und Bewusstwerdung zu nutzen. Denn das ist der kürzeste Weg zur Selbstbefreiung, der kürzeste Weg zu Gott. Je mehr Schläge man »einstecken« muss, desto schneller wird man heil.

Nehmen Sie also dankbar den nächsten Schlag entgegen und halten Sie bereitwillig auch die andere Wange hin! Denn es gibt viel zu heilen. Tausende von Abspaltungen und damit Schmerzen warten darauf, geheilt zu werden. Manchmal fragt man sich, wann hat es endlich ein Ende?! Besonders schlimm scheint es zu sein, weil unser Partner es ist, der dies tut, der, von dem wir dies als Allerletztes erwartet hätten. Aber auch unsere Kinder können zielgenaue Treffer landen. Auch sie kennen unsere Wunden. Sie können sie ebenso dankbar annehmen in Ihrem Heilwerdungsprozess. Das Annehmen der »Schläge« allein genügt jedoch nicht, um sich aus den inneren Verstrickungen frei zu machen, die die Basis jeder Beziehung darstellen. Dazu ist es außerdem erforderlich, Ihre eigenen Projektionen und die des Partners zu erkennen, sowie sich Ihrer Rolle bewusst zu werden, die Sie in der Beziehung eingenommen haben. Ausführlich kann ich dies erst in einem weiteren Buch behandeln.

Das EGO jedoch ist Ihr Wächter, der Sie daran hindern will, dies zu tun, um frei und heil zu werden. Seine Welt ist die Illusion, die Matrix und die will er auf keinen Fall verlassen. Sie jedoch wissen jetzt, dass diese Welt aufhören wird zu existieren. Das Ende der alten Welt der Illusionen wurde bereits eingeläutet. Wir sind im Wassermannzeitalter. Das Spiel um die neue Welt hat begonnen. Die Tage Ihres Wächters sind gezählt.
Wie sagte Mr. Smith zu Neo im dritten Teil der »Matrix«: »Illusionen, Mr. Anderson, Launen der Wahrnehmung! Vorübergehende Konstrukte eines schwächlichen menschlichen Intellekts, der verzweifelt versucht, eine Existenz zu rechtfertigen, die ohne Bedeutung oder Bestimmung ist!«

Das menschliche EGO ist der Teil in uns, der ohne Bedeutung oder Bestimmung ist. Deshalb ist seine Bestimmung die Auflösung!
Mr. Smith – als Teil des EGO – wusste in diesem Moment noch nicht, dass er damit sein eigenes Todesurteil gesprochen hatte, denn kurz darauf erkennt Neo, dass es sinnlos ist, gegen ihn zu kämpfen. Neo ergibt

sich und leitet damit die Transformation und Auflösung seines EGO (Mr. Smith) ein, indem er alles, was seine EGO-Struktur darstellt, vollständig und bedingungslos annimmt. (Im Film sieht man, wie Neo durch Mr. Smith schwarz überzogen wird.)

Die Beziehung zu unserem Lebenspartner ist der Ort, an dem wir uns am schnellsten entwickeln können. Alles, was wir nicht sind – all die illusorischen EGO-Schichten mit dem darunter befindlichen Schmerz – können nach und nach abgelöst werden, wenn wir dazu bereit sind. Manchmal wird in diesem Bewusstwerdungsprozess das Beenden einer Beziehung der richtige Weg sein, vor allen dann, wenn der Partner nicht weiter wachsen kann oder will. Man wächst sich dann sozusagen auseinander und findet keine gemeinsame Lebensbasis mehr oder erkennt, dass man noch nie eine wirkliche hatte. Hier ist Trennung der einzige Weg. Manchmal kann man gemeinsam wachsen, wenn beide Partner dazu fähig sind. Die innere Arbeit jedoch ist in beiden Fällen Basis dieses Wachstums und erforderlich, wenn es Ihr Ziel ist, die Liebe wiederzufinden, die Sie so sehr vermissen.

> Verlassen Sie Ihre Beziehungen immer wieder, bringen Sie sich um die Chance Ihrer eigenen Heilwerdung. Sie laufen immer wieder vor sich selbst weg, ohne sich dessen bewusst zu sein.

Wachen Sie auf und erkennen Sie, dass Ihre Beziehungsprobleme immer nur von Ihren eigenen Defiziten herrühren, mit deren Entstehung Ihr Partner nichts zu tun hat. Er ist damit auch nicht »schuld«, wenn Sie sich nicht mehr wohlfühlen oder unglücklich, einsam oder traurig sind. In jeder weiteren Beziehung werden Sie immer wieder auf sich selbst zurückgeworfen, so lange, bis Sie begreifen, dass Sie alles, was Sie mit Ihrem Partner erleben, selbst miterschaffen haben.
Ich erinnere mich noch genau daran, wie ich eines Tages wieder ein Stück weiter erwachte, was in der Erkenntnis gipfelte: Ich hätte nie

geglaubt, einen solch großen Anteil an den Problemen in meiner Beziehung zu haben. Das war wie ein positiver Schock, der eine große Illusion auflöste und aus dem die Erkenntnis floss: Ich habe mir durch die Illusion alter Programme, die ich unbewusst lebte, Vieles selbst erschaffen. Für diesen entscheidenden Entwicklungsschritt habe ich 22 Jahre meiner Beziehung benötigt.

Beginnen Sie, sich dabei zu ertappen, wie Sie das programmierte Spiel aus Ihrer Kindheit, das Ihre Eltern mit ihnen gespielt haben, auf Ihren Partner übertragen. Dieses Programm, bestehend aus alten reaktiven Mustern und Schmerz, zwingt uns geradezu immer wieder, unbewusst dieselbe Datei zu benutzen. Ist z. B. Ihr Partner verstimmt, nicht liebevoll oder schweigsam, könnten Sie glauben, es hätte etwas mit Ihnen zu tun. Haben Sie vielleicht etwas getan oder nicht getan, das ihn in diese Stimmung versetzt hat? Unbewusst reagiert unser Schmerzkörper und wir könnten uns schuldig fühlen. Genauso schuldig, wie wir uns im Spiel mit unseren Eltern fühlten, wenn sie ihre schlechte Laune oder ihre Probleme an uns ausgelassen haben. Wir glaubten nämlich oft, ihre Laune hänge von unserem Verhalten ab. Um die Gunst der Eltern wiederzugewinnen, waren wir bereit, unser Verhalten ihren Forderungen anzupassen. So entstand das Muster: »Wenn ich mein Verhalten nach ihren Wünschen ausrichte, sind meine Eltern wieder liebevoll.« Unbewusst wurden wir dadurch abhängig von der Stimmung und den Forderungen unserer Eltern. Denn wir wollten ihre Liebe nicht verlieren. Genau dieses Spiel spielen wir mit unserem Partner weiter. Können wir den Grund für seine Stimmung nicht herausfinden, glauben wir oft, daran Schuld zu sein und merken nicht, wie wir dadurch in die nächste abhängige Beziehung geraten. Wir beginnen, unser Verhalten an unserem Partner zu orientieren und erkennen nicht, dass wir uns dabei selbst aufgeben. Ursächliche Gefühle, die dabei immer eine Rolle spielen sind Angst, den Partner zu verlieren oder Schuldgefühle, nicht genug getan zu haben oder nicht gut genug zu sein. Wir vergessen unsere eigenen Bedürfnisse immer mehr und verkennen völlig, dass wir nur eine alte Platte abspielen, mit der unser Partner nichts zu tun hat. Finden Sie solche Beispiele in Ihrer Beziehung.

Letztendlich wiederholt das Drama, das wir mit unserem
Partner leben, immer nur das Drama mit unseren Eltern.

So »schleppen« wir viele Mutter- und Vaterthemen mit uns herum,
deren Energien wir unbewusst gegen unseren Partner richten. Unsere
Eltern können wir dafür nicht verantwortlich machen. Sie sind nicht
schuld, denn sie haben, genau wie wir, in ihrem schlafenden Zustand
immer ihr Bestes gegeben. Jeder ist in diesem Prozess der Leiderschaffung sowohl Opfer als auch Täter gewesen. Im Prinzip waren wir nicht
zurechnungsfähig in unserer Identifizierung mit dem Schmerz. Wir waren unbewusst.
Bis das die meisten Menschen erkennen, wird noch etwas Zeit vergehen.
Bis dahin können Sie, als Wissende, damit beginnen, Verantwortung
für Ihre Gefühle zu übernehmen und aufhören, Ihren Partner oder Ihre
Kinder dafür verantwortlich zu machen.

Weglaufen ist zwecklos. Beginnen Sie, den Weg zu sich
selbst zu gehen, und werden Sie dabei zugleich zum Traumpartner.

Es ist möglich, die eigene »Verrücktheit« oder den »Schlaf« wahrzunehmen. Haben Sie bestimmte Emotionen und Muster erlöst, werden die
Resonanzen mit dem Partner aufhören und die belastenden Situationen
Stück für Stück aus Ihrem Leben verschwinden. Die innere Arbeit ist der
Schlüssel für Ihre innere Veränderung, die damit auch Ihr äußeres Leben
verwandelt. In diesem Prozess lösen Sie sich allmählich von den destruktiven Energien der unteren Bewusstseinsebenen und leiten Ihren Aufstieg
aus dem Kellergeschoss in das Erdgeschoss ein. Sie werden wach.
Unseren eigenen Schmerz zu heilen und damit den Leiderschaffungsprozess zu beenden, gehört zur Aufgabe unserer Partnerschaft. Jedoch
kann unser Erwachen auch zu der Klarheit führen, dass wir und unser
Partner auf derart unterschiedlichen Bewusstseinsniveaus leben, dass
auch unsere größten Anstrengungen, die Illusionen aufzulösen und uns

wiederzufinden, keine Früchte für die Beziehung tragen können. Auch der Partner wird sich entwickeln müssen. Ist er dazu nicht bereit, kann es sein, das die Beziehung trotz aller Bemühungen eines Partners nicht glücklich wird. Denn auch *ein* glücklicher Partner kann das Unglücklichsein des anderen nicht auflösen. Das kann nur dieser selbst tun. Sie werden wohl oder übel eines Tages in die Trennung gehen oder miteinander »untergehen«. Unsere Testungen nach der Hawkins-Skala zeigen Folgendes: Wenn es zwischen den Partnern einen Bewusstseinsunterschied von zwei oder noch mehr Ebenen gibt, wird die Beziehung Leid hervorrufen, für einen oder für beide Partner. Die Bewusstseinsebene bestimmt nämlich auch die grundsätzlichen Lebensauffassungen. Wenn diese zwei und mehr Ebenen auseinanderliegen, kann keine harmonische Beziehung entstehen. Deshalb kann eine diesbezügliche kinesiologische Testung eine wichtige Entscheidungshilfe für zukünftige Partnerschaften sein.

Auch zur Aufgabe unserer Partnerschaft gehört es, unser Kinder zu heilen. Unsere Kinder sind immer der Spiegel unserer Beziehung. Gibt es häufig Probleme oder Streit zwischen ihnen, so können Sie davon ausgehen, dass es sich dabei eigentlich um Ihre eigenen, elterlichen Beziehungsprobleme handelt. Ich erinnere mich noch an eine Situation, die mich sehr bewegte, als meine Tochter Kristin zu Mark, ihrem Bruder, sagte, während ich dabei stand: »Nicht wahr, Mark, wir haben keine Probleme miteinander. Das sind alles nur Mamas und Papas Probleme.« Dieser Satz berührte mich tief im Herzen und ich fühlte Schuld. Lange habe ich darüber nachgedacht, ohne wirklich etwas tun zu können. Ich war noch nicht so weit, den entscheidenden Schritt zu gehen. Ich war noch zu verstrickt in meinen eigenen Schmerz, in den alten Wunden meiner Kindheit.

Ihre Kinder sind das Barometer Ihrer Beziehung. Unterdrücken Sie ständig Ihre Gefühle, bringen Ihre Kinder sie an die Oberfläche, indem sie diese an Ihrer Stelle ausagieren oder indem sie mit körperlichen Symptomen reagieren und krank werden. Strafen wir sie dann noch dafür, dass sie Gefühle ausagieren, die wir unbewusst unterdrücken, zwingen wir sie noch mehr zur Unterdrückung, was die Situation weiter verschlimmert.

Projizieren Sie Ihre Gefühle auf Ihren Partner und sprechen ihn schuldig dafür, erleben Sie Ähnliches auch bei Ihren Kindern. Sie streiten ebenso und schieben sich gegenseitig die Schuld zu.

Ich erinnere mich an eine Situation, als ein Schüler von zu Hause weglaufen wollte und dies auch in die Tat umsetzte. In seinem Brief, den er den Eltern hinterließ, stand u. a. so etwas wie: »Ich will ein neues Leben beginnen«. Als ich dies las, war mir klar, dass der Grund seines Weglaufens nichts mit ihm zu tun hatte. Es war das Problem seiner Eltern oder eines Elternteils, das er unbewusst übernommen hatte und dessen Schmerz er mittrug.

Weil wir nicht fähig sind, die Ursache für unsere Probleme zu erkennen, geben wir unseren Kindern unser eigenes Schmerzpaket in ihr Leben mit. Alle »Verrücktheiten« unserer Kinder sind unsere eigenen. Vor Längerem sah ich einen Ausschnitt aus der TV-Serie »Die Super Nanny«, die sicher vielen bekannt ist. Die Familie, um die es in dieser Episode ging, hatte fünf Kinder, das jüngste war noch ein Baby, das älteste circa acht oder zehn Jahre alt. In der Familie herrschte völliges Chaos. Die Kinder hörten kaum hin, was die Eltern ihnen sagten, und erschufen chaotische Zustände. Die Nanny erklärte, dass das Benehmen der Kinder den Umgang der Eltern miteinander darstellen bzw. spiegeln würde. Daraufhin fragte der Vater: »Sie meinen, wenn wir nicht mehr streiten, würden auch die Kinder damit aufhören?« Das bestätigte sie. Ich glaube, da hat es bei ihm »klick« gemacht. Das konnte er einsehen. Aber die Realisierung des mündlichen Versprechens, nicht mehr streiten zu wollen, ist so lange auf Sand gebaut, wie wir nicht wissen, was der wirkliche Streitverursacher ist, nämlich unser EGO/Schmerzkörper bzw. die alten Wunden, die es zu schützen versucht. Der verbale Vorsatz, nicht mehr streiten zu wollen, wird die Situation nicht dauerhaft klären können, obwohl es natürlich ein erster Schritt in die richtige Richtung ist. Es muss die Bewusstwerdung der Tatsache dazukommen, dass unser eigener Schmerz, unser eigenes Drama die tiefere Ursache für den Streit ist. Einen Vorsatz zu formulieren, eine neue Verhaltensregel aufzustellen oder eine Erziehungsmaßnahme für sich und die Kinder durchzusetzen, bedeutet nicht, die Ursache zu klären und ist noch nicht die Lösung.

> Deshalb führen auch die meisten sogenannten Erziehungsmaßnahmen zu einem unbefriedigendem Ergebnis, weil sie letztendlich nur das verstärken oder unterdrücken, was es eigentlich zu heilen gilt: den alten Schmerz.

Jede sogenannte »strenge Erziehungsmaßnahme« verursacht in der Regel neuen Schmerz und neue Verwundungen bei unseren Kindern. Erst wenn wir uns von unserem eigenen Schmerz befreien und damit zur Selbstliebe gelangen, erlösen wir auch unsere Kinder.

> Wir werden fähig, bedingungslos zu lieben. Damit betrachten wir unsere Kinder nicht mehr als etwas, das uns gehört und was wir deshalb dort »hinerziehen« müssen, wo wir selbst sind. Sondern wir ersetzen das, was wir heute noch unter Erziehung verstehen und was eigentlich oft nur Dressur ist, durch Achtung, Vertrauen und Liebe. Wir treten aus dem Leiderschaffungsprozess heraus, und das Verhalten sowie die Beziehung zu unseren Kindern wird sich deutlich wandeln.

Hier füge ich ein Beispiel aus dem Leben ein, das die Beziehung zu meinem Sohn betrifft.
Seitdem unsere Tochter eine eigene Wohnung hat, fehlt ihm eine wichtige Bezugsperson. Durch ein Gespräch mit Kristin wurde mir klar, dass

Mark die Dinge, die er, z. B. über die Schule, mit Kristin besprochen hatte, aus Angst vor Diskussionen mit uns nicht bereden wollte. Er hat sich noch mehr zurückgezogen und hinter dem Computer versteckt. Ich wusste jedoch nicht, was ich machen sollte. Alle Versuche, mit ihm ins Gespräch zu kommen, fanden keine Resonanz.

In der Unterhaltung mit Kristin erklärte sie mir die Situation folgendermaßen:
Marks Leben ist zurzeit so langweilig und trocken wie Knäckebrot.
Du hast Mark immer nur an deinem eigenen Maßstab gemessen, was seine schulischen Leistungen betrifft.
Du willst, dass er das genauso ernst nimmt wie du früher.
Deshalb hat er Angst, dich zu enttäuschen.
Er hört von dir immer nur dieselben Worte. Du machst ihm Druck aus deiner Motivation der Angst heraus. Es fehlt die Motivation der Liebe.
Du musst schauen, was er selbst leisten kann, denn aus der Motivation von Angst zu lernen, verringert die eigene Kraft um 50 Prozent!
(Das ist ein Problem, das besonders bei ehrgeizigen Eltern und in »gebildeten« Familien häufig anzutreffen ist. Aus Druck und dem Nur-gelten-Lassen des eigenen Maßstabs entsteht häufig Arroganz der Eltern ihren Kindern gegenüber. Sie stellen sich dabei häufig über die Kinder, ohne ihre wirklichen Bedürfnisse nach Liebe und Unterstützung wahrzunehmen.)
Du hattest Mark reduziert auf seine schulischen Leistungen. Deshalb glaubte er, ein schlechter Mensch zu sein, weil er nicht die erwünschten Noten nach Hause brachte. Er hatte Angst, dich zu enttäuschen.
Du hattest dein Herz verschlossen, deshalb ist dasselbe auch bei ihm passiert. Daraus entsteht das Gefühl, den anderen nicht mehr erreichen zu können.
Was kannst du tun, um wieder eine Verbindung zu Mark zu finden? Was kannst du tun, damit er wieder fröhlich wird?
Du musst dein Herz erweichen und ihm eingestehen, dass du völlig hilflos und traurig bist und nicht weißt, was du noch tun sollst, um ihn zu erreichen. Du fühlst, er ist nicht wirklich glücklich. Diese Gefühle

musst du ihm zeigen. Nimm ihn in die Arme und lasst die Traurigkeit gemeinsam heraus. Öffne dein Herz, erst dann kann auch er seins wieder öffnen. Sag ihm, wie sehr du ihn lieb hast.

Mir hat man beigebracht, dass das wesentlichste Ziel im Leben gute Zensuren und ein guter Abschluss sind. Ich selbst habe die Schule sehr ernst genommen. Deshalb war das Problem zwischen mir und Mark u. a. besonders in der schulischen Situation begründet.
Ich hatte Angst , dass er sich durch die Noten seine Zukunft verbaut und ihm deshalb unbewusst und auch bewusst Druck gemacht.

Mein innerer Prozess ging nun dahin, meine Gefühle, die die Situation erschaffen hatten, zu erlösen:

Ich segne meine Angst, dass Mark sein Studium nicht erreichen könnte.
Ich segne meine Angst, ihn erneut mit meinem eigenen Maßstab zu messen.

Ich werde ihm ab heute keinen Druck mehr machen.
Ich erlaube ihm, die Leistungen zu erbringen, die ihm möglich sind.
Ich nehme ihm alle Steine aus dem Weg, die ich ihm damit in den Weg gelegt hatte.
Ich möchte, dass man meine Kinder als gute Menschen anerkennt.
Diese Wertschätzung werde ich jetzt auch meinem Sohn entgegenbringen.

Ich will herausfinden, wo er sein Herz hat und was er vom Leben möchte.
Es ist meine Aufgabe, ihn dafür stark zu machen.

Bei der Klärung dieses Themas wurde mir bewusst, dass ich genau die gleichen Gefühle in meiner Kindheit hatte, wie ich sie bei Mark durch das Leben dieses alten Musters hervorrief. Durch Bewusstwerdung erfahren wir, woher all das kommt, was wir im Äußeren erleben, und können somit auch die alte Programmierung aufheben.

Die Erlösung dieses tief sitzenden Themas war der Beginn für eine Veränderung in unserer Beziehung. Sie ermöglichte mir auch, ein Stück loszulassen und Mark mehr Vertrauen entgegenzubringen, was die schu-
lische Situation betrifft. Für den Prozess der Herzöffnung war das ein
kleiner, jedoch wichtiger Anfang. Er wird sich fortsetzen.

Damit kann unsere eigene Heilung zur Heilung unserer Beziehung und
der unserer Kinder führen.

Wie einigen bekannt ist, wird durch den Prozess, den die Menschheit
zurzeit durchläuft, die weibliche Kraft oder das weibliche Prinzip auf
die Erde zurückkehren. Die wahre weibliche Kraft wird sich in uns dann
manifestieren, wenn wir das EGO/Schmerzkörperspiel mit unseren
Partnern beenden und in unsere Herzensliebe zurückfinden. Indem wir
das Leid in uns erlösen, kann das alte Spiel auf der Erde beendet werden.
Frauen finden ihre weibliche Kraft wieder und Männer ihre männliche
Kraft – die mitfühlende Liebe als natürlichen Zustand eines geöffneten
Herzens. Damit beenden wir den Leiderschaffungsprozess auf der Erde.
Werden Sie wach und tun Sie den ersten Schritt!

Schmerz kann nur geheilt werden, wenn wir vergeben

Vergebung ist ein entscheidender Prozess für unser Erwachen. Wenn wir nicht vergeben können, hat dies sogar Auswirkungen auf unsere Gesundheit, denn wir behindern dadurch unsere Heilung, wie wir später noch sehen werden. Ich erinnere mich an meinen ersten Versuch zu vergeben. Dass war auf dem Seminar zur EMF-Ausbildung mit Renata Ash, die die Meditation führte. Wir vergaben unseren Familienangehörigen, Verwandten usw. Das fühlte sich gut an, blieb jedoch aus heutiger Sicht gesehen ein Lippenbekenntnis, eine Sache des Verstandes. Denn das Hindernis für Vergebung besteht darin, dass wir nicht wirklich vergeben können, wenn der alte Groll, der Hass und all die anderen destruktiven Gefühle noch in uns sind. Wir vergeben zwar verbal, heilen aber damit nicht unsere Gefühle, denn das ist der Sinn von Vergebung – die Heilung unserer Gefühle.

Als ich dann auf dem Weg zu mir selbst weiterkam, stellte sich durch eine tief greifende Bewusstwerdung Vergebung ein. Es fühlte sich so an, als ob sich ein innerer Kanal geöffnet hätte, und aus der Situation heraus wurde mir bewusst, dass ich jetzt allen vergeben kann.

Gleichzeitig jedoch erkannte ich, dass es gar nichts zu vergeben gibt, denn es gibt keine Schuld!

Niemand hat mir bewusst etwas angetan! Die Menschen um mich herum wissen nur nicht, was sie tun, sie sind schlafend und unbewusst. Und ich erinnerte mich wieder einmal an den Ausspruch von Jesus Christus und verstand zum ersten Mal seine Tiefe: »Oh Herr vergib Ihnen, denn sie wissen nicht, was sie tun!« Das war eine große Befreiung! Erst mit meiner eigenen Bewusstwerdung wurde Vergebung auf der Ebene, auf der sie stattfinden kann, wirklich möglich. Es bedarf der Kraft der Vergebungsenergie, die entsteht, wenn wir die entsprechende Energieebene auf der Hawkins-Skala durch innere Transformation erreicht haben. Solange wir die alten Wut-, Groll- und Hassenergien noch in uns tragen, hat Vergebung Bedeutung für unsere Höherentwicklung. Auf der Hawkins-Skala befindet man sich hierbei unterhalb der Ebene von »Vergebung« und »Akzeptanz«. In dem Moment, in dem wir die Vergebungsenergie integriert haben, beginnt Akzeptanz das Bewusstsein zu durchdringen. Damit werden keine neuen destruktiven Gefühle wie Wut, Hass und Groll mehr erschaffen. Deshalb ist es so wichtig, zu erwachen, *um Vergebung zu fühlen* und sich damit selbst zu befreien, denn diese Energien blockieren unsere Lebensenergie. Das ist in der Regel ein Prozess, der vieler kleiner Schritte bedarf.

Ich vermittle Ihnen noch ein Bild von der inneren Situation, in der wir uns im Schlafzustand befinden.

> Solange wir uns unserer alten Wunden, unseres Schmerzkörpers noch nicht bewusst geworden sind, bleiben wir reaktiv in Bezug auf Situationen und Personen. Wir werden sozusagen von innen heraus manipuliert.

Das passiert deshalb, weil wir den erlittenen Schmerz unbewusst von uns abgespalten und ihn dadurch zum »Feind« erklärt haben. Das wissen wir nicht. Damit haben wir uns jedoch einen »Feind hinter den eigenen Linien« erschaffen. Er ist zu einem Teil von uns geworden, aus dem ständig Misstrauen und Angst aufsteigen, die in unserer Welt wiederum Misstrauen und Angst erzeugen. Stellen Sie sich das bildlich vor. Sie stehen mit Ihren Truppen (Soldaten) im Leben und wollen ausschreiten, um selbiges zu meistern. In Ihrem Rücken jedoch und noch hinter Ihren Truppen, da wo eigentlich Ihr eigenes Friedensland sein sollte, steht der »Feind«. Wie fühlen Sie sich in einer solchen Situation, vorn an der Spitze? Sie sind nie wirklich sicher! Dauernd schauen Sie sich um, was der Feind tun wird und wann er zum Angriff gegen Sie rüstet. Und Sie haben seine Angriffe bereits kennengelernt. Diese sind mit allen Wassern gewaschen und Sie benötigten oft Ihre ganze Kraft, um den Feind im Auge zu behalten. In Ihrem Rücken ist er scheinbar zur größten Bedrohung Ihres Lebens geworden. Er hält Sie ständig im Zustand der Angst und macht Ihr Leben unsicher. Immer wieder nach hinten zu schauen und aufzupassen, ist eine Aufgabe, für die Sie einen Großteil Ihrer Energie benötigen. Dadurch versetzen Sie sich unbewusst in einen ständigen Stresszustand, und innere Ruhe und Frieden bleiben Illusion. Ihr Lebensweg, auf dem Sie eigentlich kraft- und schwungvoll wandeln könnten, ist zu einem angstvollen kräftezehrenden Marsch geworden mit dem scheinbaren Feind im Nacken. Wenn Ihr Tag vorbei ist, sind Sie oft erschöpft.

Solange Sie sich auf diesen »Feind« fixieren – und das tun Sie, wenn Sie unbewusst oder »schlafend« sind –, spielt er diese Rolle in Ihrem Leben.

> Denn das, was Sie bewusst oder unbewusst glauben, geschieht uns. Besonders stark wirken die unbewussten Glaubenssätze mit den entsprechenden emotionalen Ladungen – das, was im Eisbergrumpf als uraltes verstaubtes Glaubenssystem lagert und unser Leben bestimmt. Solange Sie glauben, es gibt einen Feind in Ihrem Leben, werden Sie einen bekommen. Denn er ist das Ergebnis Ihrer abgespaltenen Schmerzen und Gefühle. Sie erschaffen ihn aus sich selbst heraus jeden Tag neu.

Leben Sie z. B. in der Angst, dass Ihre Gegner immer härter werden könnten, dann werden Sie erleben, dass dies die Wahrheit ist, Ihre Wahrheit. (Leben Sie z. B. in dem Glauben, alle Männer sind untreu, werden Sie untreue Männer in Ihr Leben ziehen. Und das gilt für jeden anderen Glaubensatz.) Kampf und Schmerz sind die hartnäckigste Illusion in der wir leben, solange wir an sie glauben und sie für Wirklichkeit halten!

Du handelst in diesem Kampf oft aus purer Verzweiflung (altem Schmerz), weil du glaubst, er muss doch irgendwann gewonnen und damit beendet sein. Aber du bekämpfst nur dich selbst und ruinierst deine Gesundheit. Du fängst an, dich für den Kampf zu schämen und zu hassen, dass du vielleicht sogar glaubst, nicht mehr zu Gott zurückkehren zu können, für das, was du getan hast. Und du verdrängst Gott völlig aus deinem Leben, weil du damit rechnest, die große Abrechnung mit dem, was du getan hast, kommt am Ende und du kannst ihr nicht entgehen. Du wirst deine »gerechte Strafe« erhalten. Und vielleicht schaut dein Blick angstvoll in die Zukunft und du wirst den bangen Gedanken nicht los, Gott wird dich strafen, wenn dein Ende gekommen ist. Du hast einfach zu viele »Leichen im Keller«, wie es ein Bekannter einmal treffend ausdrückte. Vielleicht verhärtest du dich auch völlig ihm gegenüber und meinst, es kann gar keinen Gott geben, weil du so viel erdulden musstest und so viel Leid und Kampf in deinem Leben waren. Und wenn Gott so allmächtig sein soll, wie man es oft hört, dann kann er dies unmöglich zugelassen haben. Dann kann er dies unmöglich gewollt haben!

Du verkennst völlig, weil du eine Illusion von dir selbst lebst, dass du all dies, was dein Leben ausgemacht hat, alles Leid und allen Kummer, alles Unglücklichsein, alle Nichtliebe, allen Hass, alle Schuld, alle Scham und alle Verachtung, alle Wut auf dich und die Welt, selbst erschaffen hast und Gott die Schuld dafür geben willst!

> Du bist völlig schlafend und unbewusst gewesen und konntest nicht zu der großen Wahrheit vordringen, auf die alle deine Leben hinführen: Die Liebe zu erkennen, die hinter deinem Schmerz versteckt ist, den du zuerst heilen musst. Erst dann findest du die Liebe zu dir selbst und damit zu Gott wieder. Diese Liebe und den inneren Frieden, der damit einhergeht, findest du, wenn du mit dem Kampf aufhörst und dem scheinbaren Feind vergibst, weil es keine Schuld gibt.

Niemand auf der ganzen Welt hat dir böswillig oder vorsätzlich, einfach aus einer Laune heraus, etwas Schlimmes angetan. Hinter jeder »Tat« steht die eigene Wunde, der eigene Schmerz, die eigene Verletzung. Und

erst, wenn du bereit bist, dies zu erkennen und auf einer tieferen Ebene
in dir wahrzunehmen, wirst du bereit, anderen zu vergeben. Und dann
kannst du auch dir vergeben.

Du erfährst in diesem Prozess, dass die Liebe unsere größte Kraft ist.
Durch Liebe können all unsere Wunden geheilt werden. Und am aller-
dringendsten brauchte es schon immer die Liebe zu uns selbst – unsere
Eigenliebe. Wir finden sie erst, wenn wir die Schichten beiseite geräumt
haben, all die Schatten in uns, die nicht Liebe sind, wenn wir uns von
unserem Schmerz befreit haben. Tiefe Vergebung verwandelt unseren
Groll, die Wut und den Hass, die wir auf andere Menschen projizieren,
in Licht und Liebe.

Das ist ein Teil unserer Erkenntnisreise hier auf der Erde. Vergebung ist
ein Schlüssel dazu!

> Erst, wenn DU anderen vergibst, für das, was sie dir schein-
> bar angetan haben und DIR selbst vergibst, für das, was du
> ihnen angetan hast, wird endlich Frieden, und Frieden ist
> die Wirklichkeit. Dann hast du die größte Illusion deines
> Lebens aufgelöst.

Erwachen und Gesundheit

Dieser Teil des Buches soll dazu dienen, Ihren Geist weiter zu befreien, um die großen Illusionen zu erkennen, die sich um unsere Heilwerdung ranken und die im Massenbewusstsein noch tief verankert sind.

> Erwachen befreit Sie von der Illusion, dass es unheilbare Erkrankungen gibt.

Denn die Wahrheit ist, unsere Erkrankungen sind heilbar, wenn wir bereit sind, Verantwortung zu übernehmen und uns unserer inneren Heilung zuzuwenden. Dabei werden wir aufgefordert, unser Bewusstein zu erweitern und die Ebene zu verlassen, auf der Krankheit Realität bleibt. Die innere Ursache für unser Nichtheilsein sind wir selbst. Unsere Krankheiten sind der Ausdruck unserer eigenen Konfliktsituation, unseres eigenen inneren Dramas, das wir, solange wir »schlafend« sind, aus uns selbst oder in uns selbst erzeugen. Sie manifestieren sich in uns, wenn wir die destruktiven, zerstörenden Energiemuster, die wir leben, unbewusst gegen uns selbst richten. Unser Körper kann immer nur das sein, was sein Geist ihm eingibt. Dieser geistige »Input«, der sich aus komplexen Gedanken- und Gefühlsmustern zusammensetzt, löst im Körper eine Kaskade von Veränderungen aus, die, wenn es sich um »negative« Muster handelt, Systemstörungen und Krankheit nach sich ziehen. David R. Hawkins fasste dies in die Worte:

> »Der Körper ist der Spiegel des Geistes, und seine Probleme sind die Dramatisierung der Kämpfe des Geistes, der ihm das Leben verleiht. Was wir in Bezug auf die Dinge »da draußen« glauben, das hat seine Wirkung in unserem Inne-

ren. Jeder stirbt durch seine eigene Hand. Das ist eine harte klinische Tatsache, kein moralischer Standpunkt.«[13]

Wir selbst sind die tiefe innere Ursache für unsere Erkrankungen. Sich dieser Wahrheit zu öffnen, gibt uns den wichtigsten Schlüssel für unsere Heilwerdung in die Hand.

Je größer der Wahnsinn, das Drama – der Schmerz oder der Konfliktschock, in dem wir alltäglich leben, desto schwerer oder lang anhaltender die Erkrankung. Und je länger Sie sich schon in einem derartigen Zustand befinden, desto dringender ist eine Kehrtwende von ihnen gefordert, nämlich die Illusion zu verlassen, Ihre Krankheit käme ausschließlich von außen und hätte eine zufällige oder unbekannte Ursache. Lassen Sie am besten in diesem Zusammenhang auch Ihren Glauben los, die Schulmedizin gemeinsam mit der Pharmaindustrie werden, die Ursachen für Ihre Krankheit irgendwann finden und damit auch eine »Pille« dagegen. Beide sitzen heute weder im richtigen Boot noch besitzen sie entsprechendes Wissen, das Werkzeug und den Willen, dies zu tun. Sie laufen damit nur einem Phantom hinterher, das, genau wie »der« Traumpartner, heute nicht existiert. Pharma und Schulmedizin sind zurzeit darauf ausgerichtet, Schlimmstes zu verhüten, völlig Zerstörtes herauszuschneiden, um damit Leben zu verlängern und Symptome zu unterdrücken. Die Entfernung eines kranken Organs z. B. ist das Eingeständnis, dass es nicht geheilt werden konnte. Das alles ist zweifelsohne zurzeit notwendig und verdient unsere Anerkennung. Aber es führt nicht zu unserer Heilwerdung, weil es keine körperliche Heilung ohne geistige Heilung gibt. Diese wiederum beinhaltet die Heilung unserer Gefühle.
Kennen Sie einen Menschen, der von Bluthochdruck, einer Herzerkrankung, einem Kreislaufproblem, Arteriosklerose, Diabetes, Nieren- oder Schilddrüsendysfunktion, einer kranken Leber, Osteoporose, Rückenschmerzen, sich verschlechterndem Augenlicht oder Gehör durch die Schulmedizin geheilt wurde? Ich kenne niemanden. Sie alle werden

ständig behandelt, bei stärkeren Funktionsversagen der Organe operiert und nehmen in der Regel permanent chemische Symptomunterdrücker ein. An Gesundwerden glaubt weder der Arzt noch der Patient. Fragen Sie einmal, falls Sie an einer der o. g. »Alterserkrankungen« leiden, wie Ihr Arzt die Prognose für Ihre Gesundwerdung sieht. Wenn er ehrlich zu Ihnen ist, muss er gestehen, dass er keine Möglichkeit hat, sie zu heilen. Es wird niemanden in seinem Praxisbereich geben, der mit einer dieser Erkrankungen als geheilt entlassen wurde, ohne weiterhin Medikamente einzunehmen oder behandelt zu werden. Sie müssen darauf bauen, dass die Tablette, die Behandlung oder OP, die er Ihnen vorschlägt, das Symptom so gut es geht unterdrücken und damit eine Verschlimmerung Ihres Zustandes oder Ihr vorzeitiger Tod verhindert wird.

Wenn Sie wirklich gesund werden wollen, ist es an der Zeit, andere Wege einzuschlagen.

> Auf der Ebene des universellen Schlafes erschaffen wir Krankheit durch die destruktiven Gefühle oder geistig-emotionalen Reaktionsmuster, die wir unbewusst gegen uns selbst richten. Alles Nicht-Heilsein ist das Ergebnis blockierter Lebensenergien durch blockierende Lebensmuster.

David R. Hawkins schreibt treffend dazu, dass unser zentrales Nervensystem äußerst feinfühlig zwischen lebensfördernden und lebensfeindlichen Mustern unterscheiden kann. Energiefelder mit hoher Kraft, aus den oberen Bewusstseinsebenen, bringen stoffliche Reaktionen in Gang, wie z. B. das Freisetzen von Endorphinen im Gehirn, und haben auf diese Weise eine tonisierende Wirkung auf alle Organe. Im Gegensatz dazu setzen destruktive Muster Adrenalin frei, wodurch Immunreaktionen unterdrückt werden und Schwäche und Abgespanntheit der Organe verursachen. Solange wir durch unsere Behandlungen nur die Folgen der Grundstörung beheben, welche die Organenergie geschwächt hat, nicht aber die wirkliche Ursache – nämlich das geistig-emotionale Muster, kehrt die Krankheit üblicherweise wieder zurück oder kann nicht geheilt werden. Allgemein gesagt ist körperliche und geistige Gesundheit die Begleiterscheinung positiver Gefühle und Muster, wohingegen körperliche und geistige Krankheit an negative Gefühlsmuster und Reaktionen wie Groll, Hass, Neid, Wut, Schuld, Feindseligkeit, Selbstmitleid, Angst und Besorgtheit geknüpft sind.

Das Vorhandensein dieser Gefühle, die aus unserem Schmerzkörper resultieren, erzeugt einen großen Stress in uns, der sich immer gegen uns selbst richtet. Deshalb macht es keinen Sinn, unsere Gefühlsreaktionen auf äußere Umstände oder gar Personen zu richten. Sie sind in der Regel selbst erzeugt. Sich dieser Wahrheit zu öffnen, befreit uns von einer großen Illusion.

> Sich ständig wiederholende destruktive geistig-emotionale Muster verursachen kleinste Veränderungen im Energiefluss zu den Organen, die durch ihre chronische Wirkung den Krankheitsprozess zur Folge haben.

Wenn man nun berücksichtigt, dass unser reaktiver Verstand (die Gedanken, die wie eine Endlosspule in unserem Kopf ablaufen und auf die wir scheinbar keinen Einfluss haben) täglich Tausende solcher Muster erzeugt, kann klar werden, welchen gravierenden chronischen Einfluss diese auf unsere Organe haben.

> Sind diese Muster lebensfeindlich, also destruktiv, führen sie zu Krankheit. So stellen schon feindselige Gedanken einen Angriff auf unseren Körper dar.

Deshalb kann auch Frieden als äußerer Zustand nicht einfach erschaffen werden, solange ich Gedanken des Kampfes gegen etwas in mir habe. Er kann überhaupt nicht erschaffen werden, wenn ich kämpfe. Er ist das Ergebnis jenes inneren Friedens, der entsteht, wenn wir die nichtfriedlichen oder destruktiven Gefühle und geistigen Muster erlöst haben, die wir alle in uns tragen, solange wir »schlafend« sind.

Werden Sie sich bewusst: Heilung gibt es für niemanden im Sonderangebot. Heilung erwartet den, der für Heilung bereit ist, denn Heilung ist eine tief greifende Transformation, die durch viele innere Bewusstseinsschritte gekennzeichnet ist. Das ist vergleichbar mit der Veränderung eines ehemals wütenden, sich selbst bemitleidenden, intoleranten und egozentrischen Menschen, der allmählich oder spontan zu einer sanften, freundlichen, vergebenden und liebevollen Einstellung gelangt, wie es Hawkins beschreibt. Alles, was Sie in Ihrem Leben erfahren, entspricht dem Inhalt Ihres eigenen Geistes, Ihrer eigenen Muster. Sind diese vorwiegend destruktiv, erfahren Sie Leid und Krankheit. Dies wiederum kann Ihnen klar machen, wie wichtig es ist, einen inneren Richtungswechsel vorzunehmen.

Jedoch werden wir nicht nur aufgrund innerer und damit selbst erzeugter Ursachen krank. Es gibt weitere Einflüsse, die zu Krankheit führen können und die ich als äußere Einflüsse bezeichne.

Ein Teil davon ist durch die alternative Medizin erkannt worden und ich durfte in meiner Zusammenarbeit mit den Professoren Tatjana und Jura Stetsenko aus Kiew diese krankheits-verursachenden Faktoren besser kennenlernen. Dazu gehören z. B. Viren, Bakterien, Pilze und Parasiten, Umweltgifte und Schadstoffe, chemische Medikamente, auch Psychopharmaka und Antibiotika, Hormone, wie z. B. die Anti-Baby-Pille oder Hormone, die in den Wechseljahren von Frauen eingenommen werden, Impfstoffe jeglicher Art sowie radioaktive Strahlung. Des weiteren »künstliche«, industriell verarbeitete Nahrungsmittel, die mit Konservierungs-, Farbstoffen sowie künstlichen Geschmacksverstärkern u. Ä. angereichert wurden. Weiter zu erwähnen wären schädigende Substanzen bzw. Energie raubende Strahlungen in unseren Wohn- und Arbeitsbereichen z. B. durch Chemikalien in Teppichen und Möbeln sowie Elektrosmog durch Computer, Handy, Mikrowelle etc. Ein Wort zu den Mikrowellengeräten, die viele als völlig harmlos ansehen. Ursprünglich als Strahlenwaffen entwickelt, strahlen sie sogar noch im ausgeschalteten Zustand. Ganz zu schweigen von den Veränderungen, die sie am genetischen Material der Nahrung verursacht, was vermehrt freie Radikale entstehen lässt. Bei Probanden konnten bereits in den Siebzigerjahren pathologische Veränderungen im Blut nach dem Verzehr von Mikrowellennahrung nachgewiesen werden, was ebenso durch Tierversuche bestätigt wurde. Ein externer Faktor, der in den letzten Jahren Schlagzeilen gemacht hat und strahlungssensiblen Menschen das Leben erschweren kann, sind Mobilfunknetze. Da diese Faktoren größtenteils bekannt sind, kann man sie durch alternative Methoden feststellen und ihren Einfluss verringern. (Auch Mobilfunknetze lassen sich mit relativ geringem Einsatz finanzieller Mittel harmonisieren.) Zu den äußeren Faktoren, die wir uns selbst antun, gehören Alkohol- und Nikotinmissbrauch sowie Drogenkonsum. Sie können zu starken und irreversiblen Schädigungen einzelner Organe und des gesamten Körpers führen. Ich denke, das ist jedem hinreichend bekannt.

Ein weiterer wesentlicher Faktor, der mir zwar schon sehr lange bewusst ist, dessen Auswirkungen mir jedoch erst viel später in seiner ganzen Tragweite klar wurden, ist die gravierende Mangelernährung, der wir alle ausgesetzt sind. Obwohl wir meistens genug zu essen haben, verhungern wir allmählich vor vollen Tellern. Ich füge dies hier, in der zweiten Ausgabe, ein, weil ich durch die ständige Optimierung meiner eigenen Ernährung zu folgender Schlussfolgerung gekommen bin: Selbst wenn wir uns innerlich reinigen, sowohl auf der stofflichen als auch auf der geistig-emotionalen Ebene, und uns von äußeren krankmachenden Einflüssen weitestgehend frei machen, uns überwiegend vegetarisch ernähren und angemessen Sport treiben, werden wir durch den gravierenden Mangel an Nährstoffen weiterhin krank werden und den alten Weg gehen. Dieser führt uns durch allmähliche körperliche Auszehrung zu einem vorzeitigen Tod. Wodurch diese Mangelernährung hervorgerufen wird, ist den meisten Menschen bekannt: Durch den Vitalstoffmangel in unseren Lebensmitteln auf der Basis ausgelaugter Böden. Im Jahre 2011 begriff ich wegen meines akuten Knieproblems (Skiunfall 1985), wie ich diesen Mangel beseitigen konnte. Was danach geschah, werden Sie im neu eingefügten Kapitel »Die Vorbereitung auf Verjüngung und ewiges Leben« erfahren.

Verfahren wie Bioresonanz, Radionik, Kinesiologie, Nichlineare Diagnose wie auch spezielle Blutuntersuchungen am Dunkelfeldmikroskop u. a. sind geeignet, relativ verlässlich die bei jedem vorhandenen äußeren Ursachen körperlicher oder geistiger Erkrankungen aufzuspüren und Wege aufzuzeigen, sich von ihnen zu befreien. Kehren einige dieser Probleme nach scheinbar erfolgreicher Behandlung zurück oder sprechen sie erst nicht auf die Behandlung an, wissen Sie, dass Sie eine Klärung der inneren oder geistig-emotionalen Ursache herbeiführen müssen, die den Ursprungsimpuls für die Schwächung der Energie des Organs oder Organsystems setzte.

> Fazit:
> Aus meiner heutigen Sicht ist Krankheit das Ergebnis unserer eigenen destruktiven geistig-emotionalen Programme (Muster), die in ihrer chronischen oder akuten Wirkung auf das zentrale Nervensystem zuerst energetische, später stoffliche Veränderungen in Organen und Organsystemen hervorrufen. Des Weiteren schwächen äußere Krankheitsursachen sowie eine gravierende Mangelernährung die Körperenergie. So kann Krankheit als eine Verflechtung innerer und äußerer Ursachen angesehen werden.

Diese Erkenntnis stimmt grundsätzlich mit dem Wissen der modernen Quantenmedizin überein, die davon ausgeht, dass sich der Ursprung aller Erkrankungen im menschlichen Bewusstsein befindet. Je nachdem, welche Informationen unser Gehirn an unsere Körperbereiche sendet, werden diese gestärkt oder geschwächt. Damit ist der Körper Ausdruck und Ergebnis geistiger Entscheidungen und innerer Haltungen.
Im universellen Schlafzustand laufen diese inneren Programme unbewusst in uns ab. Werden sie bewusst gemacht und aufgelöst, gehen die Beeinträchtigungen auf das zentrale Nervensystem zurück, es erholt sich und die Energie des entsprechenden Organs kann wieder fließen, das Organ kann gesunden. Äußere Krankheitserreger wie z. B. Bakte-

rien, Viren, Pilze, Schadstoffe etc. können dadurch in der Regel besser ausgeleitet werden. Durch die Klärung der inneren Themen tragen Sie dazu bei, dass Ihr Nervensystem gesunden wird. In den Abschnitten über die Nichtlineare Diagnose und mediale Radionik werde ich konkreter darauf eingehen.

Jedoch bleibt das Erlangen vollständiger Gesundheit immer ein komplexer Prozess, der sowohl die inneren als auch die äußeren Ursachen zu berücksichtigen hat.

Erinnern Sie sich an das Beispiel des erfolgreichen Unternehmers, der seinen Sohn unter starken Beschimpfungen fast zu Tode prügelte, weshalb dieser eine schwere chronische Erkrankung entwickelte, die mit völliger Hilflosigkeit endete? Die negativen Gefühlsprägungen, die der Vater damit bei seinem Sohn verursachte, haben diesem sowohl die Gesundheit als auch das Leben ruiniert. Weil er den Beschimpfungen seines Vater unbewusst Glauben geschenkt hatte, waren sie Wirklichkeit geworden. Hätte man rechtzeitig an der Auflösung der destruktiven Muster arbeiten können, wäre er sehr wahrscheinlich nicht erkrankt.

Diese erlittenen Schmerzmuster oder Engramme werden so lange in uns gespeichert, bis sie gelöst und damit gelöscht werden.

Wie bereits erwähnt, wird am Institut für Neurobiologie in Stuttgart für die destruktiven Gefühle eine Gefühlskarte (nach Dr. Klinghardt) verwendet, die jedem Organ entsprechende Gefühle zuordnet. Durch den kinesiologischen Test kann mithilfe dieser Karte ein bestimmtes Gefühl bewusst gemacht und gelöst werden, um das Organ von seinem unterdrückenden Einfluss zu befreien.

So steht beispielsweise der *Dünndarm* für das Gefühl »sich verloren und einsam fühlen« mit den Untergliederungen: verlassen, verstoßen, vernachlässigt, Mangel an: Geborgenheit, Nähe, mütterlicher Wärme, Kontakt; Unsicherheit, Liebesentzug.

Die *Leber* steht für »Wut« mit den Untergefühlen von Verzweiflung, mangelnder Anerkennung, Unzufriedenheit, Vermeiden von Problemen, irrational.

Die *Niere* steht für »Angst« mit den Untergliederungen Schuldgefühle, machtlos, demoralisiert, egoistisch, Enttäuschung, brutal und ohne Mitleid, Schreck, betroffen, »es geht mir an die Nieren«.

Der *Magen* steht für »heimatlos« und Einzelgefühle wie: nicht mögen, machtlos, gebrochener Wille, überlastet, überfordert, Groll, Hass, lustlos, Abneigung, Besessenheit, sich selbst unter Druck setzen, Hunger.

Das physische *Herz* steht für »Freudlosigkeit« und die Einzelgefühle: Furcht vor Freude, Hartherzigkeit, sich ausgenutzt fühlen, Selbstschutz, eingeengt, ideenlos, bürokratisch, stur und unnachgiebig, Geldgier, Machtgier.

Symptombezogen können so destruktiven Gefühle aus dem entsprechenden Organ gelöst werden. Ich habe diese Methode mehrere Jahre genutzt, wodurch sich mein Verständnis für die Bedeutung destruktiver Gefühle hinsichtlich unseres Organismus deutlich erweitert hat. Man ist dabei völlig frei von Raum und Zeit und kann Antworten auch aus früheren Leben erhalten und damit Ursachen, die bis ins heutige Leben wirken, auflösen. Erkrankungen können damit ursächlich beseitigt werden, wenn das geistig-emotionale Thema, das dahintersteht, bewusst gemacht und die Energie, die es trägt und die unser Körper gespeichert hat, aufgelöst wird.

Aber auch dies ist erst der Anfang. Die Fähigkeiten, die wir in unserem Bewusstwerdungsprozess erlangen, werden darüber zukünftig hinausreichen.

Angst – eines der stärksten destruktiven Gefühle

Versuchen wir, Beispiele zu finden für das destruktive Gefühl, das wir am gekonntesten vor uns selbst verstecken: Angst. Es erscheint deshalb in unserem Leben in vielfacher Verkleidung und dominiert unbewusst unser Tun. Wir werden beherrscht von einer Vielzahl von Ängsten wie Verlustängsten, Verlassenheitsängsten, Versagensängsten, Ängste verletzt zu werden, die letztendlich alle in die *eine* Angst münden, die Angst vor unserer eigenen Vernichtung. Es ist die Angst unseres EGO. Im »Schlafzustand« sind wir uns dieser Ängste nicht bewusst, und deshalb glauben viele Menschen, keine Angst zu haben. Die Anzahl der in uns bzw. vor uns selbst versteckten Ängste ist jedoch oft so groß, dass, wenn man sie aufzulösen beginnt, sich scheinbar kein Ende findet. Diese Ängste sind ein entscheidendes Hindernis für wirklichen Fortschritt in unserem Leben und haben auf unsere Gesundheit entscheidenden Einfluss.

Wie ein Glaubenssatz, der auf Todesangst beruht, tatsächlich den Tod herbeiführen kann, zeigt nachfolgendes Beispiel. Ich fand es bei Bernhard Lown in seinem Buch »Die verlorene Kunst des Heilens«. Dr. Lown ist Kardiologe von Weltrang und Friedensnobelpreisträger. Als konventioneller Arzt ist er zu einigen inneren Ursachen von Krankheiten vorgedrungen, da er immer versucht hat, den ganzen Menschen zu sehen, nicht nur das Symptom oder die Erkrankung. Aber jetzt erst einmal zu unserem Beispiel:

Ein Hindu-Arzt war von Gefängnisbehörden ermächtigt worden, an einem zum Tode durch den Strang verurteilten Verbrecher ein Experiment durchzuführen.

Er überzeugte den Gefangenen, ihm zu erlauben, ihn verbluten zu lassen und versicherte, dass dies ein schmerzloser Tod sei, auch wenn er nur allmählich eintrete. Nach Zustimmung des Verurteilten wurde dieser ans Bett gebunden und bekam eine Augenbinde. An allen vier Bettpfosten wurden mit Wasser gefüllte Gefäße aufgehängt und so angebracht, dass das Wasser in Becken tropfte, die auf dem Fußboden standen. Man ritzte die Haut des Verurteilten an allen vier Extremitäten an, und das Wasser begann, in die Behälter zu tropfen, zunächst rasch, dann immer langsamer. Allmählich wurde der Gefangene immer schwächer – ein Zustand, der durch den immer leiser werdenden Singsang des Arztes noch verstärkt wurde. Schließlich herrschte Totenstille, als das Tropfen des Wassers zum Stillstand gekommen war.

> Der Gefangene, obwohl er ein gesunder junger Mann war, schien am Ende des Experiments, als das Tropfen des Wassers aufgehört hatte, in Ohnmacht gefallen zu sein. Bei der Untersuchung jedoch stellte man fest, dass er tot war, obgleich er nicht einen einzigen Tropfen Blut verloren hatte.

Anhand dieses Beispiels erkennen Sie die Macht destruktiver Gefühle – wie Angst –, dargestellt an einem extremen Beispiel. Heute ist vielen Ärzten bekannt, dass nervale Aktivität Auswirkungen auf jeden Körperteil haben kann. William Harley, der Entdecker des Blutkreislaufs, schrieb schon vor etwa 350 Jahren: »Jede Gemütsregung, die entweder von Schmerz oder Lust, Hoffnung oder Furcht begleitet wird, ist die Ursache einer Erregung, deren Einfluss sich bis zum Herzen erstreckt.«[14]
Aus der Gefühlstabelle wissen wir heute, dass die Einflüsse destruktiver Emotionen sich bis in jedes Organ des Körpers erstrecken, je nachdem, welcher Teil des Nervensystems dabei in Erregung gerät. Damit bereiten diese Emotionen dem entsprechenden Organ Funktionsprobleme. Stress, der in unserem Inneren erzeugt wird, kann z. B. zum Herzinfarkt führen. Dass jemand an gebrochenem Herzen sterben kann, ist bekannt.

> Dr. Lown schreibt ganz konkret aus seinen Erfahrungen und seiner wissenschaftlichen Forschung, dass seelische Störun-

gen den Herzrhythmus beeinträchtigen, zu Angina pectoris prädisponieren, einen Herzinfarkt auslösen und plötzlichen Herztod provozieren.

Er bewies anhand eines Tierexperiments, bei dem Hunde in einen Schockzustand versetzt wurden, dass noch Monate danach die Erinnerung an das geringfügige Trauma tief im Gehirn der Tiere verhaftet war und die Reaktivität ihrer Herzen grundlegend veränderte. Man konnte dadurch erstmalig zeigen, dass psychischer Stress ganz entscheidend die Anfälligkeit des Herzens gegenüber Rhythmusstörungen erhöhen kann. Dr. Lown war deshalb immer bemüht, mit seinen Patienten die Schwachpunkte in ihren Biographien herauszufinden und den ganzen Menschen, nicht nur das Symptom, zu sehen. Der Erfolg blieb nicht aus. Bei einem männlichen Patienten z. B., dessen Herzprobleme durch Medikamente nicht beeinflussbar waren, fand er heraus, dass er sich mit seinem Schwager überworfen hatte, weil er von diesem geborgtes Geld nicht zurückbekam. Lown verlangte daraufhin von seinem Patienten, sich mit dem Schwager zu versöhnen. Das tat er nicht gerade motiviert, aber Dr. Lown schaffte es, ihm die »Vorteile« klarzumachen. Als die Aussöhnung mit sehr positivem Ausgang für beide Parteien geschehen war, verbesserte sich der Zustand des Patienten schlagartig und die Medikamente, die er jedoch nur noch in ganz geringen Dosierungen benötigte, wirkten plötzlich. Dr. Lown bringt in seinem Buch noch mehrere Beispiele dieser Art. Als Fazit schreibt er: »Was also ist ärztliche Weisheit? Sie ist die Fähigkeit, ein klinisches Problem in seiner Verwurzelung nicht in einem Organ, sondern im ganzen Menschen zu verstehen.«[15] Er begriff zunehmend, dass die Dinge, die den Menschen wirklich plagen, nicht durch konventionelle technische Geräte erfasst werden können. Geräte können unsere erlittenen Verwundungen, die die innere Ursache unserer Erkrankungen sind, noch nicht sichtbar machen.

Bleiben wir noch etwas bei Beispielen, die bestätigen, wie sich destruktive Gefühle oder Konfliktsituationen auf unsere Gesundheit auswirken.

Dr. Lown schreibt an einer Stelle, dass z. B. Angst die Gerinnbarkeit des Blutes erhöht. Wie komplex Angst jedoch auf den Organismus wirkt, fand ich in den Unterlagen unserer Tochter. Dort ist ein Beispiel aus der Tierwelt beschrieben, das sich jedoch so auch auf *andere Säugetieren einschließlich den Menschen* anwenden lässt.

Es geht hier um ein Experiment mit südostasiatischen Spitzhörnchen (ähnlich unserer Eichhörnchen). Man nennt sie Tupujas. In der Natur leben sie paarweise und ihr Territorium wird insbesondere durch die Männchen gegen Eindringlinge verteidigt. Dieses Verhalten zeigen die Tiere auch in Gefangenschaft, indem sie fremde Artgenossen innerhalb weniger Minuten durch Rangkämpfe unterwerfen. Ernsthafte Verletzungen kommen dabei kaum vor *und trotzdem stirbt der Verlierer innerhalb von drei Wochen.* Der Tod tritt hier also nicht aufgrund von direkten Auswirkungen des Kampfes ein (Verletzungen), sondern er resultiert nach Untersuchungen von Prof. Dietrich von Holst (Universität Bayreuth) *aus der Angst, die durch die ständige Anwesenheit des Siegers* hervorgerufen wird. Prof. von Holst fand heraus, dass sich der Verlierer, wenn er durch eine Holzwand vom Sieger getrennt wird, also diesen nicht mehr sehen kann, ebenso schnell vom Kampf erholt wie der Sieger. Bleibt der Sichtkontakt jedoch erhalten, verliert der Unterlegene zunehmend an Körpergewicht, bis er schließlich stirbt. Er »erleidet den Tod aus andauernder Angst.« Der Sieger kümmert sich nach dem Kampf nicht mehr um den Unterlegenen, dessen Verhalten ändert sich jedoch von diesem Zeitpunkt an schlagartig.

Ein Teil der Verlierer wird zu sogenannten passiv Unterlegenen. Sie sitzen den ganzen Tag apathisch (teilnahmslos) herum und erdulden selbst die seltenen Angriffe des Siegers, fliehen nicht und setzen sich nicht zur Wehr. Ein anderer Teil wird zu aktiv Unterlegenen, die zukünftig die Konfrontation vermeiden, indem sie dem Sieger aus dem Wege gehen. Gleichzeitig orientieren sie ihr Verhalten fast vollständig an dem des Siegers.

Während die siegreichen Männchen in ihren physiologischen Werten ungestörten Kontrolltieren entsprechen, weisen die Unterlegenen *deutliche Stressrektionen* auf: Es zeigt sich eine Abnahme der Konzentration der Schilddrüsen- und Geschlechtshormone im Blut, der Gehalt an rotem Blutfarbstoff geht zurück, Cholesterinspiegel und Harn-Stickstoffgehalt steigen an.

Bei einem Teil der *passiv Unterlegenen* entstehen so hohe Harnstoffwerte, dass sie an einer *Harnstoffvergiftung sterben.* Einige erliegen *Infektionen oder Tumor-Wucherungen.* Gleichzeitig werden drastisch erhöhte Ausschüttungen von Kortisol und Kortikosteron (Hormone der Nebenniere) festgestellt, was bewirkte, dass ihr körpereigenes *Immunsystem* fast völlig zum Erliegen kommt. Die Zahl der weißen Blutzellen geht innerhalb weniger Tage auf unter 20 Prozent des Normalwertes zurück.

Bei den *aktiv Unterlegenen* ist die Funktion der Nebennierenrinde normal, *dafür jedoch sind die Aktivitäten des sympathischen Zweiges ihres vegetativen Nervensystems* und des damit verbundenen *Nebennierenmarks* auf Dauer drastisch erhöht. Durch die übermäßige Ausschüttung von Adrenalin und Noradrenalin (Stresshormone) wird eine *erhöhte Schlagrate* des Herzens hervorgerufen, welche früher oder später zum Versagen des Herz-Kreislaufsystems führt und den *Herztod* zur Folge hat.

Die Angst des Unterlegenen, selbst wenn sie nur noch in seiner Einbildung existiert, führt immer zu einer psychischen Belastung, die je nach Reaktion des Betroffenen unterschiedliche Krankheitsbilder zur Folge hat.

Fassen wir die wichtigsten, in diesem Experiment festgestellten Symptome, die durch Angst entstehen, noch einmal zusammen: Herz-Kreislauferkrankungen, Herzinfarkt, Tumore, Anämie, hoher Cholesterinspiegel, hoher Harnstickstoffgehalt (Übersäuerung, Arthritis etc.), schwaches Immunsystem, ständige Infekte, Störungen des vegetativen Nervensystems, hormonelle Ungleichgewichte.

Erkennen Sie dabei etwas in Bezug auf den Menschen? Glauben Sie immer noch, alles hat zufällige Ursachen? Dann nehmen Sie bewusst wahr, dass Angst und damit einhergehende andere destruktive Gefühle, die Sie tief in Ihrem Inneren vor sich selbst versteckt haben, eine entscheidende

Ursache für die heutigen »Zivilisations- und Alterserkrankungen« sind. Erkennen Sie: All dies erschaffen wir uns unbewusst selbst, indem wir unsere Gefühle nicht mehr zur Kenntnis nehmen, weil wir sie so stark verdrängt haben. Sie jedoch steuern genau deshalb gemeinsam mit unseren unbewussten Glaubensmustern, die in der Regel ebenso destruktiv sind, unser Leben und ruinieren unsere Gesundheit.

Vor Kurzem erzählte mir die Tochter einer guten Bekannten aus Kanada, durch die ich wiederum weiter wach werden konnte und wovon ich noch berichten werde, sie hätte in einer Zeitschrift von einem Experiment gelesen, bei dem man eine männliche Person zehn Minuten lang ärgerte. Daraufhin ließ man diese Person in einen geschlossenen Kasten, in dem sich ein Meerschweinchen befand, über ein Luftloch *einmalig* ihren Atem hineinblasen. Das Meerschweinchen starb davon! Daraufhin ärgerte man diese Person eine ganze Stunde lang. Das Ergebnis war, dass sie mit einer einzigen Ausatmung mehr als 50 Meerschweinchen töten konnte.

> Wie oft ärgern Sie sich täglich oder befinden sich in einem Stresszustand? Nun wissen Sie, was Sie sich damit antun! Sie erschaffen große Mengen an Gift und Säure in Ihrem Inneren und beeinflussen alle biochemischen Reaktionen negativ, wodurch Sie Krankheit und frühes Altern erzeugen.

Sollten Sie jetzt vielleicht sagen, Sie ärgern sich nicht oder sind nicht wütend, dann haben Sie möglicherweise auch noch das Ärgern oder das Wütendsein unterdrückt, weil Sie unbewusst glauben, diese Gefühle nicht leben zu dürfen, weil sie sich nicht »gehören«. Vielleicht sind Sie auch, ohne es zu merken, depressiv geworden (ein Zustand, der sich energetisch unterhalb von »wütend sein« befindet) und können in diesem Zustand des »dunklen Nebels« vieles gar nicht mehr wahrnehmen. Checken Sie einmal Ihr Leben nach Angst ab. Das kann z. B. Ihre Partnerschaft betreffen. Viele Menschen leben z. B. in Angst vor dem Verlust Ihres Partners. Sehr oft werden sie deshalb zum aktiv oder auch passiv Unterlegenen, indem sie ihr Verhalten nach ihm ausrichten und glauben, dies sei Liebe oder aber glauben, dass es im Sinne Ihres Partners sei. Vieles ist jedoch Abhängigkeit, deren ursprüngliche Basis Angst ist. Das kann aber auch Ihren Beruf oder die Beziehungen zu Ihren Eltern oder Verwandten betreffen. In dem Moment, in dem Sie sich bewusst werden, dass Angst im Spiel ist, können Sie Ihre eigene Befreiung davon einleiten.

Übrigens habe ich erst beim Schreiben dieses Absatzes wirklich wahrgenommen, dass ich zu den aktiv Unterlegenen gehörte. Dabei kenne ich das obige Beispiel schon mehr als ein Jahr.

Erwachen geht ständig tiefer.

Ich fand noch ein weiteres Beispiel, wie sich Todesangst auf unseren Körper auswirkt. Hier wird Folgendes berichtet: Sven Hedin, der durch Tibet reiste, erlebte einen Streit einer seiner Mitarbeiter (Dr. H.) mit einem tibetischen Eremiten. Der Eremit prophezeite in seinem Ärger, dass Dr. H. in genau einem Jahr sterben werde. Diese angstvolle Vorstellung bemächtigte sich seiner, da er daran glaubte. Kurz vor dem vorausgesagten Tag kam Dr. H. nach Berlin zurück. Er fühlte sich bereits so elend, dass er einen Arzt aufsuchen musste. Dieser überwies ihn sogleich in ein Krankenhaus. Die dortigen Ärzte wussten nicht weiter, sahen jedoch, dass es mit dem Patienten zu Ende ging. Als der Oberarzt von der Prophezeiung erfuhr, erkannte er sogleich, dass dies ein Fall von besonders schwerer Selbsthypnose war und zum Tode führen könnte. Zwei Tage vor seinem »Todestag« glich Dr. H. einem Leichnam. Der behandelnde Arzt versetzte ihn daraufhin für vier Tage in einen hypnotischen Schlaf. Als Dr. H., nachdem er geweckt worden war, erfuhr, dass der verhängnisvolle Todestag schon seit zwei Tagen vorüber sei, fiel die beängstigende Suggestion von ihm ab und er wurde innerhalb kurzer Zeit gesund. Vielleicht sagen Sie jetzt, das sei wieder ein extremes Beispiel, das so eine akute Wirkung hervorrief.

Wenn Sie sich jedoch all Ihrer Ängste auf einmal bewusst werden könnten, würde Ihnen schlagartig klar werden, dass ihre Vielzahl in ihrer chronischen Wirkung langfristig einen ähnlich zerstörenden Einfluss auf Ihre Gesundheit hat.

Wir alle waren bisher unbewusst gezwungen, mit unseren Ängsten zu leben. Unser »Schlafzustand« ist immer von Angst geprägt.
Psychopharmaka, die z. B. gegen Angstgefühle verschrieben werden, lösen das Problem in keiner Weise. Sie sind nicht in der Lage, die »Erkrankung« (die eigentlich gar keine ist) zu heilen oder zu stabilisieren. Sie stellen lediglich das Gefühlsleben in einer Weise ruhig, dass es nicht selten für immer verkrüppelt wird.
Was in diesem Zusammenhang, insbesondere auch für ältere Menschen, fatale Auswirkungen hat, ist die Unwissenheit oder auch Unbekümmertheit, mit der viele Ärzte Diagnosen verkünden, die den Patienten geradezu in einen Schockzustand versetzen und zu einer negativen Prophezeiung werden können, ähnlich wie der von Dr. H. Dazu werden manchmal düstere Szenarien entworfen sowie Prognosen mit schrecklichem Krankheitsverlauf gestellt, um Patienten unter Kontrolle zu halten und sie willfähriger für therapeutische Maßnahmen zu machen. Die Angst, die allein durch dieses Verhalten aktiviert wird, reicht aus, um den Krankheitsverlauf negativ zu beeinflussen bzw. zu beschleunigen. Viele Menschen, insbesondere ältere, sterben oft nicht an der eigentlichen Erkrankung, sondern an der Angst, die durch derartige »Prophezeiungen« und die »Tatsache«, ihre Krankheit sei »unheilbar«, hervorgerufen wird. Ich erinnere mich noch an ein Beispiel, in dem ein Arzt eine Patientin, bei der Multiple Sklerose gerade erst im Anfangsstadium festgestellt worden war, aufforderte, sich in den von der Schwester hereingebrachten Rollstuhl zu setzen. Auf die Frage der Patientin, was das denn solle, erklärte er sinngemäß, dies würde sie in Zukunft erwarten und sie solle sich schon einmal darauf vorbereiten. Ein typisches Beispiel für eine negative Prophezeiung. Wie kann ein bereits durch die Diagnose schockierter Patient damit umgehen?
Dies sollten einige Beispiele sein, um aufzuzeigen, welche Macht – oder sagen wir besser Kraft – destruktive Gefühle und Muster auf unsere Ge-

sundheit und unseren Körper haben können. Macht haben sie nur über uns, solange wir sie nicht wahrnehmen und damit unbewusst gegen uns selbst richten. Mit dem Moment ihrer Bewusstwerdung und Annahme können sie sich aus unserem Körper lösen.

Krebs – Geißel der Menschheit oder Krankheit mit bereits erforschter Ursache

Was ein völlig neues Licht auf eine der scheinbar schlimmsten »Zivilisationskrankheiten« der Neuzeit wirft, sind die Erkenntnisse des deutschen Arztes Dr. med. Ryke Geerd Hamer (früherer Internist an der Universitätsklinik in Tübingen). Zu diesen Erkenntnissen kam er bereits in den Siebzigerjahren des vorigen Jahrhunderts. Als er sie jedoch »zum Gegenstand einer ärztlichen Diskussion« machen wollte, wurde er vor die Wahl gestellt, entweder die Klinik zu verlassen oder seinen neuartigen Theorien sofort »abzuschwören« – so die wortwörtliche Formulierung. Dr. Hamer allerdings konnte und wollte dies nicht, zumal er es wider besseren Wissens hätte tun müssen. Er empfand es als Ungeheuerlichkeit, dass man wegen einer wohlbegründeten wissenschaftlichen Erkenntnis, die unwiderlegbar war, der Klinik verwiesen wurde[16] und man außerdem Methoden anwendete, die die meisten mittelalterlich nennen oder als »Hexenjagd im 20. Jahrhundert« bezeichnen würden. Warum das so war, lässt sich leicht erraten: Das, was er herausgefunden hatte, hätte ein Millionengeschäft mit Chemotherapien, Bestrahlungen und Operationen zunichte machen können.
Ich gebe hier nur wenige Auszüge aus dem oben zitierten Buch wieder, die das Thema Erwachen und Gesundheit berühren.

> Dr. Hamer hat, angeregt durch eigene Erfahrungen, begonnen, nach den inneren Ursachen für Krebserkrankungen zu suchen. Was er dabei herausfand, ist, dass ganz bestimmte Schockerlebnisse – also starke psycho-emotionale Traumata

– energetische Abdrücke im Gehirn hinterlassen, die man nachweisen kann. Sie stellen nach seinen Untersuchungen den ursächlichen Auslösefaktor für Krebserkrankungen dar. Bei mehr als 50000 untersuchten Krebspatienten fand man keine Ausnahme. Dr. Hamer formulierte als Erster die »Eiserne Regel des Krebs«: »Jeder Krebs und jede krebsähnliche Erkrankung entsteht mit einem allerschwersten, hochakut-dramatischen und isolativen Konflikt-Erlebnis-Schock.«[17]

Es ist ein Konfliktschock, »der das Individuum völlig unerwartet wie ein Keulenschlag trifft bzw. vollkommen überraschend auf dem falschen Fuß erwischt«. In Gedenken an seinen Sohn, dessen plötzlicher Tod bei Dr. Hamer selbst Krebs auslöste, nannte er diesen Schock »Dirk-Hamer-Syndrom« oder DHS. Das DHS bildete fortan den zentralen Punkt der gesamten Neuen Medizin, die Dr. Hamer begründete. Es sind hierbei nicht die normalen Konflikte, mit denen wir täglich zu tun haben, gemeint, sondern Ereignisse, die wie ein Blitz in unser Gehirn einschlagen und dort tatsächlich einen Kurzschluss verursachen. An der Stelle, wo das passiert, zerreißen buchstäblich die Synapsen, das heißt die Verbindungen zwischen den Nervenzellen, und zwar so deutlich, dass man es mithilfe der Computertomografie sichtbar machen kann. Das Ganze hat Ähnlichkeit mit den konzentrischen Ringen einer Schiessscheibe. Früher glaubte man, als man diese bei Gehirnuntersuchungen sah, es handele sich um Zufallsgebilde. Erst Dr. Hamer erkannte ihre wirkliche Bedeutung. Dafür wurde er jener bereits erwähnten modernen Hexenjagd ausgesetzt. Wenn die Pharmaindustrie und die konventionelle Medizin wirklich an unserer Heilwerdung interessiert wären, dann hätte man derartige Erkenntnisse sofort aufgreifen und mit dem Nobelpreis auszeichnen müssen. Was aber geschah? Sie wurden unterdrückt, damit sie auch ja nicht die Öffentlichkeit erreichten. Mit diesem Wissen und seiner intensiven praktischen Anwendung hätten schon seit über 30 Jahren viele Menschenleben gerettet werden können, denn Dr. Hamer hat gleichzeitig Wege zur Heilung aufgezeigt. Aber fahren wir mit Hamers

Erkenntnissen fort: Durch das Zerreißen der Synapsen ändern die Organe, die mit diesem Gehirnbereich in Verbindung stehen, ihre Funktion, entweder in eine Über- oder Unterfunktion. Es entsteht im Organismus ein Dauerstresszustand.

Dr. Hamer erkannte das zweite Kriterium der eisernen Regel des Krebs: »Der Konflikt-Schock schlägt immer gleichzeitig auf drei Ebenen ein: 1.: in der Psyche, 2.: im Gehirn und 3.: im Organ, bzw. seinen Geweben und Zellen.«[18]

> Wenn man beginnt, diesen Schock auf der psychischen Ebene zu lösen, dann fängt der Körper durch Anlagerung von Bindegewebe an, die zerrissenen Synapsen zu heilen und die betroffenen Organe können wieder normal funktionieren.

Mithilfe dieses Wissens und der Art des Konfliktes hat Dr. Hamer einen immer gültigen Zusammenhang zwischen der Stelle des Schocks im Gehirn und dem vom Krebs befallenen Zielorgan gefunden. Er konnte daraufhin sehr präzise Voraussagen treffen, wo genau Krebs entstehen wird. Als Ergebnis jahrelanger Forschung hat er eine umfassende Konflikt-Gehirnareal-Krebs-Tabelle entwickelt.

Werden Sie sich bewusst, dass auch diese Erkrankung nicht nach dem Zufallsprinzip entsteht, sondern eine einfach zu erklärende Ursache hat, wie die meisten »schweren« Erkrankungen. Viele, besonders ältere Menschen, leben heute in Angst vor dieser Krankheit. Helfen Sie mit, auch andere von diesem Wissen profitieren zu lassen. (Im Internet finden sie unter »Germanische Neue Medizin« die Webseite von Dr. Hamer.) Es ist ein großer Quantensprung, die eigentliche Ursache für eine der scheinbar schwersten Erkrankungen der Gegenwart entdeckt zu haben. Wenn Sie sich an meine Definition von Krankheit erinnern, so befinden sich die inneren Ursachen für Krebs auf der gleichen Ebene wie die unserer Zivilisations- oder Alterserkrankungen. Und das ist kein Zufall: Immer ist es eine geistig-emotionale Belastung, die das Zentrale Nervensystem (ZNS) beeinträchtigt und dadurch Störungen der mit diesem

Teil des Gehirns verbundenen Organe auslöst. Bei Krebs ist es eine besonders schwere Beeinträchtigung des ZNS, durch den von Dr. Hamer erkannten Konflikt-Schock.

Worauf ich besonders Ihr Augenmerk richten möchte: Die Lösung des Schocks (oder geistig-emotionalen Traumas, Programms oder Musters) auf der psychischen Ebene ist der Beginn unserer Heilung! Die destruktiven Auswirkungen auf die entsprechenden Organe können auf diese Weise rückgängig gemacht werden.

Schock ist eine besonders aggressive Art der Einprägung destruktiver Schmerzmuster, weshalb auch die Synapsen zerreißen. Die Möglichkeiten, einen Schock zu erleben, sind äußerst vielfältig. Es gibt, ausgehend von dem tatsächlich Krebs erzeugenden Konfliktschock, viele Abstufungen , und die meisten Menschen merken oft gar nicht, dass sie einen Schock erlitten haben, selbst, wenn man sie darauf anspricht. Schock reißt immer eine Lücke ins Bewusstsein, so als ob unser Bewusstsein auf Standby geht. Damit kann dieser tief in unser Unterbewusstsein gelangen und wird dort »eingefroren«. Er wird dorthin verdrängt und kann somit die Krankheit auslösen. Schock kann uns also mit unterschiedlicher Kraft und Stärke treffen. Wichtig jedoch ist, dass wir uns dieser Situationen zunehmend gewahr werden, um eine Heilung einzuleiten. Schritt für Schritt können wir auf diese Weise einen inneren Heilungsprozess einleiten, der über die Harmonisierung des ZNS auch unsere Organe von den zerstörenden Energien befreit, die ansonsten zur Krankheit führen würden. Mehr dazu im nachfolgenden Kapitel.

Erfahrungen mit der Nichtlinearen Diagnosemethode (NLD)

Leiderschaffung oder das, was wir als emotionales Drama erleben, betrifft uns immer ganzheitlich. Es hinterlässt seine energetischen Abdrücke in den Emotionen, der Psyche und im physischen Körper.

In meiner Zusammenarbeit mit Tatjana und Jura Stetsenko – Professoren am Lehrstuhl für physische Rehabilitation, Rekreation und Sportmedizin der nationalen Universität der Ukraine – hatte ich die Möglichkeit, die Nichtlineare Diagnosemethode kennenzulernen. Diese Untersuchungsmethode wird als die modernste medizinische Technologie zu Beginn des 21. Jahrhunderts bezeichnet.

Sie ermöglicht es, vollständige Informationen über den Gesundheitszustand eines Menschen zu erhalten und erste Veränderungen in den Körperzellen aufzuzeigen, Jahre und sogar Jahrzehnte vor der Entstehung von Krankheitssymptomen.

Dazu ist es nicht erforderlich, in den Körper einzudringen. Diese Technologie stellt dar, was mit allen bisher existierenden modernen Untersuchungsmethoden wie Ultraschall, Röntgen, Computertomographie, Magnetresonanztherapie, Endoskopie, Thermographie u. a. nicht aufgezeigt werden kann. Die konventionellen Methoden können erst dann eine Diagnose stellen, wenn der Krankheitsprozess bereits begonnen hat. Die Nichtlineare Diagnosemethode entnimmt die Informationen über den Körperzustand aus den Neuronen unseres Gehirns, indem sie gleichzeitig ihre vorhandene bioelektrische Aktivität verstärkt. Sie erhält damit Zugriff auf die Informationen, die unsere Neuronen von jeder Körperzelle abspeichern, und entschlüsselt diese über ein entsprechendes Computerprogramm. Auf diese Weise ist es möglich, eine zuverlässige Bewertung des Organismus in allen Zell- und Organbereichen zu geben und gleichzeitig die Stufen der Heilung oder Verschlechterung des Gesundheitszustandes zu diagnostizieren und zu prognostizieren. Mithilfe der Nichtlinearen Diagnosemethode haben wir Menschen untersucht, die oft nicht mehr weiterwussten, da die konventionelle Medizin keine Hilfe war. Was bei diesen Untersuchungen, neben den festgestellten äußeren Krankheitsursachen, deutlich hervortrat, waren *Störungen der Nerventätigkeit.* Soweit ich mich zurückerinnere, fehlten sie in kaum einer Diagnose der von uns Untersuchten, auch in meiner eigenen nicht. Zu diesem Zeitpunkt war mir die Bedeutung dieser Problematik noch nicht klar. Ich habe mich eigentlich nur immer darüber gewundert. Heute verstehe ich, dass dieser Zustand indirekter Ausdruck für das unbewusste Drama ist, das sich in jedem Menschen abspielt, weil das Nervensystem sehr sensibel auf destruktive Energien reagiert und davon beeinträchtigt wird. Man kann also über den Nervenzustand Rückschlüsse auf das erlebte emotionale Drama ziehen.

> Eine weiteres Diagnoseergebnis, das, soweit ich mich erinnere, bei kaum einem »Patienten« fehlte, war die Feststellung, dass eine bestimmte organische Funktionsstörung nicht durch das Organ an sich bedingt war oder aus diesem heraus entstanden ist, sondern seine Ursache in den Regulationsmechanismen des zentralen Nervensystems hatte, die mit diesem Organ in Verbindung standen. Diese Erkenntnisse führten mich letztendlich zu den Schlussfolgerungen, die ich im Teil »Erwachen und Gesundheit« beschrieben habe, nämlich, dass die eigentliche Ursachenebene in den destruktiven geistig-emotionalen Mustern zu finden ist, die wir unbewusst gegen uns selbst richten.

Die Nichtlineare Diagnosemethode wurde auch von Menschen genutzt, die so häufig akut erkrankten, dass sie sich an uns wendeten, weil sie keine Lösung mehr darin sahen, z. B. ständig Antibiotika oder andere nebenwirkungsreiche Präparate einzunehmen, ohne längerfristig eine Besserung zu erzielen.

Von einem solchen »Patienten« gebe ich nun Auszüge aus der Diagnose wieder, die Frau Prof. Stetsenko gestellt hat. Auch wenn Sie vielleicht nicht alle Begriffe kennen, die darin vorkommen, wird sich Ihnen ein Bild erschließen, und ich werde daraus entsprechende Schlussfolgerungen ziehen.

Diagnose:

Es wurde eine Vielzahl aktiver Mikroorganismen und Viren sowie aggressive Wurminfektionen festgestellt, z. B. in der Magenwand, der Wand des Zwölffingerdarms, des Dünndarms, der Bauchspeicheldrüse, der Leber, den Gallengängen.

Anämie im unteren Teil des Magens. Entzündliche Prozesse im gesamten Darmbereich. Mastdarm – Neigung zu Hämorriden. Entzündungen im kleinen Becken. Leber – Dyskinesie der Gallenblase bedingt durch neurohumerale Reaktionen (Nervensystem). Endokrine Störungen (Hormonstörungen); ungenügende Funktion der Nebennieren. Starke Mangelerscheinungen bei Kalzium, Kalium und Eisen.

Atmungssystem: Nasenschleimhaut und Geruchszwiebel mit Herpes und Adenovirus infiziert. Mögliche Tendenz unter ungünstigen Umständen: B-Zell-Lymphom. Schwacher Immunzustand sowie Neigung zu allergischen Reaktionen. Lungengewebe zeigt Beginn einer sich ausbildenden Anämie.

Harnleitungs- und Geschlechtssystem: Nierenglomerulus, Blasenschleimhaut, Harnröhre, Harnleiter, Geschlechtsnerv, rechter und linker Hoden, Samenkananäle und Prostata zeigen in unterschiedlichem Grad Abweichungen vom Normalzustand sowie Spuren von Herpes und Bacterium Lactis (allgemeine Bestätigung eines geschwächten Immunsystems). Tendenz zur Senkniere.

Es wurden 20 Allergene namentlich festgestellt, darunter, außer den Nahrungsallergenen, solche wie Nickel-Chrom-Beryllium-Legierungen,

Superphosphat, Kupferamalgam, Pyroweinsäure, Molybden, Zinkoxid, Prednisolon (erhaltenes Arzneimittel).

Endokrines System: Schilddrüse-Dysfunktion des Hypothalamo-hypophisaren-thyreoiden Systems. Störungen in der Immunkontrolle. Nebennieren – starke Dysfunktion auf energetischer Ebene. Neigung zu Anämie und Ganglioneurom. Die biochemische Untersuchung des Blutes zeigt eine Erhöhung des C-reaktiven Proteins, was Ausdruck einer chronischen Niereninsuffizienz ist.

Augen: Atrophie des Augennervs, Gefäßhaut der Augen, Netzhaut und Augennerv zeigen Spuren von Giften des Herpesvirus. Neigung zu Blepharitis (Lidentzündung).

Haut: Gewebemikroskopie zeigt Spuren einer hämolytischen Anämie, was im Zusammenhang steht mit einer verstärkten Zerstörung der roten Blutzellen. Vorhandensein von Mikroorganismen (Microsporum Canis und Epidermophyton Floccosum).

Knochen: Sehr ausgeprägter Kalziummangel und ein nicht adäquates Ausschwemmen aus dem Organismus schaffen das zunehmende Problem einer frühen Osteoporose. Dies wird durch Untersuchung des mittelsagitalen Schnitts der Wirbelkörper, der Bandscheiben im Brust- und Lendenwirbelbereich, in den Hüft- und Kniegelenken sowie an den Gelenkoberflächen bestätigt. Ebenso betroffen sind die Knochenhaut und die Fußgelenke.

Chromosomen: In den Chromosomengruppen B,C,E, G und X-Chromosom sind in unterschiedlichem Grad genetische Veränderungen für eine gestörte Funktion der Nebenieren, der Epiphyse, der Struktur des Knochen- und Bindegewebes und der Sehfunktion vorhanden.

Nervensystem: Das Nervensystem ist sehr schwach. Es besteht eine Neigung zu Neurastenie (allgemein nervöse und vegetative Übererregbarkeit und Labilität meist als Folge geistig-emotionaler Überforderung) und vegetativer Gefäßdystonie (fehlerhafter Spannungszustand des vegetativen Nervensystems). Verstärkte Neurose von Zwangsbewegungen. Systemstörungen sind möglich. Deshalb ist eine ständige Kontrolle der grauen Gehirnmasse (mediale Oberfläche des Großhirns) besonders rechtsseitig erforderlich).

Diese Diagnose wurde innerhalb von drei Stunden erarbeitet. Ich habe große Hochachtung vor den Fähigkeiten von Frau Stetsenko. Sie zieht dabei Schlussfolgerungen, die aus circa einer halben Million Daten über den Körper gewonnen werden. Für eine ähnliche Diagnose benötigten Sie in einer Spezialklinik mehrere Wochen. Sie wäre nur erzielbar durch mehrfaches Eindringen in den Körper, und verschiedene Bereiche wären den konventionellen Untersuchungsmethoden völlig verschlossen, wie auch die Prognostik. Ein Schulmediziner müsste wahrscheinlich bei Betrachtung dieser Untersuchungsergebnisse eingestehen, keine Möglichkeit zu haben, den Betroffenen zu behandeln. Bei der Vielzahl der Abweichungen ist der konventionelle medikamentöse Behandlungsweg aussichtslos. Auf diesem Weg ist kaum eine Verbesserung zu erreichen, nur eine Unterdrückung der Symptome bei weiterer Verschlechterung des bereits stark gestörten Körperzustandes. Allein das Prednisolon (Hormon), das bereits verabreicht wurde, hat den Zustand nachweislich verschlechtert. Bei Gabe von unterschiedlichen chemischen Medikamenten wird man immer noch mehr Schaden anrichten. *Und genau an diesem Punkt kann erkannt werden, dass man einen völlig neuen Ansatz benötigt.* Dieser Ansatz fand sich im alternativen Bereich bei Menschen, die ebenfalls auf der Suche waren. Vielleicht glauben Sie ja, die obige Diagnose stammt von einem eher älteren Menschen. Sie wurde jedoch von einem damals *achtjährigen* Kind erstellt, das häufige Infekte hatte und dem die Schulmedizin nicht helfen konnte.

Worauf ich, wie eingangs schon gesagt, Ihr Augenmerk richten möchte:

Dieses Kind zeigt im Alter von acht Jahren bei bereits vorhandenen vielfältigen Funktions- und Organstörungen sowie ungünstigen Progosen einen beginnenden zerrütteten nervlichen Zustand. Die Folge ist ein fehlerhafter Spannungszustand des vegetativen Nervensystems, der wiederum neurotische Zwangsbewegungen in Gang setzt. Daraus werden zukünftig weitere systemische Störungen zu erwarten sein, wenn die Ursachen bestehen bleiben.

Dieser nervliche Zustand mit allen Folgeerscheinungen ist dem Kind nicht angeboren oder ausschließlich durch schlechte Ernährung, zu wenig Bewegung oder zu viel Computerspiele entstanden. Dieser Zustand ist Ausdruck des Schmerzes, den es in den ersten acht Jahren seines Lebens erfahren hat, in denen es geistig-emotional belastenden, dramatischen Situationen ausgesetzt war, die sich in seiner unmittelbaren Umgebung abgespielt hatten. In diese war es bewusst oder unbewusst mit einbezogen worden. Der Zustand des Kindes ist Resultat erlebter Dramen in der Familie oder eventuell auch in Kindertagesstätten. In der frühen Kindheit erfahrene belastende Situationen wirken immer am stärksten auf das Nervensystem, weil das Kind in dieser Phase besonders empfindlich bzw. empfänglich für die Energien seiner Umgebung ist. Deshalb weisen die festgestellten Störungen auf Leid und Konflikte in seiner unmittelbaren Umgebung hin.

Die frühe Kindheit ist die Zeit der Prägung unserer »Hardware«, mit der wir später als Erwachsene unser Leben meistern müssen. In dieser Phase werden gleichzeitig unsere Körperzustandsmuster wie auch unsere Lebensmuster erzeugt. Durch destruktive Lebensmuster werden wir zu einem schwachen oder unterlegenen Menschen. Konstruktive Lebensmuster prägen uns zu einem starken Menschen oder auch »Bewältiger«. Die daraus resultierenden Körperzustandsmuster sind entweder die von leidenden oder die von gesunden und glücklichen Menschen.

Deshalb kommen unser Leid und unsere Krankheiten nicht erst irgendwann im Alter und scheinbar zufällig zu uns.

Sie sind das Ergebnis dieser kindlichen Prägungen. Häufig sind sie später überlagert von äußeren Krankheitsursachen bzw. das Symptom tritt erst dann zum Vorschein, wenn zur inneren Schwächung des Organs oder Körperteils auch noch der äußere Faktor oder die äußere Krankheitsursache – aus dem Bereich Schad- oder Giftstoffe, Viren, Bakterien, Pilze, Schadstrahlungsenergien etc. hinzukommt. Beide verschmelzen dann miteinander. Da die äußere Ursache mit den neuen alternativen

Untersuchungsmethoden festgestellt werden kann, die innere noch nicht immer, hat man das Hauptaugenmerk auf die Beseitigung dieser äußeren Ursachen gelegt. Allein das half, wie auch unsere Erfahrungen mit der NLD zeigten, bemerkenswerte Verbesserungen des Gesundheitszustandes zu erreichen, solange man sich an das empfohlene Programm hielt. Hörte man damit auf, weil man glaubte, wenn das Symptom verschwunden ist, bin ich gesund, setzte in einigen Fällen ganz allmählich wieder eine Verschlechterung ein bzw. kehrten die Symptome zurück. Für mich war das ein Zeichen dafür, dass wir noch nicht genug wissen. Dieser fehlende Baustein und die Fragen, die sich daraus ergaben, führten mich in den Bereich der inneren Ursachen, das erlebte Leid in seiner Manifestation als destruktive geistig-emotionale Muster. Es sind die »Schmerzpakete« unserer Eltern oder anderer Erziehungspersonen, die sie uns bewusst oder unbewusst übertragen und die wir ihnen oft aus Liebe abnehmen. Sie werden zu unserem eigenen Schmerzkörper, wie ich es im Kapitel über den Leiderschaffungsprozess beschrieben habe. Ich fand durch diese Bewusstwerdung den Weg der geistigen Heilung, die Voraussetzung für unsere körperliche Heilung ist.

> Unsere psychischen und physischen Erkrankungen sind keine Schicksalsschläge, die uns unverhofft treffen. Wenn Sie wacher geworden sind, erkennen Sie zunehmend, dass es wenig Sinn macht, ausschließlich das Symptom zu bekämpfen. Auch ist Kampf gegen ein Symptom oder eine Krankheit nicht der richtige Ansatz. Auf diese Weise können Sie nicht wirklich gesund werden.

Krankheit ist eine körperliche Reaktion auf emotionale Konflikt- oder Schocksituationen, die wir auf geistig-emotionaler Ebene nicht verarbeiten konnten, weil sie Schmerz bereiteten. Dabei spielen unsere eigene Vergangenheit, die Vergangenheit unserer Familie sowie auch unsere Vorleben eine Rolle. Da dies bei jedem Menschen sehr unterschiedlich ist, sind auch die inneren Krankheitsursachen individuell und vielschichtig. So kann das destruktive geistig-emotionale Muster, das bei einer Person z. B. Parkinson oder Multiple Sklerose hervorgerufen hat, bei einer anderen Person, die an der gleichen Erkrankung leidet, ein völlig anderes sein. Es ist in der Regel auch nicht nur ein Muster, das letztendlich die Erkrankung auslöst, sondern Schichten von Mustern, die sich miteinander verbinden. Dazu gesellen sich dann in aller Regel die äußeren Krankheitsursachen oder haben bereits vorher bestanden. Durch die oben wiedergegebene Diagnose können wir dem Leiderschaffungsprozess sozusagen direkt ins Gesicht schauen und seine Folgen erkennen. Dieser Prozess läuft so lange weiter, bis wir endlich wach und erwachsen sind und durch Heilung unserer eigenen Verwundungen keine weiteren mehr bei unseren Kindern erzeugen.

Worauf ich bezüglich der Diagnose des achtjährigen Kindes noch hinweisen möchte, sind die Feststellungen, die unter dem Stichpunkt »Chromosomen« gemacht wurden. Sie deuten darauf hin, dass bei dem Kind genetische Voraussetzungen die Ursache für verschiedene Störungen darstellen können – eine Aussage, die zu der Annahme führen kann, Chromosomenveränderungen seien etwas Unveränderbares. Besonders die konventionelle Medizin hat es manchmal mit Diagnosen wie »erblich bedingt« eilig. Ich glaube inzwischen, dass wir der Wahrheit am nächsten kommen, wenn wir genetische Veränderungen nicht als unabänderlich ansehen, sondern sie, mit wenigen Ausnahmen, ebenso als Folgeerscheinung der inneren Krankheitsursachen verstehen lernen, also Veränderungen, die durch destruktive geistig-emotionale Muster, Konflikt- und Schocksituationen hervorgerufen werden. Warum dies so sein könnte, ergibt sich aus den Zusammenhängen, die ich unter »Erwachen und Emotionen« beschrieben habe. Wir besitzen neben unserer physischen DNS eine emotionale DNS, die um die physische DNS »gewickelt« ist. Indem wir die emotionale DNS verändern, können wir auch unsere physische DNS verändern. Ebenso gilt im Umkehrschluss, dass unser emotionales Drama Veränderungen der physischen DNS hervorruft. Mit der Klärung und Lösung unserer destruktiven Emotionen und Muster können wir unsere physische DNS in ihren Normalzustand zurückführen. Dies würde einen völlig neuen Ansatz darstellen. Lesen Sie dazu weitere Ausführungen unter dem oben genannten Kapitel.

Die in der obigen Diagnose festgestellten vegetativen Dysfunktionen werden (wenn nicht an den inneren Ursachen gearbeitet wird) weiterhin Dysbalancen in den entsprechenden Organen und mit zunehmenden Alter stärkere Systemstörungen (Krankheiten) erzeugen, die mit konventionellen Methoden nicht behandelbar sein werden. Wir haben damals entsprechende alternative Maßnahmen empfohlen (gesundheitsfördernde Produkte und ein Psychotraining) die sich positiv auf den Zustand des Kindes ausgewirkt haben. Heute ist mir klar, dass tief greifende Änderungen erst dann möglich sind, wenn Bewusstwerdung bei den Eltern einsetzt, sie ihre Verantwortung bei der Erschaffung der gesundheitlichen Probleme des Kindes erkennen und mit ihrer eigenen Heilung beginnen. Das ist ein Prozess, der kaum von heute auf morgen realisierbar ist. Ohne Bewusstwerdung jedoch bleibt er Illusion. Wir werden weiterhin im Leiderschaffungsprozess nicht nur uns selbst, sondern unsere Kinder krank machen, und zwar durch die psycho-emotionale Konfliktsituation, die unsere Partnerschaft an die Oberfläche befördert.

Das Diagnosebeispiel des achtjährigen Kindes sowie weitere Untersuchungen mit der NLD, die u. a. auch an meinen eigenen Kindern vorgenommen wurden, haben mir gezeigt, dass die Ursachen für unsere Erkrankungen, die sich mit zunehmendem Alter zeigen und an denen wir letztendlich sterben, bereits in unserer Kindheit und Jugend geschaffen werden. Momentan gibt es so gut wie keine gesunden Menschen, weil das auf der Ebene des universellen Schlafes, auf der sich die Menschheit immer noch befindet, sehr selten ist. Egal, in welcher Altersgruppe Sie Untersuchungen vornehmen, Sie finden die meisten Störungen bereits im Ansatz, die mit zunehmender Lebenszeit stärker werden und entsprechende Symptome und Krankheiten ausbilden. Mithilfe der NLD können Sie die zukünftige Entwicklung der Störungen prognostizieren, die eintritt, wenn keine bewusste Veränderung herbeigeführt wird, indem der Patient z. B. Verantwortung für seine Gesundheit übernimmt. Diese bewusste Veränderung ist am effektivsten, wenn sie sowohl die körperliche als auch die geistig-emotionale Ebene einbezieht. Ohne die Einbeziehung letzterer wird vollständige Heilung nicht erreichbar sein.

Unsere Heilwerdung ist der Weg, Körper und Geist (Bewusstsein) auf ein höheres Schwingungs- oder Energieniveau zu heben.

Auf der körperlichen Ebene können Sie mit einer artgerechten, gesünderen Ernährung, die frisches, also rohes Gemüse und Obst einbezieht, zielgerichteter Nahrungsergänzung, innerer Reinigung, ausreichender Zellbewässerung und sinnvoller sportlicher Betätigung an frischer Luft enorme Veränderungen herbeiführen und Ihr Energielevel erhöhen.
Machen sie dabei aus all dem kein Dogma und lassen sie alle »Ernährungsvorschriften« mit strengen Richtlinien beiseite. Sollten Sie Fleischesser sein, ermöglichen Sie sich einen allmählichen Übergang zu einer überwiegend vegetarischen Ernährung, die jedoch Eier, Käse und Quark sowie auch ab und zu Fisch (ungeräuchert und möglichst natürlich) mit einbezieht. Essen Sie zurzeit noch sehr viel Fleisch, beginnen Sie am Anfang, die Fleischportionen etwas zu verkleinern und dafür mehr Gemüse, Kartoffeln und Obst zu essen. Besorgen Sie sich ein Kochbuch für überwiegend vegetarische Gerichte. Wir sind anatomisch gesehen keine Fleischesser. Für die Verdauung von Fleisch wird deshalb viel Energie benötigt und es fallen gleichzeitig größere Mengen zu entsorgender Giftstoffe an. Erleichtern Sie Ihrem Körper die Aufgabe der Verdauung, indem Sie immer weniger Fleisch und mehr pflanzliche – also artgerechtere – Nahrung zu sich nehmen. Frisches Obst sollte täglich Bestandteil des Speiseplans sein. Frische oder fast frische, das heißt enzymaktive Pflanzennahrung, die Sie das ganze Jahr über essen können, finden Sie z. B. bei der Firma Spira Verde. Sie nennt sich »Halmit Vital« und wie ich erst vor kurzem erfuhr, ist es das Pflanzenpulver,

was David Sandoval (USA) herstellen lässt. Es besitzt eine gute Qualität und der Preis ist aus meiner Sicht angemessen. Dieses Pulver besteht aus einer Mischung von grünen Gräsern, grünem Gemüse und Algen. Vor zwölf Jahren verhalf es mir innerhalb von sechs Wochen zu 50 Prozent mehr Energie. Ich habe deshalb nicht aufgehört dieses Pulver zusätzlich täglich vier Mal einzunehmen.

> Allein durch diese wenigen Maßnahmen können Sie verschiedene Symptome zum Abklingen oder völligem Verschwinden bringen. Ausreichende Zellbewässerung ist die Basis, die in alle Bemühungen zur Wiederherstellung der Gesundheit einbezogen werden sollte, da sie für die Wiederherstellung aller Stoffwechselvorgänge die Grundlage bildet, jedes gesundheitliche Problem positiv beeinflusst und dazu beiträgt, Schmerzen zu vermindern oder zu beseitigen, die durch chronische Dehydrierung entstanden sind.

Besonders betrifft dies Kinder in der Wachstumsphase, die gleichzeitig mit jedem Wachstumsschub die benötigte zusätzliche Wassermenge für die neu entstehenden Zellen bereitstellen müssen.

Daher sollten Jugendliche, die bei sehr aktivem Stoffwechsel oft nur dehydrierende (z. B. Cola, Kaffee) oder nicht ausreichend hydrierende Getränke (Eistees, süße Limonaden oder gesüßte Säfte) zu sich nehmen, mit Wassertrinken beginnen. Die industriell hergestellten oder verarbeiteten Getränke beeinträchtigen dauerhaft die Gesundheit.
Konsequentes ausreichendes Wassertrinken – mindestens 50 Milliliter pro Kilogramm Körpergewicht, kann einige Schmerzsymptome innerhalb kurzer Zeit beseitigen. (In dieses Wasser, geben sie pro zwei Liter einen halben Teelöffel unraffiniertes Meersalz oder auch Himalajasalz etc. hinein, was seine Effektivität als Lösungs- und Hydrierungsmittel deutlich verbessert.)

So litt ich fast 30 Jahre unter einer sehr schmerzhaften und unregelmäßigen Menstruation, die in jungen Jahren manchmal sogar ganz ausblieb. Das Trinken von 1,5–2 Liter Wasser täglich (damals noch auf der Basis von 30 Milliliter pro Kilogramm Körpergewicht) brachten meine Regelschmerzen nach etwa drei Monaten völlig zum Verschwinden, und ich konnte von da an die Uhr stellen, was die Regelmäßigkeit der Menstruation betraf. Das passierte in einem Alter, in dem einige Frauen bereits in den Wechseljahren sind. So brachte mir das regelmäßige Wassertrinken noch für circa acht Jahre eine beschwerdefreie, regelmäßige Menstruation, nachdem ich 30 Jahre darunter gelitten und Schmerztabletten benötigt hatte. Sollten Sie bei der obigen empfohlenen Menge von 50 Milliliter Wasser pro Kilogramm Körpergewicht weiterhin Schmerzen haben, trinken Sie bitte, wenn Ihre Menstruation bevorsteht, nochmals einen halben bis einen Liter zusätzlich, bis Ihre Schmerzen ausbleiben. Je älter man ist, desto länger dauert dies in der Regel. Ich habe drei Monate tägliches Wassertrinken bis zur schmerzfreien Menstruation benötigt, meine Tochter lediglich vier Wochen.

Als ich nach 42 Jahren chronischer Dehydrierung mit dem Wassertrinken begann, hörte neben den Regelschmerzen fast gleichzeitig mein Sodbrennen auf, das mich viele Jahre begleitet hatte, und kam nie wieder zurück. Meine Rückenschmerzen besserten sich, und ich bekam mehr Energie. Außerdem bin ich fast vier Zentimeter größer geworden! Das waren kleine Wunder für mich. Auch Sie dürfen ähnliches erwarten, wenn Sie beginnen, Verantwortung für Ihren Körper zu übernehmen und seine Bedürfnisse besser zu befriedigen.

Große Wunder erwarten Sie, wenn sie zusätzlich auch Verantwortung für Ihren Geist übernehmen und sich der Heilung Ihrer verwundeten Gefühle und destruktiven Muster zuwenden, also die innere geistig-emotionale Ebene einbeziehen. Die daraus folgende innere Wandlung und Bewusstwerdung wird das Verlassen der Energiefelder ermöglichen, unter deren Einfluss Krankheit und Leid entstanden sind.

Ziel ist es, Energiefelder zu erreichen, die die innere Selbstzerstörung beenden und die Kraft besitzen zu heilen. Sie
selbst können zu dieser Heilung werden.

Jeder, der wirklich heil werden will, wird sich auf die eine oder andere
Weise auf den inneren Weg begeben müssen. Einen ersten Schritt, den
Sie selbst ohne fremde Hilfe machen können, ist das Spiel, das ich am
Ende des Buches beschreibe. Es kann Ihr Erwachen in Gang setzen.
Effektive Hilfe zur Lösung destruktiver geistig-emotionaler Muster, die
gleichzeitig zur Klärung Ihrer Lebensprobleme sowie Verbesserung Ihrer Gesundheit beitragen, finden Sie im Anhang. Sie allein haben es in
der Hand und entscheiden darüber, wie schnell sich für Sie das Paradies
wieder öffnen wird.

Eigenes

Die großen Wunder erlebte ich jedoch, als ich zum Beobachter wurde und nach innen schaute, dahin, wo alles entsteht.

Als ich mir bewusst wurde, dass meine verbliebenen Schmerzsymptome (besonders die im Rücken) mit meinen eigenen destruktiven Mustern im Zusammenhang stehen, wurde ich ein Stück weiter wach. Eine tiefe Wahrnehmung, dass mein Körper das ist, was ich fühle, denke und glaube, machte mich bereit, da hinzuschauen, wo alles herkommt.

> Gleichzeitig wurde mir nämlich auch klar, dass die unbewussten Glaubenssätze mein Leben und meine Gesundheit auf viel stärkere Weise bestimmen als die, die mir bewusst waren. Jedes Mal, wenn ich im alten Spiel, im alten Muster war und genau in diesem Moment meine Schulter- oder Rückenschmerzen aufflackerten, wurde mir das schlagartig klar und ich schickte einen Gruß nach oben, um zu signalisieren: »O.K. ich habe verstanden!«

Dieser Lernprozess dauerte einige Monate und hat mich stark wachgerüttelt. Während dieser Zeit konnte ich zunehmend mein zentrales Thema wahrnehmen (das alle Menschen haben) und vor allen Dingen akzeptieren lernen. Obwohl es mir bereits durch eine Lebensanalyse bekannt war, hatte ich diese Erkenntnis noch nicht in mein Leben integriert. Erst die aufflackernden Symptome haben mich weichgeklopft. Ich hörte auf, zu bocken und zu verdrängen und schaute wirklich hin – und damit der Illusion direkt ins Gesicht: »Lieb haben statt recht haben« war mein zentrales Thema und recht haben die illusorische Basis meines EGO-Kampfes. Recht haben durch lieb haben zu ersetzen, wurde zu einer großen Lernaufgabe und leitete einen weiteren Bewusstseinswandel ein. Bei der inneren Arbeit mit diesem zentralen Muster bäumte sich mein EGO am meisten auf. Am Anfang fühlte es sich an, als müsste ich mein EGO unterwerfen, so stark war es und solche Macht hatte es über mich. Immer wieder suggerierte es mir: Los kämpfe, lass dir das nicht gefallen! Und mein Schmerzkörper fiel immer wieder darauf herein.

> Ich kämpfte meinen eigenen inneren Kampf im Außen und tat mir damit selbst weh.

Als mir meine Tochter klar sagte, dass ich nicht kämpfen und auch keinen Hass haben muss auf die Dinge, die in mir sind, begann ich langsam, ein friedvolleres Verhältnis zur Stimme meines EGO aufzubauen. Dadurch konnte ich die Situation, in der ich das alte Muster ausagierte, zunehmend neutraler wahrnehmen und das Spiel erfolgreicher spielen. Ganz allmählich verschwanden die Situationen, die mit dem zentralen Thema zusammenhingen, aus meinem Leben, weil ich das Energiemuster in mir auflöste und somit die Resonanzen mit den äußeren Umständen ausblieben. Die akuten Schmerzzustände im Rücken wurden weniger.
Solange Sie also nicht bereit sind, sich selbst zu beobachten, bleiben Sie Gefangener Ihrer alten Muster und sitzen, ohne es zu wissen, in einem selbst erschaffenen Gefängnis.
Was in direktem Zusammenhang mit meinem zentralen Thema stand, war, mich zu rechtfertigen. Ich hatte den Glauben, mich in vielen Situationen des täglichen Lebens rechtfertigen zu müssen für das, was ich tue oder auch unterlasse und warum ich das tue. Vieles davon hing mit Ängsten zusammen, die mir nicht bewusst waren. Eine zentrale Angst war die vor dem Verlust meines Partners. Als mir dies bewusst wurde und ich diese Angst fühlen konnte, war ich wirklich schockiert, weil ich es fast nicht glaubte. Ein Großteil der Motivation in meiner Beziehung basierte auf Verlustangst. Aus heutiger Sicht erscheint mir das verrückt. Aber es war mir damals nicht bewusst.

Vielleicht kennen Sie das auch von sich selbst. Wenn mein Mann mich mit einem ganz bestimmten Ton fragte, warum ich etwas so mache, wie ich es mache und warum nicht so, wie es seiner Meinung nach »richtig« wäre, schaltete sich sofort mein Rechtfertigungs-EGO ein, das mit den alten Wunden der Kindheit in Verbindung stand. Wie mir später klar wurde, waren es kindliche Muster, die in mir ein schlechtes Gewissen und Angst erzeugten.

> Endlich konnte ich wahrnehmen, dass ich durch Rechtfertigung nur »mein Recht fertig mache«. Alles Rechtfertigen führte zu nichts. Egal, wie logisch, gut begründet und »durchdacht« meine Rechtfertigung war – hinterher gab es nur mehr Probleme.

Denn solange der Schmerzkörper aus mir sprach, tat die Energie der alten Wunde das ihrige, um auch bei meinem Mann den Schmerzkörper auf den Plan zu rufen oder zu verstärken. Alle Argumente konnten nicht greifen, weil man in diesem Zustand weit entfernt von »Neutralität« ist und unbewusst sein verwundetes Selbst in den Kampf schickt. Es dauerte relativ lange, bis ich Fortschritte erzielte, weil ich immer wieder in das alte Muster fiel. Am Anfang erinnerte mich mein Sohn daran, dass ich gerade wieder dabei war, »mein Recht fertigzumachen«. Ich wurde auch hier zunehmend bewusster, was viele Klärungen herbeiführte, ohne dass Worte notwendig waren. So verschwanden auch die Rechtfertigungssituationen zunehmend aus meinem Leben und ich wurde wieder ein Stück mehr ich selbst.

In dieser Zeit der intensiven inneren Arbeit lernte ich auch wieder, verdrängte Emotionen besser zu fühlen. Traurigkeit z. B. wurde mir oft erst dann bewusst, wenn schon die Tränen kamen. Die Vorstufen hatte ich meist nicht wahrgenommen, selbst dann nicht, wenn Kristin mich daraufhin ansprach. Mich wieder auf meine Gefühle einzulassen, war ein wichtiger Lernprozess. In dieser Zeit konnte ich mithilfe spezieller CDs wahrnehmen lernen, wie sich innere Ruhe anfühlt und wie es ist, tagsüber entspannter zu sein. Dadurch wurde mir bewusst, in welchem Stresszu-

stand ich mich mein ganzes Leben zuvor befunden hatte. Erst durch das Fühlen dieses Unterschiedes wurde es mir später möglich, immer wieder Entspannung zu erreichen und meine innere Balance wiederherzustellen, wenn sie durch bestimmte Ereignisse oder Situationen verloren gegangen war. Das war für meine weitere Energieerhöhung von entscheidender Bedeutung. Wirkliche Klarheit, wohin mich das Ganze führen würde, hatte ich zu diesem Zeitpunkt jedoch noch nicht. Ich wollte nur eines – heraus aus dem eigenen Leiderschaffungsprozess. Erst als sich mein Leben und meine Beziehungen allmählich auf wunderbare Art und Weise wandelten, nahm ich wahr, wohin mich das Ganze führen wird. Die Bewusstmachung und Auflösung der Muster des alten Spiels brachte mich immer mehr zu mir selbst zurück, näher an die Liebe, die wir alle sind, und damit kam gleichzeitig immer mehr Liebe in mein äußeres Leben. Ich arbeitete in dieser Zeit kinesiologisch, mit meiner Tochter und anderen medialen Menschen, und später kurzzeitig mit der medialen Radionik, von der ich noch berichten werde. Unterstützung fand ich immer da, wo ich sie gerade benötigte. Der Zeitraum, in dem ich mit intensiver innerer Arbeit befasst war, beträgt bis zum heutigen Tag (August 2007) etwa zweieinhalb Jahre. Noch zum Ende des Jahres 2006 bestätigten sich bei mir durch die Nichtlineare Diagnose immer noch die alten Prognosen aus der Ausgangsuntersuchung des Jahres 1998. Dies waren – mit einer Ausnahme – Prognosen, keine Diagnosen, also etwas, was mich in der Zukunft erwarten würde. In den acht Jahren, die bis Ende 2006 vergangen waren und in denen ich auf der stofflichen Ebene Einfluss genommen (durch Ernährung, innere Reinigungen, Basenbäder, Wasser, Nahrungsergänzung, Sport) und dadurch meinen Energiezustand spürbar verbessert hatte, waren diese *Prognosen* ohne wesentliche Veränderungen bestehen geblieben.
Ich führe die Wichtigsten davon auf, damit Sie eine bessere Vorstellung bekommen:
Erosive Gastritis – Magenschleimhautentzündung
Osteoporose – Knochenschwund
Arteriosklerose – Arterienverkalkung
Neurastenie – Nervenschwäche

Neuralgie – Schmerzen im Bereich peripherer Nerven ohne nachweis-
bare anatomische Veränderungen
Radikulitis – Entzündung der Wurzeln der Rückenmarksnerven
Diabetes – Zuckerkrankheit
Morbus Crohn – »unheilbare« Darmerkrankung, die oft mit der opera-
tiven Entfernung des entsprechenden Darmabschnittes endet. (Dies war
bereits eine Diagnose.)

Nur zwei Jahre, nachdem ich begonnen hatte, Verantwortung für meine
geistig-emotionalen Muster zu übernehmen und sie durch innere Arbeit
zu klären, erwartete mich bei der Nachuntersuchung mit der NLD eines
der großen Wunder: Alle oben genannten Prognosen bzw. deren Symptome waren stark rückläufig bzw. völlig verschwunden. Erinnern Sie
sich an die Erkenntnis aus dem Kapitel über Krebs:

> Die Lösung auf der psychischen Ebene ist der Beginn unserer
> Heilung. Ich war an diesem Tag glücklich und dankbar und
> fand alles, was ich über Heilung wusste, bestätigt. Indem ich
> die zerstörenden Energien der unteren Bewusstseinsebenen
> befreit und mich von vielen Ängsten, Scham- und Schuldge-
> fühlen, Kummer und Sorgen, Ablehnung, Schuldzuweisung,
> Strafe und Rache etc. gelöst hatte (also von Gefühlen, die
> wir auf der Ebene des niversellen Schlafs in uns tragen und
> gegen uns selbst richten) gesundete ich. Mein Nervensystem
> erholte sich zusehends und die Symptome für Neurasthenie
> verschwanden.

Ich hörte auf, das alte Spiel zu spielen, indem ich den Widerstand und
den damit verbundenen Kampf gegen bestimmte Ereignisse im Außen
aufgab. Ich ließ immer mehr den Fluss des Lebens zu und hörte allmählich auf, Personen und Ereignisse beeinflussen zu wollen.
Es entstand mehr Frieden mit mir und der Welt.
Osteoporose und Diabetes schwächten sich stark ab. Mein Magen-

Darmsystem begann zu gesunden, was sich durch den Rückgang der Anzeichen für Erosive Gastritis ausdrückte. Die »unheilbare« Darmerkrankung Morbus Crohn begann abzuklingen und war schließlich auch nicht mehr nachzuweisen. Hierzu hatte insbesondere auch die mediale Radionik beigetragen, über die ich im nachfolgenden Kapitel schreibe. Die Anzeichen für Radikulitis und Neuralgie schwächten sich ebenfalls deutlich ab.

Machen Sie sich an dieser Stelle noch einmal bewusst: Die inneren Ursachen unserer Erkrankungen, auch der, die wir heute noch als »unheilbar« bezeichnen, finden wir auf der Ebene unserer destruktiven geistig-emotionalen Muster, die uns unbewusst von innen heraus zerstören. Das kann so lange geschehen, bis wir erwachen, dies endlich wahrnehmen und eine Kehrtwende einleiten. Hätte ich nicht den Mut gefunden, nach innen zu schauen, wären die genannten Prognosen in einigen Jahren oder Jahrzehnten Realität geworden. Genauso, wie es auch unseren Eltern und den Generationen vor ihnen ergangen ist, die krank wurden und lange oder kurze Leidenswege bis zu ihrem Tode gegangen sind. Sie können jetzt erkennen, was zu tun ist, wenn Sie diesen Weg verlassen wollen. Einfach nur zu sagen »Das passiert mir nicht, was meinem Vater oder meiner Mutter passierte«, oder »Das will ich auf keinen Fall, im Alter leiden oder anderen zur Last fallen«, wird nicht ausreichen! Sie sind das Kind Ihrer Eltern und tragen genauso Ihre Muster und den Schmerz in sich, auch wenn Sie inzwischen vielleicht zu einer besseren Bildung gelangt sind.

> Heute weiß ich, dass unser Körper Liebe benötigt, um gesund zu werden und gesund zu bleiben. Denn Liebe ist die höchste kohärente Emotion, zu der wir Menschen fähig sind. Sie erzeugt von innen heraus einen geordneten und damit gesunden Zustand unseres zellulären Systems.

Damit unser Körper diese Liebe bekommen kann, ist die Erlösung all der Nichtliebe erforderlich, die wir in den unbewussten, destruktiven geistig-emotionalen Mustern festhalten. Das erfordert Entscheidungen, den Willen, dies zu tun und regelmäßige Arbeit an sich selbst. Fünf Jahre später haben mich meine weiteren Erfahrungen zu der Erkenntnis gebracht, dass es erforderlich ist, diese Liebe zu einer realen praktischen Selbstfürsorge werden zu lassen, um insbesondere die Bedürfnisse unseres stofflichen Körpers, der sich in einer gravierenden Mangelsituation befindet, optimal zu befriedigen. (Ausführlichere Erklärungen dazu gebe ich Ihnen im nächsten Buch oder direkt in einer Beratung)

> Öffnen Sie sich, und nehmen Sie wahr, dass es in Wirklichkeit keine unheilbaren Erkrankungen gibt, nur unheilbare Menschen, die in Unkenntnis über diese Tatsache leben müssen.

Schon jetzt haben Sie die potenzielle Möglichkeit, sich von Ihrer Krankheit zu befreien oder sie deutlich abzuschwächen. Einige Wege sind bereits geebnet. Es wird zunehmend effektivere geben. Sie können ihnen folgen. In nicht allzu ferner Zukunft werden Krankheiten für immer aus unserem Leben verschwunden sein. Für diejenigen unter uns, die in diesem Leben tief genug erwachen, kann das bereits heute Wirklichkeit werden.

Viele Menschen meiner Generation werden davon noch profitieren können. Für die meisten unserer Elterngeneration wird es in diesem Leben schon zu spät sein. Aber es erwartet sie ein neues Leben und je nach der Zeit, in der sie beschließen wiederzukommen, vielleicht schon eine neue Erde, auf der dieses Wissen bereits gelebt wird.

So einfach ist das. Und weil es so einfach ist, werden einige sagen, dass das nicht sein kann. Sie werden weiterhin auf den konventionellen Weg vertrauen, von dem sie glauben, dass es der richtige ist. Viele jedoch werden ihren Glauben verändern und erkennen, wo sich der Weg unserer vollständigen Heilung befindet.

Erfahrungen
mit der medialen Radionik

Die Zukunft, die für einige Wissende heute schon Realität ist, wird uns noch effektivere Möglichkeiten für Heilung bringen. Eigentlich müsste ich schreiben: … bringt uns zum ersten Mal seit sehr langer Zeit eine reale Basis für Heilung.

Denn bisher hatten wir keine wirkliche Chance gesund zu werden. Alles sogenannte »Gesund-Sein« war immer nur »Ein-bisschen-weniger-krank-Sein«! Wir hatten als Schlafende keinen Zugang zu Gesundheit, weil wir uns der inneren Ursachen unserer Erkrankungen nicht bewusst waren. Das, was uns im Wassermannzeitalter erwartet, liegt fernab von konventionellen Behandlungsmethoden und Therapien. Die Richtungen, die sich seit einigen Jahren herausbilden, haben unterschiedliche Bezeichnungen ebenso wie ihre Herangehensweisen. Wichtig ist, dass diese Methoden, die uns zu wirklicher Gesundheit zurückbringen werden, Körper, Geist und Seele in ihrer Einheit betrachten und auch in dieser Komplexität die Gesundung in Gang setzen bzw. unterstützen. Eine Basis dabei ist die Erlösung destruktiver geistig-emotionaler Muster, also der Anteile in uns, die von innen heraus Krankheit erzeugen. Erst wenn wir die selbstzerstörerischen Energien der unteren Bewusstseinsebenen transformieren, erreichen wir Energien, die Heilwerdung ermöglichen. Dieser Bewusstseinssprung steht unmittelbar bevor.

Die Hoffnung, dass die konventionelle Medizin ein Wundermittel erfindet, das Sie von einer schweren Erkrankung zu befreien vermag, wird eine Illusion bleiben und Sie nur länger in der Matrix festhalten. Dieses Wundermittel wird es nicht geben. Der konventionelle, schuldmedizinische Weg endet diesbezüglich in einer Sackgasse.

Sie haben Ihre Heilung, mehr als Sie vielleicht glauben, selbst in der Hand! Der bevorstehende Bewusstseinssprung wird die Menschen wach machen und auf den Weg ihrer inneren Heilung führen. Ich sehe es an mir, meiner Familie und vielen anderen Menschen, die diesen Weg bereits beschreiten. Auch einige junge Menschen, denen man konventionelle Therapien und sogar Operationen vorgeschlagen hat, sind nicht mehr bereit, den alten Weg zu gehen und wenden sich mit Erfolg ihrer inneren Heilung zu. Erkennen Sie Ihre Möglichkeiten. Werden auch Sie wach und übernehmen Sie selbst Verantwortung!

Die Methode, mit der ich Sie jetzt bekannt machen werde, nenne ich mediale Radionik, weil sich hier die medialen Fähigkeiten einer Frau mit einem speziellen Radionik-Gerät verbunden haben. Das ist nicht mit der Arbeit an herkömmlichen Radionikgeräten zu vergleichen, sondern eine höhere Ebene.

Diese Methode verbindet auf der Frequenzebene die Diagnose und Heilung von Organ- und Systemstörungen mit den ursächlichen geistig-emotionalen Mustern. Sie geht also noch einen Schritt weiter als die NLD und wendet sich den inneren Ursachen unserer Krankheiten sowie ihrer Bewusstwerdung und Lösung zu. Dabei wickelt sie Schicht für Schicht das ab, was wir nicht sind und weshalb wir krank wurden – alte krankmachende Glaubenssätze und Emotionen. Diese finden sich hinter jedem Symptom und jeder Erkrankung. Sobald die alten Programme gelöscht oder erlöst werden, wird unser Körper frei davon, sein Energiewert steigt an, die betroffenen Organe erholen sich.

Wir erhielten die Radionikbehandlungen aus Kanada, ohne irgendwelche Umstände damit zu haben. Natürlich telefonierten wir, um über die Probleme und Ergebnisse der Behandlung in Kenntnis gesetzt zu werden sowie Hinweise zu erhalten, welche Bewusstseinsveränderungen jetzt in unser tägliches Leben integriert werden sollten, also welche alten Muster ausgedient haben, um nach der Behandlung nicht wieder Krankheit zu erzeugen.

Stellen Sie sich vor: Negative Emotionen erzeugen – außer der energetischen Wirkung – Gift! Dieses Gift sammelt sich in den entsprechenden Organen an und lässt Blockaden entstehen, die das Fließen der Lebensenergie behindern. Das Organ wird schwächer. Löst man diese Gefühlsblockaden, öffnet sich der Stau und das Gift kann in die Lymphe abfließen. Der Energiewert des Organs erhöht sich.

Bei mir war der größte Schmerzkörper das Verdauungssystem. Ich habe unbewusst vieles in den Magen-Darm-Trakt hineingeschluckt, was schmerzlich für mich war, so lange bis die Belastung zu groß wurde und sich Störungen zeigten (entzündliche Prozesse und Verschlechterungen der Nahrungsresorption etc.). Anfangs war alles noch verdeckt und bereitete wenig Probleme. Dann jedoch wurde eine zuvor so noch nicht diagnostizierte Erkrankung festgestellt, die die konventionelle Medizin mit »unheilbar« etikettiert hat: Morbus Crohn. So bekam ich die Chance, am eigenen Körper zu erfahren, dass die Diagnose »unheilbar« zu den Illusionen gehört. Etwa drei Wochen Frequenzbehandlung mit Lösung tief sitzender krankheitserzeugender Muster und meine eigene innere Arbeit waren erforderlich, um den Beginn der Heilung einzuleiten.
Da ich die Mediale Radionik nicht vollständig beschreiben kann (denn die deutsche Übersetzung dazu ist nicht mehr fertig geworden) belasse ich es bei wenigen Beispielen.
Die Ergebnisse für meinen Sohn und meinen Mann sahen in etwa so aus: »Alle Systeme blockiert durch alten Groll, Wut und Ärger – Vergebung notwendig! Knochen, Wirbelsäule, Gewebe und Muskeln zeigen sich schwach und auch da wieder Vergebung.«

Das sind die Gefühlsblockaden von denen wir bereits sprachen. Erkennen Sie, was wir an unsere Kinder »vererben«? Alte Schmerzprogramme, die sie übernehmen oder die sie durch die Interaktion mit uns erfahren und die bei ihnen ähnliche Krankheiten im weiteren Leben zum Vorschein bringen. Werden Sie sich bewusst, was wir uns z. B. auf unseren Rücken laden, bis dieser sich durch Schmerzen bemerkbar macht und wir, wenn wir die Ursachen auf der inneren Ebene nicht lösen, ständig behandelt werden müssen, ohne dass Heilung eintritt. Das Loslassen der Schmerzprogramme lässt innerhalb von Stunden die Organ- und damit Körperenergie auf höhere Messwerte ansteigen. Dieses Beispiel zeigt deutlich, wie wichtig in einer bestimmten Entwicklungsphase Vergebung ist.

> Solange Sie alten Groll, Wut und Ärger bewusst oder unbewusst festhalten und nicht bereit sind zu vergeben, behindern Sie Ihre eigene Heilung. Damit steht unsere Fähigkeit, zu verstehen, zu vergeben und anzunehmen in direktem Zusammenhang mit unserer Gesundheit.

Viele Menschen sind oft erst im Angesicht ihres eigenen Sterbeprozesses bereit zu vergeben. Sie wissen nicht, dass sie damit nur sich selbst schaden, indem sie die ungelösten Konfliktenergien in ihrem Körper festhalten. Deshalb ist es Zeit, aufzuwachen.
Sie jedoch sind ein wenig wacher geworden und können eine bewusstere Wahl treffen.

Frau Hämmerle, die das Radionikgerät mit ihren medialen Fähigkeiten verbindet, sagte mir, dass sie eines Tages für diese Arbeit kein Gerät mehr benötigen werde. Sie können sich vielleicht vorstellen, was das für die Zukunft bedeuten kann und welchen Einfluss diese Entwicklung z. B. auch auf die Gesundheitskosten haben wird.
So wurden im Fall Anna Jennings (siehe Anhang), den Ty C. Colbert in seinem Buch beschreibt, für die konventionelle Behandlung in 17 Jahren 4 Millionen Dollar ausgegeben. Das Ergebnis war, dass sie immer weiter leiden musste und sich das Leben nahm. Ihre Mutter, die später im Fach Psychologie ihre Dissertation über den Fall ihrer Tochter schrieb, bemerkte, dass eine am ursächlichen Trauma orientierte Behandlung,

die außerdem noch Aussicht auf Genesung gehabt hätte, insgesamt nur etwa 265.000 Dollar gekostet hätte.

Nach meinen Erfahrungen, die ich bis heute im medialen Heilungsbereich gemacht habe, können wir davon ausgehen, dass wahrscheinlich ein Zehntel der letztgenannten Summe ausreichend gewesen wäre, um Anna Jennings auf den Weg der Heilung zu bringen.

Wie meine eigene Heilung immer weiter voranschreitet, ohne dass Geräte zum Einsatz kommen, zeige ich jetzt noch an einem eher ungewöhnlichen Beispiel, das ich erst kürzlich erlebte:

Schon mein ganzes Leben lang hing mir an, ich hätte die »Kümmelschen« Füße. Das geht auf die Füße meiner Großmutter väterlicherseits zurück, die den Namen Luise Kümmel trug. Ihre Füße waren, nehme ich an, für jeden orthopädischen Schumacher eine neue Herausforderung, denn selbst in solchen handgefertigten Lederschuhen hatte sie immer noch Probleme beim Laufen. Schon ziemlich früh, im Alter von ungefähr zehn oder zwölf Jahren, bekam auch ich Fußprobleme, die sich darin äußerten, dass der Fußrücken meines rechten Fußes schmerzte, wenn ich Leistungssport betrieb. Ständig suchten wir nach bequemen Schuhen, aber nichts half wirklich. Am Ende blieb mir nur, den Leistungssport aufzugeben, um dieses Drama zu beenden. Doch kurz danach traten neue Fußprobleme auf, und zwar, wenn es um Schuhe mit höheren Absätzen ging, denn in ihnen bekam ich Ballenschmerzen. Ich ließ auch die Absatzschuhe sein, um diesem Problem aus dem Weg zu gehen. Aber auch das war nicht die Lösung, denn bald merkte ich, dass ich auch noch in geschlossenen Schuhen, z. B. Slippern, ständig Schmerzen am rechten Fußrücken hatte. Außerdem begannen sich am rechten Fuß ein Ballen und ein Überbein herauszubilden und der zweite Zeh deformierte sich. Da war endgültig klar: Ich hatte die Füße von Großmutter Luise und müsste mich wohl mit diesem »Vererbungsfaktor« abfinden.

Eines Abends, Kristin war gerade zu Besuch, erzählte ich ihr vom bekannten englischen Medium Paul Meek. Wir kamen auf verstorbene Seelen zu sprechen, woraufhin Kristin meine Oma Luise erwähnte, die bereits 1996 verstorben ist. Ich bemerkte plötzlich, wie mein rechter Fuß zu schmerzen begann. Zuerst wenig, dann jedoch sehr deutlich. Als ich dies eher beiläufig erwähnte, meinte Kristin: »Großmutter will dich sprechen. Sie ist jetzt anwesend.« Nachdem ich mich innerlich beruhigt hatte, konnte Kristin die Botschaft von meiner Großmutter aufnehmen, die mir mitteilen wollte, dass ich keine Schuld tragen würde an den Ereignissen in unserer Familie, die ich unbewusst schon als Kind übernommen hatte und die durch meinen Schmerz am Fuß zum Ausdruck kamen. Auch tat es ihr leid, dass sie mich eher als Jungen hatte sehen wollen und mich immer Konnes genannt hatte. Der Fußschmerz steigerte sich während des Gesprächs derart, dass er das Gefühl wie bei einer schweren Ischialgie* hervorrief. Ich musste mich hinlegen. Der Fuß fühlte sich an, als ob jede Sehne brennen würde. Kristin half mir dabei, die Schuldgefühle annehmen und loslassen zu können und arbeitete gleichzeitig energetisch an meinem Fuß. An Aufstehen und Auftreten war nicht zu denken. Sie meinte, der Fuß würde jetzt zu heilen beginnen. Die Nerven könnten durch die Aktivierung den alten Schmerz loslassen. Ich blieb etwa zwei Stunden liegen und ging danach zu Bett. Am nächsten Tag war alles deutlich besser. Bereits am Abend konnte ich schon wieder normal laufen. Worauf ich hiermit noch einmal hinweisen möchte:

> Vererbung, so wie wir sie bisher verstanden haben, gibt es anscheinend nicht. Es sind immer auch destruktive Muster, die wir mittragen und an die nächste Generation weitergeben. Bei mir waren es, in Bezug auf meine Füße, z. B. Schuldgefühle, die ich unbewusst als Kind übernommen hatte.

Derartige Erlebnisse hatte ich viele in den vergangenen zwei Jahren, die meisten jedoch ohne Beteiligung der »anderen Seite«. Dabei nahm Kris-

---

* Entzündung des Ischiasnervs

tin die geistig-emotionalen Muster wahr, die mit dem entsprechenden Schmerz zusammenhingen, und half mir, sie aufzulösen.

Was ich damit zum Ausdruck bringen will ist, dass wir zunehmend Fähigkeiten erlangen, die uns ohne Geräte das wahrnehmen lassen, was wir heute als Krankheit bezeichnen. Ich erinnere mich dabei an eine Information, in der man berichtete, wie ein mediales Kind durch die Abteilung eines Krankenhauses zu den einzelnen Patienten geführt wurde. Ohne etwas über die Patienten zu wissen, diagnostizierte dieses Kind zum Erstaunen der Ärzte alle Krankheiten, unter denen diese litten und bestätigte die ärztlichen Diagnosen bzw. ging noch darüber hinaus.

Alle neuen Erfahrungen konnte ich machen, weil ich zu glauben begann, dass es Lösungen für unsere Probleme geben muss, die für jeden zugänglich sind. Erst, wenn auch Sie Ihren Glauben verändern, kann dies Ihre Wirklichkeit werden.

Psychische Erkrankungen

Erwachen befreit Sie von der Illusion, die Ursache für psychische Störungen seien biochemische Ungleichgewichte. Tausenden Menschen, die wegen psychischer Probleme in Behandlung sind, wird dies erzählt. Der konventionelle Ansatz zur Behandlung psychischer Störungen mit Medikamenten hat keine Grundlage. Man geht von der Annahme aus, dass, wenn ein Medikament die Symptome reduziert oder beseitigt, es auf die Ursache der Erkrankung wirkt.

> Biochemische Ungleichgewichte, die bei Patienten festgestellt werden, sind jedoch nicht die Ursache für die Erkrankung, sondern bereits eine Folgeerscheinung dieser.

Die konventionelle Psychologie der Neuzeit benutzt als ihr wichtigstes Handwerkszeug Gesprächstherapien und Psychopharmaka. Das Ergebnis ist, dass die meisten Menschen, die eine psychische Störung haben, nicht gesund werden können und oft gezwungen sind, ein Leben lang Tabletten einzunehmen oder sich mit »etwas weniger Kranksein« abzufinden. Die konventionelle Psychologie ist, was die Erforschung der Ursachen unserer psychischen Erkrankungen betrifft, nicht wesentlich vorangekommen. Somit konnte sie auch keine Wege der Heilung aufzeigen. Sie richtet ihr Hauptaugenmerk im ersten Stadium psychischer Krankheit darauf, den Menschen nach Möglichkeit wieder arbeitsfähig zu machen, indem sie mit Gesprächstherapien und/oder Tabletten versucht, sein Verhalten oder seine Einstellung anders auszurichten, um bestimmte Situationen besser bewältigen zu können. Zeigt diese Behandlung keinen Erfolg, bleibt er in der Regel bei weiterer Tabletteneinnahme zu Hause mit seinem Problem sitzen. Ist auch dies nicht möglich, weil er Verhaltensweisen an den Tag legt, die ihm oder seinen Angehörigen schaden könnten, oder ist er für sein Umfeld nicht mehr zu ertragen, nimmt man ihn unter Aufsicht in eine entsprechende Einrichtung und behandelt mit Tabletten oder Spritzen und Gesprächstherapien. Das Ergebnis sind oft Menschen, die den Rest ihres Lebens in einem Zustand sozialer und emotionaler Invalidität verbringen.

Bisher schien es keinen Ausweg aus dieser Situation zu geben, obwohl es immer Menschen gab, die sich von den Psychopharmaka frei machen konnten und Wege zur Heilung fanden. So konnte die konventionelle Psychologie die Ursachen unserer psychischen Erkrankungen nicht erkennen. Wenige, wie der Psychiater Ty C. Colbert, sind weitergegangen und haben die inneren Ursachen unserer »Verrücktheiten« aufgespürt.

Vor Kurzem erzählte mir ein alter Freund, der mit mir in Moskau studiert hatte, er sei arbeitslos und lebe von Harz IV. Ich konnte es kaum glauben, als ich seine traurige Geschichte erfuhr. Seit circa zehn Jahren sieht er sich gezwungen, Tabletten gegen bzw. für seine psychische Erkrankung einzunehmen, ohne eine Chance auf Heilung zu haben. Der Preis, den er bezahlt, ist die Verkrüppelung seines Gefühlslebens. Er lebt in einem Dämpfungsfeld, das ihn wie zäher Nebel umgibt. Wirkliche Freude am Leben ist damit völlig ausgeschlossen. Ich habe Mitgefühl für ihn und hoffe, dass er an seiner Situation noch etwas verändern kann.

Waren Sie schon einmal bei einem Psychiater oder Psychologen? Ich war 1983 bei einem Psychologen, nicht, weil ich psychisch krank war, sondern weil ich, trotz aller Bemühungen, nicht schwanger werden konnte. So schickte mich mein Hausarzt außer zum Gynäkologen auch noch zum Psychologen, weil er vermutete, es gäbe da ein entsprechendes Problem. Es gab auch eines, aber das fand ich später selbst heraus. Ich lernte es durch das Leben. Was ich hier sagen möchte ist Folgendes: Als ich das Sprechzimmer des Psychologen betrat und er mich begrüßte, wurde mir auf einmal ganz komisch im Magen. Im Verlauf des Gesprächs verstärkte sich dieses flaue Gefühl immer mehr, und wenn ich heute daran denke, kann ich es reaktivieren. Es schien mir zunehmend, dass der Psychologe nicht ganz normal war. Ich hatte den Eindruck, dass *er* einer Therapie bedürfe. Er benahm sich sehr seltsam, lachte z. B. an Stellen, an denen es nichts zu lachen gab und hatte noch andere eigenartige Verhaltensweisen, an die ich mich nicht mehr genau erinnere. Das Einzige, was ich wollte, war, so schnell wie möglich das Zimmer wieder zu verlassen. Zum Glück dauerte unser Gespräch nicht allzu lange. Ich bin auch kein zweites Mal zu ihm gegangen, weil mir klar war, dass er mir nicht helfen kann.

Jahre später hörte ich von jemandem, der einen Psychiater konsultiert hatte, Ähnliches.

Ich glaube, dass dieses »Phänomen« nicht unbekannt ist und man es einfach so hingenommen hat, dass Psychiater oder Psychologen selbst Probleme haben können, wenn sie ständig von psychisch kranken Menschen umgeben sind. Warum das so ist, haben sicher die wenigsten hinterfragt. Mit meiner Bewusstwerdung erhielt ich eine mögliche Erklärung dazu. Diese ergab sich aus der Erkenntnis der inneren Ursachen psychischer Erkrankungen. Sie sind für den Erkrankten und für den Psychiater gleich: Beide leiden an der Unterdrückung oder Abspaltung ihres verwundeten Selbstes, an der Unterdrückung ihres emotionalen Schmerzes.

Denn der Schmerzkörper, unsere inneren Verwundungen, wovon wir im Leiderschaffungsprozess ausführlich sprachen, ist die Ursache für unsere psychischen Erkrankungen. Es gibt, mit wenigen Ausnahmen, keine biologischen, genetischen oder biochemischen Ursachen für Manien, Depressionen, Schizophrenien, Zwänge oder kindliche Verhaltensauffälligkeiten. Unser Gehirn ist nicht krank. Die psychischen Symptome sind Abwehrmechanismen unserer Psyche – individuelle Strategien –, die wir unbewusst dann einsetzen, wenn starker Schmerz unsere normalen Bewältigungsmechanismen übersteigt. Sich dieser Wahrheit zu öffnen, ist ein großer Schritt nach vorn.

Dem Psychiater/Psychologen ist in der Regel nicht bewusst, dass er selbst einen Schmerzkörper hat, den er verdrängt. Dies kann zu psychischer Krankheit führen, wie wir jetzt wissen. Gerät er nun häufig in Kontakt mit dem Schmerz seiner Patienten, kann es auf der energetischen Ebene zu Schmerzübertragungen kommen, die den »Schmerzrucksack« des Therapeuten zusätzlich und über das eigene verträgliche Maß hinaus belasten. Ist er unbewusst, wird er mit verstärkter Verdrängung reagieren, weil das in der Regel das Muster ist, das er aus der eigenen Kindheit für derartige Situationen abgespeichert hat. Auf diese Weise kann auch bei ihm, durch weitere Ansammlung von Schmerz, das »Fass zum Überlaufen« gebracht werden. Er kann psychisch krank werden bzw. die nicht feststehende Grenze von »psychisch gesund« zu »psychisch krank« überschreiten.

Und die Praxis zeigt, dass dies passiert. Damit es nicht geschehen kann, müsste er sich zuerst seiner selbst bewusst werden und den eigenen Schmerz heilen. Dann erst kann er auch seinen Patienten eine wirkliche Möglichkeit zur Heilung geben, weil er die Ursache ihrer »Krankheit« versteht.

Die mediale Arbeit, die ich kenne, baut darauf auf, sich immer weiter selbst zu heilen, um fähig zu sein, dies auch bei anderen Menschen zu unterstützen. Damit leistet sie sowohl einen Beitrag zur Gesundung als auch zur Bewusstwerdung der Menschheit.

> Denn wenn wir uns von unserem alten Schmerz befreien, kann das hervortreten, was wir wirklich sind – Liebe. Damit verschwinden alle unsere »Verrücktheiten«. Heilung unserer Gefühle, unserer Verwundungen oder unseres Schmerzkörpers sind der Schlüssel.

Diese Arbeit der inneren Heilung, durch Annahme und Transformation von verdrängten, krank machenden, geistig-emotionalen Mustern, hat auch mein Erwachen gefördert. Ich bin sehr dankbar, dass die Möglichkeit, mit medialen Menschen zu arbeiten, im Entstehen ist. Mediale Menschen sind nicht darauf angewiesen, Schilderungen und Details vom Patienten zu erhalten, wozu ansonsten viel Zeit verwendet werden muss. Die kurze Darstellung des Hauptproblems reicht aus, damit sie den Faden aufnehmen können, um die Ursachen in den alten energetischen Mustern zu finden und zu lösen. *Das ist das Entscheidende, die Lösung der Energie, die das emotionale Muster im physischen Körper verankert.* Ohne diesen Prozess können mit dem Patienten jahrelang Gesprächstherapien geführt werden, ohne dass er eine Chance auf die Wiedererlangung seiner Gesundheit erhält. Denn er »hängt« in den Energiemustern fest, die ihn immer wieder unbewusst zwingen, die gleichen Gedanken zu denken und ähnliche Handlungen durchzuführen.

> Alle emotionalen Schmerzen und Traumata besitzen eine bestimmte energetische Komponente – destruktive Energie. Erst wenn diese gelöst wird, kann Heilung durch die eintretende Balance des Nervensystems geschehen. Denn die Energien unserer Emotionen und Glaubenssätze bestimmen die Chemie des Gehirns. Wir sind damit bei der eigentlichen Ursache unserer psychischen Erkrankungen angekommen, den Energien unserer destruktiven geistig-emotionalen Muster, die, solange wir schlafend sind, zerstörend auf unser zentrales Nervensystem und die mit ihm in Verbindung stehenden Organe wirken. Sie behindern gleichzeitig durch ihre chronische Wirkung das normale Ablaufen der biochemischen Prozesse im Gehirn, wodurch Ungleichgewichte entstehen.

Damit wird klar, dass unsere psychischen und körperliche Erkrankungen die gleiche Ursachenebene haben können – die geistige Ebene, die Ebene unseres Bewusstseins. Mit dieser Gewahrwerdung öffnen sich auch Wege für unsere Heilung, die jeder, der bereits wach genug ist, gehen kann und die so effektiv sind, dass sie in Zukunft enorme Mittel einsparen, die heute noch für die teilweise lebenslange Behandlung chronisch kranker Menschen eingesetzt werden.

Aber bleiben wir noch bei den psychischen Erkrankungen: Können die krank machenden geistigen Muster gelöst werden, normalisieren sich die energetischen und biochemischen Prozesse im Gehirn und in den Organen des Körpers, die mit diesem Gehirnareal in Verbindung stehen. Auf diese Weise stellt sich zunehmend eine innere Balance zwischen Geist und Körper wieder her. Diesen Beitrag zur Gesundung psychisch erkrankter Menschen zu leisten, ist Aufgabe einer neuen Psychologie, deren Therapeuten selbst den Weg ihrer inneren Heilung gehen. Mediale Menschen können hierbei eine große Unterstützung sein, da sie auf der energetischen Ebene wahrnehmen können, welche Energien, Ereignisse und Situationen den Menschen beeinträchtigt haben. Sie können wesentlich schneller zur energetischen Lösung des Problems vorstoßen bzw. es überhaupt erst einmal aufdecken, was den konventionellen Bereichen in der Regel sehr oft versperrt ist.

Ich erinnere mich noch, wie meine Tochter einmal aus ihrem Zimmer kam und rief: »Wir sind durch Mama! Das Thema ist aufgelöst.« Sie sagte mir, dass sie es geschafft hatte, in fünf Telefonsitzungen zu je einer Stunde eine Frau von ihren Selbstmordabsichten zu befreien. Das war für sie eine große Bestätigung. Zu diesem Zeitpunkt war sie selbst erst 20 Jahre alt. Seitdem sind bei ihr große Fortschritte eingetreten. In dieser Arbeit werden Themen geklärt, die sowohl das aktuelle Leben als auch die Vorleben betreffen. Die Ereignisse aus vergangenen Leben haben oftmals einen nicht unbedeutenden Einfluss auf das, was im jetzigen Leben passiert. Lösen wir den Energieknoten aus der Vergangenheit, egal wie lange dessen Entstehung zurückliegt, werden wir frei davon. Das zeigt die Möglichkeiten der medialen Psychologie, die uns helfen wird, auf der ursächlichen Ebene durch Heilung unseres Schmerzkörpers eine Voraussetzung für körperliche Heilung zu schaffen.

Ich möchte Ihnen damit Mut machen, falls Sie sich in einer scheinbar ausweglosen Situation befinden und nicht weiterwissen. Sie müssen sich nicht damit abfinden, ständig Tabletten einzunehmen und mit den verkrüppelten Gefühlen das Leben eines »Zombies«, wie es manche Patienten beschreiben, zu führen, nur weil Ihnen die Schulpsychologie erklärt, es gäbe keinen anderen Weg. Jetzt gibt es andere Wege. Der psychiatrisch-medizinische Weg, der oft zu dauerhafter Behinderung führt, ist es nicht.

Letztlich wird Ihr Weg davon abhängen, was Sie sich zu glauben entschließen. Das alte Modell, das auf Sand gebaut ist, oder das Modell, welches zu Ihrer wirklichen Gesundung führen kann. Wenn Sie sich für den Weg der Wahrheit entschließen, benötigen Sie eine Menge Mut, um Ihre Krankheit hinter sich zu lassen. Sie werden nicht daran vorbeikommen, Ihre Verwundungen zu heilen und auf diese Weise ein neues Gleichgewicht wiederherzustellen, das auch das biochemische Gleichgewicht normalisiert. Sobald Sie jedoch bereit sind, Selbstverantwortung für Ihren Zustand zu übernehmen, werden sich Türen und Wege öffnen, die Ihnen aus dieser Situation heraushelfen. Lesen Sie als Einstieg das im Anhang angeführte Buch von Ty C. Colbert (S. 53 »Die Wahrheit über die psychiatrische Medikation«).

Wie klar Colbert den Zusammenhang zwischen emotionaler Verwundung und psychischer »Unnormalität« sah, zeigen auch seine abschließenden Aussagen am Ende des Buches, indem er schreibt: »Psychische Erkrankungen als Krankheit zu betrachten, verhindert, dass man den in unserer Gesellschaft existierenden Schmerz zur Kenntnis nimmt. Es verhindert aber auch, dass man lernt, einen kooperativeren, weniger verletzenden Weg im Umgang miteinander zu gehen. Wenn man den Schmerz aufspürt, der dem Verhalten des als schizophren Diagnostizierten zugrunde liegt, und sich dazu verpflichtet, diesen Menschen nach besten Kräften zu heilen, dann hat man mehr getan als diesen einen Menschen zu heilen. *Man heilt einen potenziellen Heiler ...*

Eine emotional gestörte Person ›krank‹ zu nennen und ihren Schmerz mit Medikamenten zu blockieren, bedeutet, jenes unschätzbare Geschenk zu verschmähen, das darin besteht, dass wir unseren eigenen Schmerz erkennen und von der Liebe der anderen berührt werden ...

Wir tragen Verantwortung füreinander, und wir können nicht zulassen, dass das medizinische Modell diese Verantwortung umgeht; denn dann verlieren wir das, was unsere Gesellschaft zusammenhält: die Heilung aller verwundeten Herzen.«[19]

Das Wassermannzeitalter wird uns die ganze Wahrheit offenbaren und alles Überlebte, das uns noch nicht den Weg zur Heilung zeigen konnte, wird allmählich verschwinden.

> Gehen Sie davon aus, dass unser Körper ein intelligentes System ist, das die Mittel seiner Heilung bereits in sich trägt. Sie treten hervor, wenn wir aufhören, sie zu blockieren.

> Indem wir uns auf der Leiter des Bewusstseins nach oben bewegen und uns dadurch von den destruktiven Energien der unteren Bewusstseinsebenen befreien, gehen wir den Weg unserer ganzheitlichen Heilung und erlangen Immunität gegenüber allen heute bekannten Erkrankungen.

Das ist der entscheidende Paradigmenwechsel, der auch die anderen gesellschaftlichen Bereiche erfassen wird, nicht nur unser Gesundheitssystem. Bewusstwerdung und Erwachen sind der Schlüssel dazu.

Erwachen und Tod

Erwachen befreit Sie von der Illusion, dass der körperliche Tod unsere Auslöschung, unser Ende ist. Der Glaube an eine endliche Existenz ist Bestandteil des Dualitätsbewusstseins und löst sich mit dem Erkennen auch dieser Illusion auf. Nehmen Sie es als eine der freudigsten Botschaften an, und werden Sie sich bewusst, dass der Tod nicht wirklich existiert. Alles ist nur ununterbrochenes Leben in unterschiedlicher Schwingungsfrequenz – grobstofflich und feinstofflich.

> Eine kurze Weile hier auf der Erde bewohnen wir als geistige Wesen einen Körper, und wenn wir diesen Körper am Ende eines Lebens wieder verlassen, sind wir für eine weitere Weile reiner Geist, bis wir uns erneut entscheiden, einen Körper zu bewohnen und auf die Erde zurückkommen, so lange, bis wir auch diesen Kreislauf abgeschlossen haben.

Wenn Sie den Energieerhaltungssatz aus dem Physikunterricht noch in Erinnerung haben, wissen Sie, dass Energie nicht verloren gehen, sondern sich nur wandeln kann. Das, was wir als energetische Essenz sind, löst sich nicht auf. Im Moment unseres körperlichen Todes stirbt nur das Grobstoffliche, das Feinstoffliche, unsere Essenz, öffnet sich für ein neues Leben.

Wir alle hatten schon viele Leben, die nicht mehr zu zählen sind. Von einigen meiner eigenen Vorleben konnte ich Konkretes erfahren, wenn es für die Erlösung eines Themas im Jetztleben erforderlich war. Sie gingen zurück bis in die Zeiten von Jesus Christus, in die Zeit von Atlantis und noch weiter. Und was scheinbar unglaublich ist: Die Menschen, mit denen ich heute zusammen bin, kenne ich oft schon aus früheren Inkarnationen. Nur die Rollen, die wir spielen, ändern sich. So war ich schon Kind von jemandem, für den ich heute Mutter bin, oder ich war Partner für jemanden, der heute mein Kind ist. Immer wieder entscheiden wir uns anscheinend für eine Inkarnation in der gleichen Seelengruppe, da wir auch nach unserem körperlichen Tod in diese Seelengruppe – unserer Seelenfamilie zurückfinden. Meine Freundin Astrid, die ich schon seit 26 Jahren kenne, wurde z. B. am selben Tag im selben Jahr wie ich geboren. Zufall werden die meisten sagen. Aber schon ein ganz gewaltiger Zufall, oder?! Von Anfang an hatten wir ähnliche Interessen und haben uns oft über neues Wissen ausgetauscht. Das begann mit den politischen Veränderungen in der Sowjetunion, als wir den »Sputnik« (eine damals sehr bekannte Zeitschrift aus der Sowjetunion) lasen, bis heute, als wir herausfanden, dass wir in einem unserer früheren Leben schon einmal Zwillingsschwestern gewesen waren. Diese Botschaft hielt unser Geburtsdatum für uns bereit. Meinen Vater, der im vergangenen Jahr starb, kannte ich bereits im Mittelalter.

Zufälle in dem Sinne, wie die meisten sich das vorstellen, gibt es nicht. Alles ist ein Energiespiel, das auf Resonanz oder Nichtresonanz beruht. Es ändert sich nur die Art der Beziehung, die wir miteinander eingehen. Aber wir kommen immer wieder.

Wir fanden heraus, dass Menschen, die sich heute mit ganz bestimmten Aufgaben für das neue Zeitalter zusammenfinden, auch in früheren Leben oft schon solche Aufgaben gelöst haben. Wir wissen, dass Menschen um uns sind, die bereits in Atlantis versucht haben, das Schlimmste zu verhüten, um es vor dem Untergang zu bewahren. Sie setzen heute ihre Fähigkeiten für den Aufstieg der Erde in die neue Dimension ein, damit das goldene Zeitalter des Lichts endlich Wirklichkeit werden kann.

Nehmen Sie die Erkenntnis mit: Sie kommen immer wieder und das, was Sie in diesem Leben scheinbar nicht mehr bewältigt haben, worüber Sie traurig sind oder was Ihnen das Herz zerreißt, weil Sie es ungeschehen machen möchten, erwartet Sie nochmals in Ihrem nächsten oder übernächsten Leben.

Sie können Ihren Lernaufgaben nicht davonlaufen, denn Sie haben die Aufgabe, es immer wieder »besser« zu machen, so lange, bis Sie kein Leid mehr erschaffen und zu Liebe geworden sind.

Genau dann hat ein entscheidender Teil der tief greifenden Wandlung stattgefunden, die das Wassermannzeitalter für uns alle bereithält: Vom Leiderschaffer zum Schöpfer von Liebe zu werden. Der Sinn besteht darin, dies schon zu Lebzeiten zu erfahren.

Vergessen Sie den »Tod« als Ende unseres Lebens. Er existiert nicht. Er ist Bestandteil der Illusion, solange wir daran glauben.

Wenn Sie dies schwer akzeptieren können, lesen Sie das Buch von Neale Donald Walsch »Zu Hause in Gott – über das Leben nach dem Tod«. In seinem Gespräch mit »Gott«, also dem *allumfassenden Bewusstsein* selbst, erhält er alle Antworten auf Fragen zu diesem Thema. So schreibt er zu den Stadien des »Sterbens«:

»In drei Schritten der Re-Identifikation erfahren wir den sogenannten Tod. Im ersten Stadium erleben wir die Trennung vom Körper, verbunden mit der Überraschung, dass das Leben weitergeht und unser Wesenskern nicht mit dem Körper identisch ist. Im zweiten Stadium erleben wir, was wir glauben bzw. was wir erwarten: Hölle, Himmel, Ungewissheit, das Nichts, Erinnerungen an vergangene Leben etc. Das dritte Stadium bringt die Verschmelzung mit der Essenz. Die Identifikation mit der Seele löst sich auf. Auf diese Erfahrung der Einheit erfolgt eine nächste Inkarnation.«[20]

Der Augenblick der Verschmelzung der Seele mit der Essenz des Göttlichen ist eigentlich unbeschreiblich. Neale Donald Walsch versucht dies dennoch in Worte zu fassen: » … es ist das Gefühl, herzlich umarmt, zutiefst getröstet, grundlegend geachtet, wirklich geschätzt, sanft genährt und absolut verstanden zu werden, voll und ganz Vergebung erlangt und vollständige Absolution erhalten zu haben, schon lange erwartet worden zu sein, voller Glück willkommen geheißen, absolut geehrt, voller Freude gefeiert und total beschützt zu werden, zu sofortiger Vollkommenheit gelangt zu sein und bedingungslos geliebt zu werden – alles auf einmal. Die Seele, die ohne das geringste Zögern oder Bedauern aber auch alles an Gefühl von individuellem Selbstsein aus sich entlässt, begibt sich in das Licht. Dort geht sie in so etwas Wunderbares ein, dass sie jeglichen Wunsch verliert, je etwas anderes kennenzulernen; sie schmilzt hinein in die atemberaubende Herrlichkeit der unendlichen Großartigkeit, unvergleichlichen Schönheit und unübertroffenen Vollkommenheit des Seins.

Wenn du vom Licht umfangen wirst, verschmilzt du mit deiner Seele. Du erkennst und weißt endlich, dass du nicht ein Körper und nicht ein Geist und noch nicht einmal nur eine Seele, sondern dass du alles drei bist. Darum geht es beim ganzen Todesprozess.«[21]

Werden Sie wach, und befreien Sie sich von Ihrer größten Angst, der Angst, nicht mehr zu sein – sie ist Illusion!

Ich bin der Schöpfer

Erwachen heißt, sich bewusst zu werden, dass ich mein Leben und meine Lebensumstände selbst erschaffen habe und sie jeden Tag wieder neu erschaffe. Es bedeutet gleichzeitig wahrzunehmen: Eine sogenannte objektive Realität existiert nicht. Alles sind nur subjektive Welten, so viele, wie es Menschen gibt. Jede dieser subjektiven Welten ist die Widerspiegelung des inneren Seinszustandes eines jeden Menschen. Eine sogenannte objektive Realität ist Bestandteil der Illusion, der Matrix. Sie besteht nur so lange, wie wir schlafend sind, und löst sich auf, wenn wir erwachen.

Diese Bewusstwerdung verlangt von Ihnen die Akzeptanz, dass es keine zufälligen Umstände gibt. Alles, was Sie erleben, ist selbst erzeugt oder zumindest von Ihnen mit erzeugt, durch Ihr eigenes Energiefeld und die der beteiligten Personen oder Umstände. Es verlangt die Akzeptanz: Ich habe meine Energie bewusst oder unbewusst dazu hergegeben, dass diese Situation aus der Möglichkeit in die Wirklichkeit treten kann. Und solange wir schlafend sind, passiert dies in der Regel unbewusst. Ohne Ihre Energie hätte die Situation so nicht erschaffen werden können. Nehmen wir ein einfaches Beispiel, eine Situation, die immer wieder in Ihrem Leben auftaucht, weil Sie ihre Botschaft bisher noch nicht verstanden haben, sonst hätte sich die Illusion bereits aufgelöst und das Ereignis auf andere Weise stattgefunden.

Ein Beispiel:
Ihr Sohn guckt am Abend Fernsehen. Die Zeit für sein Zubettgehen ist bereits etwas überschritten. Ihr Partner fordert Sie auf, dem Sohn klarzumachen, dass er endlich den Fernseher ausschalten und schlafen gehen soll. Sie merken, wie sich in Ihnen Widerstand aufbaut und dabei

die Frage nach oben drängt, warum er ihm das nicht selbst sagt. Sind Sie etwa sein Laufbursche? Er ist doch der Vater und also auch erziehungsberechtigt. Warum sollen Sie schon wieder gehen? Vielleicht rutscht Ihnen ja noch etwas in dieser Richtung heraus, woraufhin Ihr Partner – in Resonanz gehend mit Ihrer allmählich aufsteigenden Wut – Ihnen erklärt, sie seien unfähig, den Sohn »richtig« zu erziehen oder Ihnen sei seine Erziehung gleichgültig. Das aktiviert noch mehr Wut in Ihnen, denn Sie haben aus Ihrer Sicht immer Verantwortung – und oft sogar die alleinige Verantwortung – für die Erziehung der Kinder getragen. Sie schlucken trotzdem alles runter, weil Sie nicht wollen, dass sich die Situation noch mehr zuspitzt und gehen, gegen Ihren Willen, zu Ihrem Sohn, um ihn ans Zubettgehen zu erinnern. Nachdem Sie dies getan haben, sehen Sie, dass er sich gerade einen lustigen Film anschaut, der auch Ihnen gefällt. Und da Sie heute nur gearbeitet haben, ohne sich selbst etwas Gutes zu tun, beschließen Sie spontan, sich den Film noch ein wenig mit ihm anzusehen. Es ist gleichzeitig die Gelegenheit, den Ärger aus dem Disput mit Ihrem Partner »zu vergessen«. Sie sitzen also und amüsieren sich gemeinsam über den Film, da erscheint Ihr Partner plötzlich wütend in der Tür und lässt einen entsprechenden Kommentar ab. Der Abend ist verdorben.

Sie fühlen sich irgendwie schuldig, nicht »richtig« gehandelt zu haben, glauben gleichzeitig aber auch, dass Sie ein Recht darauf haben, sich frei zu entscheiden. Sie erkennen nicht, warum die Situation schon wieder eskaliert ist und Ihr Partner ärgerlich wurde, denn das war nicht das erste Mal. Immer wieder haben Sie Bauchschmerzen in ähnlichen Situationen bekommen und unbewusst Angst davor entwickelt. Aber Sie wissen nicht, warum. Vielleicht fragen Sie sich ja noch, warum Ihr Partner das mit Ihnen macht?

> Diesmal jedoch werden Sie etwas wacher und gewahr, dass es irgendwas mit Ihnen zu tun haben muss. Jetzt sind Sie jedoch bereit hinzuschauen. Vorher war dies nicht möglich, weil Angst Sie daran hinderte.

Sie gehen mit Ihrer Wahrnehmung zu sich selbst und fühlen plötzlich, dass es Sie zurück in Ihre Kindheit, in ein »Spiel« mit ihrem Eltern versetzt. Traurigkeit kommt nach oben. Weil Sie den tiefen Ursprung nicht erkennen, holen Sie sich Hilfe bei jemandem, der in Ihrer Vergangenheit »lesen« kann. Und sie erfahren, dass das Drama auf einen Glaubenssatz zurückgeht, der lautet: Ich habe es nicht verdient, in Ruhe gelassen zu werden. Da »sehen« auch Sie den ursprünglichen Zusammenhang, wie Sie als Kind von ihren Eltern bei vielem, was Sie taten »beeinflusst« wurden. Mach dies so, weil es besser ist, lass das sein, weil es nicht gut ist, tu dies jetzt sofort, obwohl du es nicht tun möchtest oder später tun willst. Selten konnten Sie in Ruhe etwas tun, was nicht durch Ihre Eltern bestimmt wurde. Eigene Entscheidungen wurden oft durch sie zurückgenommen oder verändert. Sie ließen Ihnen nicht die nötige Ruhe, damit Sie Entscheidungen treffen konnten, um aus den sich daraus ergebenden Erfahrungen zu lernen und sich zu entwickeln. Ihre Eltern manipulierten Sie ununterbrochen aufgrund ihrer eigenen Angst, Sie könnten nicht das »Richtige« tun und später im Leben nicht zurechtkommen.

So lange schon glauben Sie unbewusst, dass Sie es nicht verdient haben, in Ruhe gelassen zu werden.

Diese Glaubensenergie projizieren Sie wieder und wieder auf Ihr aktuelles Spiel mit Ihrem Partner. Damit leben Sie unbewusst eine Illusion, die so lange existiert, bis Sie endlich bereit sind, sie in ihrer ganzen Tiefe anzuerkennen und zuzugeben. Sie selbst haben sie erschaffen, aus der Energie dieses unbewussten Glaubenssatzes! In dem Moment, in dem Ihnen genau das bewusst wird, nehmen Sie diese Energie an und sie kann sich durch das Licht Ihres Bewusstseins, das Sie ihr damit geben, auflösen. Sie können von nun an, unabhängig von der alten Energie, eine neue Entscheidung treffen. Wenn sich Ihr Partner das nächste Mal mit dem gleichen Anliegen an Sie wenden sollte, dann wissen Sie, dass er ebenso ein eigenes altes Thema damit hat, sodass Sie nicht mehr in Resonanz dazu gehen, weil Sie bei der Auflösung des Glaubenssatzes gleichzeitig Ihre eigene Angst transformiert haben, z. B. die, Entscheidungen treffen zu dürfen, ohne dass Ihnen jemand reinredet. Es war die kindliche Angst von »was werden meine Eltern dazu sagen« – ein uraltes kindliches Muster. Sie sind nun frei davon und können beim nächsten Mal völlig neutral zum Ausdruck bringen, dass Ihr Partner dies dem Sohn bitte selbst sagen möge. Sie haben auf diese Weise Ihr Verhaftetsein oder Ihre innere Bindung an die Emotion losgelassen und ein weiteres reaktives Verhalten abgelegt.

Viele solcher Glaubenssätze, Muster und Emotionen warten darauf, bewusst von Ihnen wahrgenommen zu werden, um sich endlich aufzulösen, denn solange Sie schlafen, schöpfen Sie aus diesen destruktiven Energiemustern die Illusion Ihres Lebensdramas. Und solange Sie aus diesem Drama schöpfen, bleiben Sie darin gefangen.

Es ist immer die Identifikation mit einem altem Schmerzmuster, das durch Resonanz zu Ihrem Partner oder einer anderen an der Situation beteiligten Person zu tun hat. Erlösen Sie das Schmerzmuster, gehen Sie den ersten Schritt, der Sie in Richtung Befreiung führt. Sie schälen gleichzeitig die Schicht ab, die Sie nicht wirklich sind. Es ist nur ein altes Muster – eine Programmierung, die dazu beigetragen hat, sich von Ihrem wahren Wesen zu entfernen, von dem, was Sie sind – Liebe.

Die Akzeptanz dieser Zusammenhänge ermöglicht es Ihnen, Erwachen vorzubereiten, indem Sie beginnen, Verantwortung für sich selbst und damit für alle Lebenssituationen zu übernehmen, denn Sie sind von Ihnen mit erschaffen worden. Sie kommen nicht weiter mit dem alten Spiel, indem Sie die »Schuld« und somit die Verantwortung dafür bei Ihrem Partner, den Kindern, den Eltern, Verwandten oder den Umständen suchen. Das ist das Spiel der Illusion und es geht seinem Ende entgegen. Das Wassermannzeitalter wird es ad absurdum führen. Anhand dieser »Messlatte« können Sie erkennen, wie tief Sie wirklich schlafen und wie weit Sie von der Realität und damit von der Wahrheit entfernt sind.

Die gute Nachricht oder Erkenntnis bei all dem ist, dass Sie nicht darauf zu warten brauchen, dass Ihr Partner oder eine andere Person sich ändert. Indem Sie anfangen, Verantwortung für sich selbst und Ihre Gefühle zu übernehmen, bekommen Sie die Kraft, das alte Spiel zu beenden.

Wie das funktioniert, lässt sich einfach erklären: Sie erlösen das Energiemuster in Ihrem Inneren, das auf der Basis des Gesetzes der Resonanz dann nicht mehr mit anderen gleichartigen Energien resonieren kann. Ist die alte Angst oder der Schmerz erlöst, kann sie durch Ihren Partner oder eine andere Person nicht wieder aktiviert werden. Das ist so, als ob er eine Tür einschlagen will, von der er nicht weiß, dass Sie sie kurz zuvor geöffnet haben. Er wird hindurchfallen und sich wundern. Er kann das alte Drama nicht mehr ausleben, denn es existiert in Ihnen keine Resonanz mehr dazu. Das ist eine wichtige Entdeckung, die Erwachen mit sich bringt. Sie müssen nicht darauf warten, ob und wann Ihr Partner einen Schritt tut. Sie können sofort eigenverantwortlich an der Lösung Ihres eigenen Dramas arbeiten. Und der Erfolg ist Ihnen sicher!

Ich zeige Ihnen nun, wie Sie sich erste Erfahrungen in dem neuen Spiel schaffen können. Woran Sie erkennen können, dass Sie das alte Spiel spielen, ist Ihr innerer Widerstand gegen eine Situation, die in Ihr Leben tritt.

Sie wissen nun, dass Sie selbst es sind, der diese Situation geschaffen oder mit erschaffen hat. Wenn Sie diese nun nicht annehmen wollen, verhalten Sie sich wie ein Kind, das das von ihm selbst Gebaute (Erschaffene) nicht haben will, sondern lieber das haben möchte, was ein anderes Kind gebaut hat. Das scheint nämlich viel schöner zu sein. Viele Menschen laufen deshalb mit einer imaginären Wünschelrute durch das Leben. Aber so funktioniert Schöpfung nicht. Und deshalb müssen Sie zuerst einmal bereit sein anzunehmen, was Sie selbst erschaffen haben. Das heißt, Sie kommen nicht umhin, jede Lebenssituation anzunehmen und den kindlichen Widerstand abzulegen. Wehren Sie sich weiter gegen bestimmte Lebenssituationen, dann tun Sie nichts anderes, als sich gegen sich selbst zu stellen. Und genau damit blockieren Sie sich und kommen nicht weiter, sondern erleben, mit wenigen Abweichungen, immer wieder dieselben Situationen.

> Sie können erst dann Fortschritte erzielen, wenn Sie den Widerstand beenden und bereit sind, da hinzuschauen, wo dieser Widerstand herkommt, zu den alten Mustern, Ihrem illusorischen Selbst, Ihrem EGO.

Denn das EGO ist der größte Widerständler. Es ist genau der Teil in uns, der ohne Bestimmung oder Bedeutung ist und deshalb in dem neuen Spiel aufgelöst werden wird. Auf dem Weg seiner Auflösung verlassen wir die Rolle eines unbewussten Leiderschaffers und treten ein in die Rolle eines bewussten Schöpfers von Liebe. Das ist der neue Erfahrungszyklus, der uns jetzt bevorsteht. Freuen Sie sich darauf!

Sie wissen jetzt also, dass Sie die Erfahrungen Ihres Lebens verursacht bzw. mit verursacht haben. Sie sind derjenige, der Situationen erschafft, um durch sie bestimmte Erfahrungen machen zu können. Es gibt kein »objektives Leben« außerhalb von Ihnen. Ich selbst erschaffe, was ich dadurch erfahre, indem ich in die Erfahrung eintrete und sie sozusagen in Besitz nehme.

> Ich war schon immer der Schöpfer meines eigenen Lebens. Wenn das die Wahrheit ist, folgt daraus, dass ich mir völlig andere, neue Erfahrungen schaffen kann, indem ich bereit bin, durch entsprechende Entscheidungen dies in der Praxis umzusetzen. Ich bin Erschaffer und Erfahrender gleichzeitig.

Das Einzige, was mich davon abhält ist: *Angst* – ein altes Muster. Deshalb wird der größte Fortschritt in der persönlichen Entwicklung dann erreicht, wenn ich die Angst durchschreite, und zwar so lange und so oft, bis keine Angst mehr da ist. Denn da, wo mein Drama erschaffen wurde, kann es nicht beendet werden. Ich muss die destruktiven Energieebenen verlassen, die durch Angst bestimmt sind. Erst dann kann ich auf der großen Bewusstseinsleiter nach oben klettern und zum bewussten Schöpfer werden.

Ich bringe noch eine zweite Situation aus dem Leben, die sich wenig später nach der Auflösung des Glaubenssatzes »Ich habe es nicht verdient, in Ruhe gelassen zu werden«, ereignete.
Die Situation war sogar identisch mit dem letzten Beispiel: Sohn beim Fernsehen, Mutter ebenso im Wohnzimmer. Vater ärgerlich, weil Sohn die Aus-Taste nicht findet. Vater schaltet selbst aus. Die Atmosphäre ist denkbar schlecht. Sohn geht zu Bett. Mutter spürt tiefe Traurigkeit in sich aufsteigen.
Sie nimmt durch Selbstbeobachtung und Fühlen wahr, dass die Situation sie in Ihre Kindheit zurückversetzt, in ein Stadium, in dem sie noch klein war. Sie lässt die Traurigkeit zu, die noch größer zu werden scheint. Sie bemüht sich um liebevolle Annahme. Es wird etwas leichter. Sie fühlt jedoch, dass es notwendig ist, tiefer zu gehen, um an die ganze Ursache zu kommen. Allein schafft sie es nicht. Sie holt sich am nächsten Tag Hilfe.
Die medial Sehende, mit der sie telefoniert, führt sie zu einem Ereignis zurück, bei dem sie als sechsjähriges Kind eine Entscheidung für sich getroffen hatte, die durch die Oma mit Gewalt zurückgenommen wurde. Sie ist mit einer Gruppe junger Leute durch den Wald fast bis in den nächsten Ort mitgegangen, weil die Menschen so fröhlich waren und sie sich in einen der Jungen verliebt hatte. Die Oma, aus eigener Angst heraus handelnd, verprügelt sie dafür. Es entstand ein Schock, der das Muster einprägte:

Ich darf für mich keine Entscheidungen treffen!

Dieser Schock lässt das Kind ab diesem Zeitpunkt vorsichtig werden und bei anstehenden Entscheidungen immer auf die Interessen anderer Rücksicht nehmen, aus Angst, Eltern oder Großeltern könnten nicht da-

mit einverstanden sein und es wieder körperlich maßregeln.
Die Lösung dieses alten Musters wird durch Sprechen und Fühlen folgendermaßen vorgenommen (gekürzt):

> Ich segne das Gefühl, zu schwach zu sein, eigene Entscheidungen zu treffen. Ich segne das Gefühl von Schwäche. Ich lasse das Gefühl von Schwäche in Liebe los, in allen Zellen, auf allen Ebenen. Ich wollte nicht weit weg gehen und hatte vor, wieder zurückzukommen. Ich segne meine Schuldgefühle, die Oma mir einreden wollte. Ich gebe meiner Oma ihre Schuldgefühle wieder zurück, denn es sind ihre, aus ihrer eigenen Kindheit, die sie auf mich projiziert hat. Ich erlaube mir jetzt, eigene Entscheidungen zu treffen, auch wenn das anderen nicht gefällt. Ich segne den Druck, der dadurch in mir entstanden ist. Ich übergebe ihn meinem Schutzengel. Ich bedanke mich bei meinem Mann, dass er das Thema berührt und die alte Wunde geöffnet hat.

Auf dieses frühkindliche Thema legen sich im Laufe des Lebens gleichartige, weil gleichschwingende Erfahrungen, die mit diesem Muster übereinstimmen. So wickeln wir um unser wahres Sein viele Schichten von Illusionen! Wahre Entwicklung und Heilwerdung vollzieht sich somit durch Abwicklung genau dieser Schichten, die nur aus Energien und Glaubenssätzen bestehen, die uns oft sehr schmerzvoll eingeprägt wurden.

Eigene Entscheidungen zu treffen, ist für viele Menschen, die in einer Partnerschaft leben – und besonders auch für Frauen – ein Problem, denn wir alle tragen solche oder ähnliche Muster mit uns herum. Aus Angst, der Partner könnte mit den Entscheidungen, die wir für uns selbst treffen, nicht einverstanden sein, erlauben es sich Frauen oft nicht, nur für sich zu entscheiden. Sie unterdrücken damit eigene Wünsche und Ziele, weil sie glauben, nur Entscheidungen im Sinne der Kinder und des Partners sind »richtige« Entscheidungen und haben ein schlechtes Gewissen, etwas nur für sich allein zu wollen und dann auch zu verwirklichen. Und wenn sie es tun, kommen sie sich egoistisch dabei vor. Es verursacht ihnen ein flaues Gefühl im Magen, als ob sie dies nicht dürften. Viele Frauen, insbesondere ältere und auch die meiner Generation, haben sich dabei in den Entscheidungen für den Partner, die Kinder, den Beruf und die Gesellschaft verloren. Vieles von dem, was sie gern tun würden, erlauben sie sich nicht, weil sie ein schlechtes Gewissen oder Angst, Schuld- oder Schamgefühle haben oder in einer Opferrolle gefangen sind.

> Wachen Sie auf, und stellen sie sich den alten Mustern und dem alten Schmerz.

Als ich die Entscheidung traf, zuerst dieses Buch fertigzustellen, bevor ich mich einer anderen wichtigen Aktivität mit ganzem Einsatz widme, rechnete ich nicht damit, dass mein Mann sauer reagieren und dass auch mein Sohn kein Verständnis dafür haben würde. Ich war total überrascht und eigentlich traurig und enttäuscht. Heute, nach zwei Monaten, hat mein Mann sich daran gewöhnt und mein Sohn unterstützt mich, indem er mich zum Schreiben motiviert.

Beginnen Sie, eigene Entscheidungen zu treffen und durchzuführen, Dinge, die Ihr Herz zum Klingen bringen, die Sie sich schon so lange versagt haben oder nicht trauten oder bei denen Sie überlegten, was wohl Ihr Partner dazu sagen könnte. Gehen Sie durch das alte Muster und die Angst, die Sie scheinbar davon abhält, hindurch und erkennen Sie: Genau dahinter erwartet Sie Freiheit. Tun Sie etwas nur für sich allein, und haben Sie Spaß daran. Das ist ein erster wichtiger Schritt für Ihre Entwicklung.

> Solange wir das nicht lernen, bleiben wir immer nur die eine Hälfte von einem Wir, anstatt ein Ich oder ein Selbst zu sein. Meine Tochter sagte mir:

»Wir kommen allein, und wir gehen allein, und wir treffen auch allein unsere Entscheidungen! Erst mit Entscheidungen für uns selbst kommt unser Leben in Fluss und hört auf, sich im Kreis zu drehen und wir hören auf, auf der Stelle zu treten. Wir finden heraus aus der Abhängigkeit, nur eine Hälfte von einem Wir zu sein.«

Saint Germain hat diese Situation sehr treffend formuliert und ich gebe sie hier mit eigenen Worten wieder: »Zuerst lebte ich auf dem Land meines Mannes, dann lebte ich auf dem Land meines Sohnes – und überall gehörte ich nicht hin. Erst als ich auf meinem eigenen Land ankam, war ich zu Hause.«

Finden Sie heraus, wo Sie gerade leben, und holen Sie sich Ihr eigenes Land zurück! Es ist das größte Geschenk, das Sie sich selbst machen können.

Erwachen und Emotionen

In dem Spiel, das ich in den letzten Kapiteln beschrieben habe, geht es um unsere emotionale Befreiung und Heilung. Es ist das wichtigste Spiel, das hier auf der Erde gespielt werden muss, denn bevor es nicht stattgefunden hat, kann der menschliche Wahnsinn nicht beendet werden. Es bringt uns auf der großen Leiter des Bewusstseins viele Stufen nach oben und führt uns in das Licht.

Solange wir diese Bewusstwerdung nicht erlangen, bleiben wir alle ein bisschen ver-rückt, sind nicht in unserer Kraft und deshalb in einem unnormalen Zustand. Das Wort Emotion kommt aus dem Lateinischen und ist von »emovere« abgeleitet, was *Störung* bedeutet.

Wenn Sie leiden, depressiv sind, wütend werden, Ihnen vielleicht die Hand ausrutscht, Sie jemanden verbal angreifen, ihn zwingen etwas zu tun und dabei erregt, ärgerlich oder wütend sind, laut werden, weil es Ihnen reicht, Angst haben, obwohl niemand Sie angreift, traurig sind, alles in Ihrem Leben leer und sinnlos finden, glauben, andere seien bestimmt viel glücklicher als Sie, dann sind Sie mit schmerzlichen Emotion identifiziert, mit Störungen, und sind somit selbst gestört.

Je nach Grad der Identifikation und Stärke der alten Emotion sind Sie »ver- rückt«, nicht bei sich selbst, nicht in Ihrer Mitte, nicht im Jetzt. Es gibt keine wirkliche Grenze zwischen ein bisschen verrückt und völlig verrückt (»reif für die Anstalt«). Zwischen beiden besteht kein qualitativer Unterschied. Es ist lediglich ein quantitativer Unterschied vorhanden.

Je mehr »Verrücktheit« vorhanden ist, desto mehr Schmerz haben Sie erlitten, desto mehr Traumatisierung erlebt, oder desto früher hat die Traumatisierung begonnen. Desto mehr mussten Sie von sich abspalten und verdrängen.

Kommen Sie mit Ihrem Leben nicht klar, leiden oder sind nicht glücklich, finden Sie keinen Partner, der zu Ihnen zu passen scheint, haben Angst, eine neue Beziehung einzugehen oder bleiben in der neuen Beziehung auf Abstand, betrügen Ihren Partner, glauben, nur mit mehreren Partnern Glück zu finden, kaufen sich Sex, jagen ständig äußeren Befriedigungen oder scheinbar glücklich machenden Situationen hinterher, sind süchtig (wobei alles zur Sucht werden kann – Essen, Trinken, Fernsehen, Computerspiele, Glücksspiele, Arbeit, Drogen, Süßigkeiten, exzessiver Sport usw.), sind auf der Jagd nach Besitz und Geld, dann ist es Zeit, endlich aufzuwachen und sich dem zu stellen, was die Ursache dafür ist: Ihren eigenen ungeheilten Emotionen, Ihrem Schmerzkörper mit den dazugehörenden geistigen Mustern. Sie sind aufgefordert, sich Ihren eigenen »Verrücktheit« zu stellen. Ansonsten wird Ihr weiteres Leben davon bestimmt bleiben. Sie versuchen, sich mit Illusionen abzulenken und laufen unbewusst vor sich selbst weg. Aber es gibt kein Entrinnen. Sie werden immer wieder auf sich selbst zurückgeworfen werden, mit jeder neuen Beziehung, die Sie eingehen, so lange bis Sie entweder endlich aufwachen oder für den Rest Ihres jetzigen Lebens schlafend bleiben. Können Sie wahrnehmen, was Ihr EGO dazu zu sagen hat? Das ist die Stimme der Illusion, der Sie gerade Ihr Gehör schenken. Denn nur Ihr EGO erhebt diese Illusion zur Wirklichkeit und erklärt umgekehrt die Wirklichkeit zur Illusion!
Als ich an dem Punkt war, an dem ich es nicht mehr aushielt und in eine völlige Sackgasse geraten war, kaum noch Luft zum Atmen bekam, so sehr hatte ich mich in meine eigene Illusion verstrickt, da wollte ich 14 Tage einfach nur raus, weg von den Problemen in Beziehung und Familie. Und in genau dem Moment, als ich diesen Entschluss gefasst hatte, schoss es wie ein Lichtstrahl durch mich hindurch: Du läufst nur vor dir selbst weg! Diese tief greifende Erkenntnis holte mich schlagartig in die Wirklichkeit zurück. Ich wachte ein Stück weiter auf und erkannte:

Da, wo du jetzt bist, hast du die größte Chance, das Problem zu klären, nämlich in dir selbst. Das ganze Dilemma hängt mit dir selbst zusammen.

Diese Entscheidung, sich dem wirklichen Problem zu stellen, brachte alles ins Rollen. Ich habe es am Anfang des Buches kurz beschrieben. Ich begann mit dem Spiel, der alte Schmerz brach sich seine Bahn nach außen. Ich begann mit der Erlösung der Emotionen und der destruktiven geistigen Muster. Unsere Tochter war zuerst die entscheidende Kraft, durch die ich loslassen konnte, weil sie die uralten Themen meiner Kindheit wahrnahm und mit mir zur Erlösung brachte. Als ich begann, war es sehr schmerzlich, aus dem Verdrängen in das Fühlen längst vergessen geglaubten Schmerzes zu gehen. Nichts davon war über die Jahre verloren gegangen. Aller Schmerz, den ich erlebt und verdrängt hatte, wollte endlich angenommen werden, um in meinem Herzen zu heilen. Als ich begann, befand ich mich immer noch in dem Glauben, auch mein Partner müsste doch endlich etwas tun. Obwohl ich bereits Erkenntnisse und erste eigene Erfahrungen gemacht hatte, glaubte ich immer noch der Illusion, erst dann wirklich glücklich sein zu können, wenn auch mein Partner sich ändert. Ich vertraute meinem Prozess noch nicht. Ich konnte noch nicht fühlen, dass ich alles selbst in der Hand hatte, was nötig war, um meine alten Verwundungen zu heilen und meine Eigenliebe wiederzufinden. Meine Tochter sah die Veränderungen schon deutlich, die ich noch nicht wahrnahm. Und auch als ich selbst spürte, dass es leichter wurde, vertraute ich immer noch nicht meiner eigenen Kraft. Wie viel von dieser Kraft mussten wir abgeben, um auf die Stufe zu sinken, auf der ich begann! Wie viel wirkliche Kraft ist uns genommen worden in unserer Kindheit! Das begriff ich in diesem Prozess.

Eine gute Freundin sagte mir damals, als ich schon mehrere Monate den inneren Weg gegangen war und wissen wollte, wie lange der Prozess denn noch dauern würde: Im Sommer bist du durch! Und tatsächlich ging zum Ende des Sommers die Sonne auf. Ich wurde herausgehoben aus den Energiefeldern, die uns unsere Kraft rauben, in eine Ebene des Lichts, wo es deutlich heller war. Erst da konnte ich es glauben, dass die Kraft, die keinen Namen hat und die alles bewegt, in mir ist. Jeder, auch Sie, kann sie in seinem Inneren finden, wenn er bereit ist, da hinzuschauen, wo die verdrängten Emotionen und Muster sitzen, um sie wahrzunehmen und zu erlösen, unabhängig davon, ob der Partner Veränderungen herbeiführt. Wir haben es alle selbst in der Hand, diese Entscheidung zu treffen, und es gibt bereits von vielen Seiten Unterstützung. Wenn Sie bereit sind, steht Ihrer eigenen Befreiung nichts mehr im Wege. Wagen Sie diesen entscheidenden Schritt!

Die neue Psychologie, die im Entstehen ist, zeigt uns Wege, die uns endlich auf den Pfad der Wahrheit führen, der Wahrheit über uns selbst. Was auf diesem Weg für jeden Einzelnen und damit für die Menschheit wirklich passieren wird, können sich zurzeit nur wenige vorstellen. Die Menschen werden endlich heil werden, heil von den Verwundungen, die bis dahin ihr gesamtes Leben bestimmt haben, heil von allen psychischen Abnormitäten. Das wird für unsere körperliche Heilung eine wichtige Basis sein!

Mit der inneren Arbeit der Klärung unserer Emotionen und alten Glaubensmuster haben wir eines der mächtigsten Werkzeuge in der Hand, uns selbst aus dem Leid und Unglücklichsein herauszuziehen und die Transformation unseres EGO einzuleiten.
Ich erinnere mich noch, als unsere Tochter mir eines Tages sagte: »Weißt du Mama, mit meiner Arbeit programmiere ich die DNS um.« Das war eine unglaubliche Aussage für mich. Die Heilung unserer schmerzlichen Emotionen und Muster programmiert unsere DNS um! Mein Verstand wollte eine Erklärung. Ich weiß nicht mehr, was der Anlass war, aber ich gelangte eines Tages auf die Webseite des Institutes für holistisches Bewusstsein, auf der ich genau diese Erklärung fand: Unser Körper wird einerseits durch unsere Emotionen geformt und beeinflusst gleichzeitig unsere Emotionen.

Wir haben eine emotionale DNS, die auch als das emotionale Zellgedächtnis bezeichnet wird. Diese hat mit der physischen DNS auf der Basis von Resonanz eine wechselseitige Beziehung.

Lange glaubte man, unsere physische DNS ließe sich nur durch Genmanipulation verändern. Aber das ist nicht die ganze Wahrheit. Da unsere emotionale DNS gemäß dem Resonanzprinzip auf mentale, körperliche, familiäre und akustische Schwingungen und somit auf Sprache reagiert, wird klar, dass wir unsere physische DNS in dem Maße verändern können, wie wir unsere Emotionen sowie die mit ihnen im Zusammenhang stehenden geistigen Muster verändern. Als »familiäre Schwingungen« kann man all das verstehen, was in der Familie als Energiefeld vorhanden ist und aus der Summe der bewussten und unbewussten geistig-emotionalen Muster besteht. Alles Hörbare und Nichthörbare, das Fühlbare, alles, was in der Familie energetisch schwingt – gute Stimmung, schlechte Stimmung, Gesagtes, Nichtgesagtes etc. Was Kinder oft sehr schnell wahrnehmen ohne Details zu kennen.

Diese Emotionen, die sich wie eine Schicht um unsere physische DNS gelegt haben, können geklärt oder gelöst werden. Damit verändert sich unsere emotionale DNS, was wiederum eine Veränderung der physischen DNS nach sich zieht. Was bedeutet das?

Es bedeutet, dass wir eine Intelligenz in uns tragen, ein mächtiges Werkzeug, das es uns ermöglicht, in der inneren Arbeit mit unseren Emotionen unsere physische DNS zu verändern und unser wirkliches Potenzial zu öffnen.

Erinnern Sie sich an die Leiter des großen Bewusstseins von David R. Hawkins: Indem wir durch Klärung unserer Emotionen auf dieser Leiter aufsteigen und dadurch fähig werden, immer mehr Liebe und Mitgefühl auszudrücken, öffnen wir uns unserem höchsten Potenzial und nähern uns unserer Meisterschaft. Wenn wir zu Liebe und Mitgefühl geworden sind, werden Krankheit und Leid vergehen, denn die Energiefelder, in die wir dadurch gelangen, sind heilend und lebenserhaltend. Unser physischer Körper wird davon derart beeinflusst, dass er von innen heraus gesunden kann. In diesem Prozess, der bereits begonnen hat, werden alle alten destruktiven geistig-emotionalen Muster aus ihrer verdichteten Schwingung »herausgerüttelt« und somit unser Körpersystem auf eine höhere Schwingungsebene gehoben. Die schwächeren Magnetfelder der Erde unterstützen diesen Prozess des Loslassens. Unsere energetische Einbindung in die alten Muster wird auf diese Weise »gelockert«. Dabei kann es in der Übergangsphase durchaus zu heftigen emotionalen Reaktionen kommen, und unsere Beziehungen werden sehr wahrscheinlich stärkeren Belastungen ausgesetzt sein. Viele Beziehungen werden sich auch auflösen, da sie ihre Lernaufgaben erfüllt haben. Das Wissen darüber kann Ihnen sehr hilfreich sein, wenn Sie bereit sind, sich auf den Prozess einzulassen. Warten Sie deshalb nicht auf äußere Ereignisse, die irgendwann ablaufen sollen, wie z. B. einige auf das Jahr 2012 gewartet haben. Die äußeren Ereignisse sind immer Ausdruck unserer inneren Veränderungen. Wie innen so außen! Der Wandel findet in Ihnen statt und Sie können ihn bewusst beschleunigen, indem Sie mit der Klärung Ihrer Emotionen beginnen und alte lebensschwächende Programmierungen loslassen. Sollten Sie vielleicht in dem Glauben sein, diese Dinge werden sich aufgrund der sich erhöhenden Schwingung von selbst erledigen oder Sie kommen da schon irgendwie drum herum, dann machen Sie sich auf eine Überraschung gefasst! Auch in der neuen Schwingung werden wir uns mit unseren wunden Punkten so lange weiterbeschäftigen müssen, bis wir sie transformiert haben. Genau das wird die Zeitenwende hervorbringen. Ihre Emotionen werden Ihnen den Weg weisen und der Schlüssel zum neuen Bewusstsein sein. Hier verbirgt sich die Auferstehung der Menschheit und der Aufstieg der Erde. Ich fasse es noch einmal zusammen:

> Die Klärung und Erlösung destruktiver geistig-emotionaler Muster und damit unserer zentralen Ängste ist das mächtigste Werkzeug, das wir für unseren Aufstieg haben.

Dieser innere Prozess ist das bedeutsamste Ereignis unserer Evolution, das jetzt bevorsteht. Es wird die grundsätzlichen Probleme lösen, die die Menschheit zurzeit bewegen, denn es wird uns aus der Illusion der Getrenntheit in die Einheit – zu Gott zurückführen. Durch die Heilung aller niederen dualen Frequenzen unserer DNS (die Emotionen der unteren Bewusstseinsebenen) heben wir die Energie unserer Emotionen auf die höchste Schwingungsebene, die Ebene der bedingungslosen Liebe. Damit stellen wir den Urzustand unseres Seins wieder her. Dieses höhere Bewusstsein benutzen wir zur Erschaffung einer neuen Erde und finden unsere Vollendung im goldenen Zeitalter des Lichts.

Vorspiel

Aus den Kapiteln über Gesundheit haben Sie erfahren, dass Erwachen notwendig ist, um unsere Heilung einzuleiten und gleichzeitig natürlich unsere Lebensspanne zu verlängern. Sind wir uns der zerstörenden Energiefelder bewusst geworden, unter denen Krankheit Realität wurde, und verlassen diese, wird es nichts mehr geben, was wir gegen uns selbst richten können. Krankheiten werden vergehen und nicht mehr Ursache für unseren Tod sein. Damit stellt sich die Frage, ob wir dann noch im herkömmlichen Sinne altern werden?

> Alterung, wie wir sie bisher erlebt haben, ist Selbstzerstörung durch Selbstvernachlässigung.

Wenn wir damit aufhören, werden wir dann ein ganzes Leben lang gesund und ohne nennenswerte Alterung einfach nur glücklich sein und unserer Evolution folgen, die wir dann klar vor Augen haben?
Wer oder was entscheidet dann, wann wir auf die andere Ebene überwechseln und unseren stofflichen Körper verlassen? Unser Bewusstsein?! Unser »freier« Wille, der dann eins ist mit dem göttlichen Willen? Oder müssen wir dann überhaupt noch unseren stofflichen Körper verlassen? Eine schöne Vorstellung. Aber bis dahin haben wir sicher noch ein wenig Zeit. Außerirdische Zivilisationen, wie z. B. die Sirianer – eine humanoide Zivilisation, die den gleichen Ursprung wie die Erdenmenschheit hat – haben ähnliche Prozesse, wie wir sie jetzt erleben, schon vor Millionen Jahren abgeschlossen. Sie leben ohne Alterung Drei- bis Viertausend Jahre in *einem* Leben. Oder die Zivilisationen im Inneren unserer Erde. Sie haben ebenso schon vor sehr langer Zeit ihren Alterungsprozess überwunden und sich für ewiges Leben entschieden.

Dadurch können sie auf die Erfahrungen all ihrer bisherigen Leben, deren Inhalte ihnen bekannt sind, zurückgreifen. Viele Fragen, die wir heute dazu haben, werden sich bis dahin von selbst beantwortet haben, da Wahrheit mit unserem Bewusstsein zusammenhängt und sich durch unseren Aufstiegsprozess zu erkennen gibt. Ich fühle zutiefst, dass es auch für uns Menschen, die wir auf der Oberfläche der Erde leben, so sein wird – und das ist eine wundervolle Vorstellung! Unsere aktuelle Aufgabe besteht erst einmal darin, den Leiderschaffungsprozess zu beenden. Das wird jeder auf unterschiedliche Art und Weise zu bewältigen haben. Damit trägt er bewusst oder unbewusst Verantwortung für den gesamten Prozess. In diesem kommen wir nicht daran vorbei, uns selbst zu »konfrontieren« mit allem, was wir sind – emotional, mental, seelisch und körperlich. Je höher die Bewusstseinsebene wird, in die wir uns hineinbewegen, desto tiefer werden wir gleichzeitig hinabsteigen müssen in unsere eigene Unterwelt, unseren Schmerzkörper oder unsere Schatten. So, wie es uns durch Odysseus und andere alte Sagen und Mythen vermittelt wird. Wir kommen nicht umhin, uns unsere eigene Dunkelheit anzusehen, die gleichzeitig auch unser »Schlaf« ist.

> Wir sind dazu aufgefordert, diese bewusst wahrzunehmen, sie auszubalancieren und sie durch die Kraft und das Licht unseres Bewusstseins zu heilen. Das ist der Initiationsprozess hier auf der Erde, für den wir heute keine speziellen Tempel mehr benötigen, wie in früheren Zeiten, z. B. im alten Ägypten. Die Erde selbst stellt uns die nötigen Energien zur Verfügung.

Wir können diesen Prozess durch die Herausforderungen und Spiegel, die unser eigenes Leben bereithält, durchlaufen und die Polaritäten, die unser Leid und unseren Kampf hervorrufen, in unserem Inneren erlösen. Dadurch werden sich unsere Schwingung und unser Bewusstsein auf eine neue Ebene heben und wir werden schließlich frei und bereit für die höheren spirituellen Mysterien. Diese sind weder irrational noch religiös, sondern stellen unser wirkliches menschliches Potenzial auf den höchsten Ebenen des Bewusstseins dar, das wir hier auf der Erde erlangen können.

In den nachfolgenden Kapiteln beschreibe ich Ihnen eine Möglichkeit, wie Sie Ihren eigenen Initiationsprozess eröffnen und das Spiel in Gang setzen können. Sie war – neben anderen Möglichkeiten, die ich gleichzeitig genutzt habe –, die einzige, die ich selbstständig für alle Situationen in meinem Leben, die mir Probleme bereitet haben, anwenden konnte, als ich bereit war, nach innen zu schauen. Es kann für Sie ein Anfang sein. Seien Sie sich bewusst, dass es nicht etwas ist, was sie nur 14 Tage tun müssen, um danach damit aufzuhören. Wenn Sie wirklich bereit sind, die Probleme in Ihrem Leben endgültig und für alle Zeit zu lösen, werden Sie etwas mehr Geduld benötigen. Und Sie werden vielleicht auch zusätzlich Hilfe in Anspruch nehmen müssen, weil Sie sich besonders am Anfang oft selbst »hintergehen« werden in diesem Spiel und Ihnen jemand genau durch diese Situationen hindurchhelfen muss. So jedenfalls war es bei mir. Und so habe ich mir Hilfe geholt, wann immer ich sie benötigte, und mich dabei auf fähige mediale Menschen wie auch meine Tochter gestützt. Hätte ich schon früher gewusst, dass dies der Weg ist, um glücklich zu werden, wäre mir sehr viel Zeit erspart geblieben. Aber was sind 20 oder 30 Jahre bezogen auf ein beinahe unendliches Lebenspotenzial. Sie jedenfalls brauchen nicht mehr auf »Umwegen« das Ziel zu suchen, da es bereits gefunden wurde: Das Ziel sind Sie selbst. Sie können einen Teil meines Weges nutzen oder andere Wege verfolgen. Ich weiß, es wird immer effektivere geben. Die Entscheidung, den Weg endlich zu beschreiten, kann Ihnen jedoch niemand abnehmen. Wann Sie diese Entscheidung treffen, ist Ihre freie Wahl und diese Wahl wird richtig sein.

Ich sage es hier ganz klar, damit immer mehr Menschen ihren Fokus verändern können: Weder Kerzen, noch Meditation, Bücher, Vorträge, Seminare, Lehrer, Techniken oder Rituale werden dir helfen können, wenn sie dich nicht in den wirklichen inneren Prozess bringen, um den es hier geht: die Konfrontation mit dir selbst, mit deinen unerlösten Ängsten, emotionalen Wunden und Traumata, deinen destruktiven geistigen Mustern und deinen energetischen Verstrickungen. Deine Selbstbefreiung kann nur tief in deinem Inneren beginnen. Es gibt keine äußere Befreiung, wenn die innere nicht stattfindet. Du erkennst darin den eigentlichen Kern des spirituellen Prozesses zu Beginn des Wassermannzeitalters.

Die Spielbasis

Ziel ist es, aus der Kelleretage in das Erdgeschoss zu gelangen, das heißt aus dem relativen Schlafzustand in das erste Wachbewusstseins – das »Bewusstsein seiner Selbst«. Zum besseren Verständnis werde ich hier G.I. Gurdjieffs Überblick über die grundlegenden Bewusstseinsebenen aufnehmen.

G.I. Gurdjieff war einer der einflussreichsten und bahnbrechendsten Lehrer des 20. Jahrhunderts in Russland. Sein Lebensziel war es, eine Glocke zu läuten, deren Klang andere wecken würde, um der Menschheit zu zeigen, wie tief sie in miteinander verbundenen Mustern individueller Neurosen und kollektiver Psychosen schläft. Seine Glocke hat auch mich weiter wach gemacht.

Die erste Ebene des Bewusstseins ist der Nachtschlaf des Menschen, der niedrigste Bewusstseinszustand. Der zweite Bewusstseinszustand ist das normale Tagesbewusstsein. In diesem Zustand sind wir zwar in Bezug auf den Nachtschlaf wach, diese Wachheit ist jedoch nur relativ, weil wir meist reaktiv und instinktiv handeln. Wir bleiben Gefangene unserer selbst, weil alte Programme und Schmerz uns steuern. Es ist zu Anfang schwierig, diesen Zustand als einen von nur relativer Wachheit zu erkennen, wenn wir jedoch mit der Selbstbeobachtung beginnen, sind wir erschreckt von dem, was wir sehen. Der dritte Bewusstseinszustand ist das »Bewusstsein seiner selbst«, in dem wir anfangen, unsere reaktiven Handlungsweisen zu erkennen und uns über unser automatisches Selbst zu erheben. Es ist der erste Zustand, den man überhaupt mit »Wachsein« bezeichnen könnte. (Dieser beginnt nach unseren Testungen gemäß der Skala nach Dr. Hawkins ab einem Messwert 255 oberhalb von »Neutralität«.)

Der vierte und höchste Zustand ist das objektive Bewusstsein: Wir sehen alle Dinge ungefiltert, wie sie wirklich sind. Dieser Zustand kann kaum in Worten beschrieben werden, weil er eine Erfahrung des Einheitsbewusstseins ist, in dem wir eins mit Gott, mit der Quelle allen Seins, sind. Die bekannteste Bezeichnung dafür ist Erleuchtung.

Jesus sprach: »… wenn ihr euch erkennt (eure eigene Göttlichkeit), dann werdet ihr erkannt werden, und ihr werdet wissen, dass ihr die Söhne des lebendigen Vaters seid.
Wenn ihr euch aber nicht erkennen werdet, dann seid ihr in Armut, und ihr seid die Armut.«[22]

Wir schaffen uns jetzt, nachdem wir wissen, wo es hingehen soll, nämlich in den dritten Bewusstseinszustand, das erste Wachbewustsein, eine entsprechende Spielbasis. Die Spielregel haben Sie noch in Erinnerung:

> Unterscheide, was Illusion und was Wirklichkeit ist, und indem du das unterscheiden kannst, löst sich die Illusion auf und die Wirklichkeit wird sichtbar.

Das ist der Punkt, an dem ein »Verrückter« erkennen wird, dass er »verrückt« ist oder ein »Schlafender«, dass er »schläft«.
Verstehen Sie die Basis nicht oder können Sie diese nicht akzeptieren, werden Sie noch etwas länger Ihr eigener Gefängnisinsasse bleiben bzw. schlafend oder unbewusst sein und sich selbst im Weg stehen. Ich betone das so, weil Sie mit der Akzeptanz dieser Basis alles, was Sie bisher über sich geglaubt haben, vom Kopf auf die Füße stellen werden, um später einzugestehen, dass Sie in einer Illusion von sich selbst gelebt haben. Vielleicht protestiert jetzt Ihr EGO? Dann wissen Sie, dass es Sie fest im Griff hat und Ihr Wächter, der Verstand unbedingt verhindern will, dass Sie mit dem Spiel beginnen. Er betrachtet das Ganze nämlich als höchst gefährlich.

Die Spielbasis besteht aus zwei entscheiden Fundamenten.
Das erste Fundament ist die Erkenntnis, dass Sie für die Gefühle, die
Sie fühlen, selbst verantwortlich sind.

Ihr Schmerz, die Wut, Angst, Traurigkeit, Einsamkeit, Selbstmitleid,
Schuld, Scham, Opferdasein etc. benötigen dringend Ihre Fürsorge. Es
gibt niemanden, dem Sie dafür die Verantwortung übertragen können.
Sich also zu sagen: »O.K., wenn ich also selbst verantwortlich bin für
meine Gefühle, dann beginne ich jetzt, für sie einzustehen und dies nicht
mehr von anderen zu verlangen.« Unter dem Motto: Ich bin unglücklich durch dich, du machst mich traurig, du machst mich krank, du bist
Schuld, dass ich mich ärgere, wegen dir fühle ich mich einsam, verlassen, eingeengt und unfrei, du liebst mich nicht so, wie ich dich liebe,
warum tust du mir das an, …?!

> Das kann die wichtigste Kehrtwende in Ihrem Leben sein,
> wenn Sie beginnen, dies zu akzeptieren und damit Ihren
> alten Glaubenssätzen allmählich die Energie entziehen.

Solange Sie glauben, an Ihren Gefühlen hätten andere Personen, Situationen oder Ereignisse »Schuld«, bleiben Sie von den Personen und
Umständen Ihres Lebens abhängig. Sie bleiben reaktiv und sind eine
Marionette, ein Blatt im Wind, das sich bei jeder Windveränderung neu
ausrichten muss. Der Weg der Bewusstwerdung genau dieses Umstan-
des kann der Beginn des Weges Ihrer Selbstbefreiung aus dem eigenen
Gefängnis sein.

Das zweite Fundament, auf dem das Spiel basiert, ist die Erkenntnis:
Alle Ereignisse, die in Ihrem Leben stattfinden und alle Personen, die in
Ihr Leben kommen, haben die Aufgabe, Ihnen zu zeigen, wer Sie wirklich
sind. Sie halten Ihnen damit einen Spiegel vor, in dem Sie sich erkennen
können, um sich zu entwickeln und damit die Illusion von sich selbst auf-
zulösen. Ent-wicklung meint damit die Ab-wicklung aller künstlichen

Schichten, die Sie um Ihr wahres Selbst ge-wickelt haben (die emotionalen Schichten, die sich um Ihre physische DNS ranken und Ihr Potenzial stark einschränken). Das Leben wird dadurch zu einem einzigartigen und höchst effektiven Lehrmeister für Sie, wenn Sie bereit sind, auch diese Wahrheit als Ihren neuen Glaubenssatz anzunehmen. Damit zeigen alle Ereignisse und Personen, mit denen Sie Probleme oder gar Konflikte haben, dass es etwas in Ihnen gibt, das sich weiterentwickeln will, so lange, bis der Konflikt gelöst ist und Sie vollständigen Frieden damit gefunden haben. Das Leben selbst hält alle Lernsituationen für uns bereit. Wir müssen sie nur erkennen und klären. Das ist Bestandteil des kosmischen Plans.

Drängt sich jetzt bei Ihnen vielleicht die Frage auf:

Was, ich soll mit allen Menschen und Situationen, die in meinem Leben sind, Frieden finden und die Konflikte mit ihnen klären? Das kann ich nicht. Aber genau das ist auch Bestandteil der Aufgabe, um die Illusion über sich selbst aufzulösen, weil ebenso dabei die Illusionen über andere Menschen bewusst werden und aufgelöst werden können.

Und wenn Sie diese Basis nicht akzeptieren, werden Sie noch etwas länger »schlafend« und in Ihren scheinbaren Problemen verstrickt bleiben. Solange Sie in dem Glauben verharren, die anderen sollten sich doch ändern, verpassen Sie die größte Chance zu Ihrer eigenen Bewusstwerdung, indem Sie sich selbst daran hindern, glücklich und frei zu sein. Sie leben weiter in Abhängigkeit von den Umständen Ihres Lebens und erfahren weder die Wahrheit noch Ihre eigene Kraft.

Um das Spiel zu beginnen, ist dieses zweite Fundament jedoch notwendige Voraussetzung. Sonst können Sie nicht zum Mitspieler werden. Denken Sie darüber nach, und vielleicht spüren Sie dann innerlich die Widerstände, die Ihr Ego aufbaut, weil es Sie unter allen Umständen von diesem »verrückten« Spiel abhalten will.

Alles, was Sie hindert, die beiden Fundamente des Spiels zu akzeptieren, sind Sie selbst. Sie sind sich selbst das größte Hindernis. Es ist Ihr eigener unerlöster Schmerz, den Sie tief in Ihrem Innern verborgen haben, Ihre alten Verletzungen und Traumatisierungen, die zusammen mit Ihrem reaktiven Verstand ein scheinbar unüberwindliches Hindernis darstellen. Mit den Personen, die jetzt in Ihrem Leben sind, haben sie oft nicht viel zu tun. Ihre alten Programmierungen waren schon lange vor Ihrer Beziehung da, lange bevor Sie den Schwager kennenlernten oder Kinder hatten. Die Ereignisse und Situationen, die Sie heute erleben, sind ein Spiegel Ihres vor sich selbst verborgenen Inneren.

> Und je mehr Probleme Sie mit Ihrem alten Schmerz in Ihrem jetzigen Leben erschaffen haben, je mehr Beziehungen in die Brüche gegangen sind, je weniger glücklich Sie sich fühlen, desto größer ist Ihre Chance, endlich aufzuwachen, indem Sie sich der Ursache dieser Probleme zuwenden: sich selbst!

Betrachten Sie die Situationen in Ihrem Leben unter einem neuen Aspekt: Alles hat einen Sinn und will Sie auf etwas hinweisen, alles hat eine innere Botschaft für Sie. Es ist Ihre Aufgabe, dies herauszufinden. Das ist Entwicklung, die zum Erwachen führt. Und wenn Sie durch Ihr Erwachen diese neue Bewusstseinsstufe aktivieren, lassen Sie die zerstörenden Energiefelder hinter sich und werden sich zunehmend Ihres wirklichen Potenzials bewusst. Sie lösen Ihre Lebensprobleme und erkennen die ungreifbare Kraft, die alles bewegt und keinen Namen hat. Und vielleicht beginnen Sie, aktiv mitzuwirken an der Erschaffung der neuen Erde.

Das Spiel als äußere Geschichte

Das Spiel zu verstehen, verlangt von Ihnen zu erkennen, dass sich das Spielfeld in Ihnen selbst befindet. Denn wenn Sie etwas über sich selbst erfahren wollen, das Ihnen vorher nicht bekannt war bzw. dessen Sie sich nicht bewusst waren, dann müssen Sie tiefer zu sich selbst kommen, um dies endlich wahrzunehmen. Sie werden dazu Ihre Wahrnehmung von der vorwiegenden Orientierung in die äußere Welt in die entgegengesetzte Richtung, in Ihre innere Welt lenken müssen. Ansonsten werden Sie nichts Neues über sich erfahren und alles wird beim Alten bleiben. Um Ihr Verständnis zu erhöhen und weil der eigentliche Prozess in seiner Beschreibung eher nüchtern anmutet, gebe ich Ihnen zuerst ein äußeres Bild dazu.

Sie wissen, die Illusion zu erkennen, bedarf der Auflösung dessen, was wir nicht sind, damit das zum Vorschein kommt, was wir sind. Sie werden dazu in den Kerker oder Ihr eigenes Gefängnis, Ihre eigene Unterwelt hinabsteigen müssen, wohin Sie all den Schmerz, den Sie erlitten haben, alle destruktiven Programme, denen Sie unbewusst Folge leisten, verdrängten, um sie zu erlösen und auf diese Weise das vermeintlich Böse in Ihrem Inneren in das Gute zurückzuverwandeln, in das, was es einstmals war und immer noch ist. Dabei gibt es ein großes Hindernis. Dieses Hindernis ist Ihr eigener Verstand. Jedes Mal, wenn Sie in das Gefängnis hinab wollen, stellt er sich Ihnen in den Weg und Sie bekommen Angst, den entscheidenden Schritt zu tun. (Das Spiel haben deshalb nur die Mutigsten begonnen, die in der Lage waren, ihre Angst und genau diese Grenze zu durchschreiten.) Weil Sie Ihrem Verstand schon so lange hörig sind, scheint es schwierig, an ihm vorbeizukommen. Er ist der Wächter, ähnlich wie im Film »Matrix«: Egal, welche Tür des »Gefängnisses« Neo öffnet, immer stellt sich ihm der Verstand (in Form von Mr. Smith) in den Weg. Deshalb ist es erforderlich, ihn auf neue Art und Weise wahrzunehmen und die Kampfposition aufzugeben, weil der Kampf Illusion ist und nicht gewinnbar. Wir kämpfen immer nur gegen uns selbst. Wenn Sie also hinabsteigen wollen, finden Sie an der Tür den Wächter. Sie sehen ihn dort mit konzentrierter Aufmerksamkeit stehen. Sie hören vielleicht sein »Halt, Zutritt verboten!« Denn er ist immer auf Kampf vorbereitet, solange Sie sich entschieden haben zu kämpfen. Das sollten Sie wissen. Und er wird zuschlagen, solange auch Sie kämpfen wollen.

> Aber der »Trick« besteht genau darin, dies nicht zu tun! In dem Moment, in dem Sie beschließen (und somit eine neue Entscheidung treffen), nicht mehr zu kämpfen, wird sich alles ändern!

Ihr scheinbarer Gegner wird kein Gegner mehr sein. Er wird es nicht mehr sein können. Stellen Sie sich vor, jemand »kämpft« mit Ihnen, indem er Sie beschimpft. Sind Sie in der Lage, egal, was er sagt, ruhig zu bleiben und nicht zu reagieren, was passiert dann mit dem scheinbaren Gegner? Er muss irgendwann das Feld räumen und den Kampfplatz verlassen. Er kann mit Ihnen nichts mehr anfangen, sobald Sie die Entscheidung getroffen haben, den Kampf zu beenden. Kommen wir wieder nach innen, zu unserem Wächter, der den scheinbaren Gegner in unserem Inneren darstellt und Sie nicht in den Kerker lassen will, weil da Ihr Schmerz sitzt, den Sie vor sich selbst versteckt haben. Sie werden von jetzt an auf neue Art und Weise mit ihm umgehen, indem Sie sich friedvoll auf ihn einlassen, ihn beruhigen und sagen, dass es sich bei den Gefangenen, die er bewacht, nicht um Verbrecher (das Böse) handelt, wie er vielleicht bisher geglaubt hat. Die Gefangenen dieses Kerkers sind ausgesetzte und verwaiste, weinende Kinder, die noch dazu hier völlig unschuldig ihr Leben fristen. Sie tragen keinerlei Schuld, obwohl man das angesichts ihrer »Inhaftierung« glaubte. Der Grund für ihre Gefangenschaft ist aus heutiger Sicht ein großer Justizirrtum gewesen.

Sie, als der Justizminister, haben damals zur dieser Inhaftierung bei-getragen, was Ihnen heute sehr leid tut. Da Sie den Irrtum aber jetzt erst erkannt haben, kann er auch erst jetzt rückgängig gemacht werden. Sie legen Ihre Hand dafür ins Feuer, dass die Kinder bei ihrer Entlas-sung keinen Schaden anrichten werden, sondern im Gegenteil nur Gutes tun aus Freude, endlich frei zu sein. Wenn der Wächter erkennt, dass es nichts mehr zu bewachen gibt und er deshalb nicht kämpfen muss, kann er sich beruhigen und die Alarmbereitschaft, in der er sich befand, allmählich aufgeben. Das wird ihn später, wenn er alles verinnerlicht hat, unheimlich erleichtern. Sie sagen ihm jedoch, dass, wenn er wie-der in sein altes Muster zurückfallen sollte, Sie ihn dabei beobachten und dies genau wahrnehmen werden. Denn wenn man bedenkt, dass er diese Rolle nicht nur ein Leben, sondern viele Leben inne hatte, ist es am Anfang ziemlich schwer, sie von heute auf morgen aufzugeben. Aber ganz allmählich wird er sich zurückziehen und erkennen, dass es Zeit ist, in den Ruhestand zu treten, weil seine Rolle in der neuen Zeit nicht mehr gebraucht wird. Er wird spüren, dass auch ihm die Ruhe und der Frieden, den er dabei findet, guttun. Sagen Sie ihm freundlich aber bestimmt, dass Sie ihn in der Übergangszeit weiterhin beobachten werden, bis er seine neue Rolle vollständig verinnerlicht hat. Sie wollen ihn damit nicht maßregeln, denn Sie sind mit seiner Arbeit, solange Sie »notwendig« war, zufrieden gewesen. Sie werfen nur ab und zu einen freundlichen Blick auf ihn, um ihn daran zu erinnern, dass er bereits pensioniert ist. Je öfter das passiert, desto schneller kann er den Um-lernprozess hinter sich bringen. Er wird ihnen Glauben schenken, denn Sie sind schließlich der Justizminister.

Wenn Sie den Wächter beruhigt haben, wird er zur Seite treten und Sie können den Kerker öffnen und beginnen, Ihre verängstigten und weinenden Kinder in die Arme zu nehmen, ihnen Ihre ganze Liebe zu geben und sie damit in die Freiheit entlassen. Ist dieser Prozess einmal beendet, erwartet Sie das größte Geschenk des Universums – Liebe und innerer Frieden.

Das Spiel als innerer Transformationsprozess unseres Bewusstseins

Werde dir bewusst, dass dein Schmerzkörper dein bester Freund ist. Er führt dich aus dem Schmerz heraus, wenn du bereit bist, die innere Arbeit zu tun. Alle Ereignisse in deinem Leben aktivieren so lange deinen alten Schmerz oder dein geistig-emotionales Muster, bis du bereit wirst, ihn zuzugeben, zu fühlen und damit anzunehmen (zu erlösen), anstatt ihn weiterhin zu verdrängen.

Dies erfordert von dir, einen völligen Sinneswandel vorzunehmen, von der Außensicht der Dinge, die dir passieren, zur Innensicht deiner selbst. Wie machst du das?

Du beginnst, alle Situationen, die du nicht magst, gegen die du Widerstand aufbaust, mit denen du dich unwohl fühlst, die dich wütend, traurig oder ängstlich machen oder ein anderes destruktives Gefühl aktivieren, ganz neu zu betrachten, indem du die alles entscheidende Frage stellst: *Was macht die Situation mit mir?* Gleichzeitig beginnst du zu beobachten, was mit dir geschieht. Dabei teilst du deine Aufmerksamkeit in zwei Richtungen. Ein Teil deiner Aufmerksamkeit bleibt beim äußeren Geschehen, das sich gerade ereignet, der andere Teil verweilt in deinem Inneren und beobachtet völlig bewertungsfrei das, was in dir abläuft. Steigt gerade Wut oder Ärger auf oder ein anderes Gefühl, bemühst du dich, es so gut du kannst *wahrzunehmen*. Du lässt das Gefühl zu, anstatt es zu unterdrücken. Wisse, die Wut, die du spürst, ist oft nur das sich bewegende oder obenauf liegende Gefühl. Darunter befindet sich dein ganzer Schmerz, der dir die Illusion von dir selbst offenbart. Wut oder Verärgerung können dir zeigen, dass du diesen Schmerz zudecken willst, um ihn nicht spüren zu müssen. Wut soll ihn dann wieder in den Kerker runterdrücken, aus dem er jedoch endlich herauswill.

Deshalb besteht hier die Aufgabe darin, nicht nur die aufkommende Wut zu spüren, sondern auch das Gefühl wahrzunehmen, das sich unter ihr befindet und von ihr gerade »gedeckelt« wird.*

> Zum Beobachter seiner selbst zu werden und hinter die eigenen Abwehrmechanismen zu schauen, um sich ihrer bewusst zu werden, ist der Schlüssel zur Selbsterkenntnis und Selbstveränderung.

Dieser Prozess ermöglicht es dir, immer klarer zu sehen, wer du wirklich bist. Es ist die Basis für das Beenden von leidvollen Erfahrungen.

Wenn du die Emotion beobachtest, die aufsteigt, geht es nur darum, sie zu fühlen und zuzulassen. Dadurch kann sie angenommen und aus dem Kerker herausgelassen werden. Bewertung durch deinen Verstand stören den Prozess. In dem Moment, in dem du die Emotion zulässt und fühlst, kommst du mit deinem Schmerzkörper, mit dem »wilden Tier«, der Illusion in Kontakt. Sei dir bewusst, dass es »nur« dein Schmerzkörper ist, der uralten Schmerz nach oben befördert, weil das aktuelle Ereignis ihn aktiviert hat, indem es eine Resonanz dazu hergestellt hat.

---

* Natürlich ist das nicht die einzige Ursache von Wut, dir bewusst zu machen, dass alter Schmerz oder Angst da ist. Wut ist allgemein ausgedrückt, ein Indikator für Druck, entweder innerer oder äußerer Druck. Daraus willst du dich befreien. Immer wieder in die Wut zu gehen, transportiert diesen Druck zwar nach Außen und oft auf andere Menschen, trotzdem ändert sich meistens nichts Grundlegendes. Wut auf andere projiziert führt wiederum zu Schmerz und setzt den Leiderschaffungsprozess fort. Deshalb ist es so wichtig, mit der Wut zuerst auf der inneren Ebene zu arbeiten, um die eigenen Anteile bewusst und fühlbar zu machen, damit diese geheilt werden können. Aus dieser Position heraus eröffnet sich die Möglichkeit, die Ursachen der Wut, die durch andere hervorgerufen werden, zu erkennen und daraus entsprechende Schlussfolgerungen und Handlungen abzuleiten. In diesem inneren Transformationsprozess geht es deshalb darum, mit den eigenen Gefühlen zu arbeiten. Das ist der erste Schritt in die Selbstverantwortung und kann weiter zur Lösung der geistig-emotionalen Verstrickungen mit dem Partner oder anderen Personen führen.

Etwas von dem Ereignis ist so ähnlich, wie damals in deiner Kindheit als dir diese Wunde geschlagen wurde und du den Schmerz verdrängen musstest. Es tut jetzt, wo du bereit wirst, den Schmerz zu fühlen noch genauso weh.

Der Unterschied besteht jedoch darin, dass du dir bewusst bist, dass es alter Schmerz ist. Du weißt, woher das, was da in dir hochkommt, stammt. An dieser Stelle haben wir unseren Schmerz in der Regel auf andere Personen oder die Umstände geworfen, von denen wir glaubten, sie seien dafür verantwortlich, dass wir jetzt Schmerzen oder Wut verspüren. Und du weißt auch, genau dies ist die Illusion, die du so lange von dir selbst gelebt hast. Es ist »nur« eine Energie, die dir in Wirklichkeit nichts anhaben kann. Wenn du das Gefühl oder die Wut zulassen kannst und dich öffnest, anstatt zu verdrängen oder auf andere zu projizieren, gehst du direkt in deinen Schmerz hinein. Du ergibst dich damit kampflos deinem Wächter und erlöst deine weinenden Kinder (wie in der letzten Szene im dritten Teil von »Matrix«, als Neo sich Mr. Smith ergibt, als er endlich begreift, dass der Wächter nicht sein Feind ist, sondern ihm helfen kann, die Angst zu transformieren). Indem du das tust, fühlst du bald, der Schmerzkörper ist nicht das wilde Tier, für das du ihn gehalten hast. Er will nur angenommen werden, er will, dass du ihn er-liebst und endlich aufhörst, ihn mit deiner Wut herunterzudrücken. Dieser Prozess bringt dich ganz allmählich aus dem unbewussten Leid- oder Getrenntseinszustand heraus.

Das beobachtende Bewusstsein, das du in diesem Prozess einsetzt, hat jeder Mensch. Es ist das Bewusstsein, das feststellen kann: Ich denke oder ich fühle etwas. Es zu benutzen, nennen die Weisheitslehren auch »Zeuge sein«. Denn wenn du wirklich Zeuge deiner selbst wirst, schaffst du einen inneren Raum, ich sage immer Sicherheitsabstand, zum aufsteigenden Gefühl, obwohl du es fühlst. Du identifizierst dich dann nicht mehr mit ihm. Ich sage zu mir, oh, da steigt Wut auf und Traurigkeit. Der Schmerzkörper ist wieder aktiv. Ich fühle also das Gefühl, gestehe es mir ein, jedoch nicht so, als ob ich eins mit ihm wäre, sondern so, als hätte ich einen inneren Abstand zu ihm (als würde ich es auf einem Bildschirm sehen), obwohl ich mit meinem beobachtenden Bewusstsein da bin, wo auch das Gefühl ist, im Körper. Das kann natürlich auch dazu führen, dass du z. B. weinen musst. Dann lass das Weinen zu. Es hat sich unendlich viel Lebenstraurigkeit angehäuft. Ich lasse also in meinem Körper eine emotionale Reaktion ablaufen, indem ich sie fühle, ohne mich jedoch mit ihr zu identifizieren. Ganz allmählich wird dies immer besser gelingen, wenn du dich wirklich darauf einlässt.

Mir hilft in diesem Prozess der inneren Öffnung folgender Ablauf: (Er kann laut oder auch in Gedanken gesprochen werden. Wenn die Möglichkeit besteht, ist laut zu bevorzugen; das Aussprechen ist wichtiger Bestandteil der Erlösung, weil es das Gegenteil des normalerweise ablaufenden Verdrängungsprozesses ist. Es ist ein wichtiger Schlüssel und kann am Anfang eine gewisse Überwindung kosten.)

I. »*Ich bin wütend (traurig, einsam, ich habe Angst ...), weil mein Partner, mein Kind, mein Kollege, etc. ... gerade etwas gesagt oder getan hat oder ich einen bestimmten Umstand erlebt habe.*«
    (Sprich dies drei Mal.)
    Damit gibst du dir die »Erlaubnis«, das Gefühl wahrzunehmen und auszudrücken, denn nur durch Fühlen ist Erlösung von Schmerz möglich.
II. »*Ich öffne mich der Wut, der Traurigkeit ..., weil mein Partner, mein Kind, etc., gerade ...* «
    (Drei Mal sprechen.)
    Hier soll eine tiefere Öffnung zur Quelle der Wut ermöglicht werden, zu dem Gefühl, das sich unter ihr verbirgt. Ich habe in dieser Phase oft zu weinen begonnen, weil sich so viel Traurigkeit darunter verbarg, uralte Traurigkeit. Oft war auch Angst dabei.
III. »*Ich segne die Wut, die Traurigkeit ... im Namen der Liebe!*«
    (Auch dies solltest du bitte drei Mal aussprechen.)

Nachdem das Heraus- oder Zulassen des Gefühls so tief wie möglich passiert ist, wird das Gefühl mit Liebe gesegnet, ein Akt, der das Sein-dürfen und die Annahme des Gefühls abschließt. Damit segnest du dich selbst, du nimmst dich an mit deinem Gefühl und spürst, dass es in Ordnung ist und sein darf. Das geschieht über dein Herz. Du transformierst den Schmerz in Liebe und erkennst: Alles ist gut. Du lässt die Illusion gehen. Du erschaffst damit ein Stück weiter dein wahres Selbst, das, was du eigentlich bist, wenn diese Gefühle transformiert werden.

Der Ablauf kann dir helfen, eine bessere Öffnung zum Gefühl zuzulassen und die liebevolle Annahme zu ermöglichen.

Alles ist ein Prozess, für den du etwas Geduld benötigst, denn er wird nicht in kurzer Zeit abgeschlossen sein. Möglicherweise wird er gar nicht zum Abschluss kommen. Aber das ist nicht von Bedeutung, denn sobald du merkst, zu welchen Veränderungen er in deinem Leben führt und wie du allmählich an Kraft gewinnst, wirst du motiviert bleiben, immer mehr Illusionen aufzulösen, bis du eines Tages das Licht erblickst und dein Leiden zu Ende geht.

Denke nicht über das Gefühl nach, bewerte es nicht, lass es einfach zu und sei dir gewiss, dass alles in Ordnung ist mit dir!
Dies ist der erste Teil des Spiels.

Der zweite Teil, der gleichzeitig mit dem Beobachten und Zulassen des Gefühls abläuft, wenn z. B. dein Partner, eine andere Person oder Situation deinen Schmerzkörper aktiviert hat, besteht darin, deine alte und reaktive Verhaltensweise abzulegen (reaktiv, weil sie das alte Programm, die alte Platte ist, die dich immer wieder unbewusst mit der Illusion von Kampf und Leid verbindet).

Vielleicht hast du deinen Partner während du reaktiv warst, beschimpft, ihn negativ betitelt, damit du dich besser fühlen konntest, oder hast das Zimmer verlassen und dir einen Racheplan überlegt, wie du ihm die Verwundung, die er dir scheinbar zugefügt hat, heimzahlen kannst. Vielleicht warst du auch bereit, »Opfer« zu sein und glaubtest, es geschehe dir recht, dass du jetzt leidest, denn du hast dir durch dein Verhalten »Schuld« aufgeladen. Vielleicht nimmst du dir vor, eine Weile nicht mehr mit deinem Partner zu reden. Ich habe von einem Beispiel gehört, wo Partner ein ganzes Jahr lang nicht miteinander gegeredet haben. Im Extremfall kannst du bei aktiviertem Schmerzkörper zu körperlichen Angriffen übergehen, weil man in einem solchen Moment den anderen wirklich hassen kann, denn man ist in der Illusion gefangen, der Partner würde einem dies alles antun.

Genau diese alte reaktive Verhaltensweise hat dich ohnmächtig werden lassen, weil du in einem solchen Moment deine Verantwortung für dich an deinen Schmerzkörper und damit an dein EGO abgegeben hast und genau deshalb musstest du immer und immer wieder leiden. Du bist zutiefst unbewusst gewesen.

Diesen Zustand kannst du beenden, wenn du dich entscheidest, die reaktive Verhaltensweise aufzugeben.

> Du bist dir deines reaktiven Musters bewusst geworden und in Zukunft nicht mehr bereit, es auszuleben.

Sei dir darüber klar, dass du beim Ausleben dieser Musters deine destruktiven Energien immer gegen dich selbst richtest, auch wenn du das nicht erkennst, was langfristig gesehen zu Krankheit und beschleunigter Alterung führt.

Das, was sich hier so einfach sagen lässt, ist ein Prozess, der am Anfang nicht leicht fällt, den du jedoch zunehmend besser beherrschen wirst.

Du kannst dich auf diese Weise als Erstes aus der Phase des unbewussten Leidens in die Phase des bewussten Leidens bringen. Vielleicht glaubst du, dass dies kein großer Unterschied sein wird. Aber du irrst dich. Es ist ein

Quantensprung großen Ausmaßes, der dich auf eine neue Bewusstseins- oder Wahrnehmungsebene bringt, genau auf die Ebene, die dein Erwachen in Gang setzt. Du erwachst aus dem Schlafzustand, in dem du dein ganzes bisheriges Leben gewesen bist. In diesem Prozess wirst du allmählich aus der Kelleretage aufsteigen und zum ersten Mal das Licht sehen.

Was tust du konkret? In dem Moment, in dem dein Schmerzkörper aktiviert wird, durch wen auch immer oder durch was auch immer, bleibst du mit deiner Beobachtung zum einen Teil bei dir im Körper, da, wo das Gefühl aufsteigt (Magen, Bauch, Hals, Rücken, je nachdem) und fühlst es, so gut es dir möglich ist, ohne dich damit zu identifizieren. Gleichzeitig wirst du dir bewusst, dass du das alte reaktive Muster nicht mehr ausleben willst.

> Wenn du merkst, du fällst wieder in das Muster zurück, sagst du innerlich STOPP(!) und hältst den inneren Kampf zwischen deinem niedrigen, passiven Impuls, es doch tun zu wollen, und deinem höheren aktiven Impuls, es nicht tun zu dürfen bewusst aus.

Wenn du das zulässt, hast du die Entscheidung getroffen, nicht mehr zu kämpfen, dich nicht mehr zu rechtfertigen oder zu verteidigen. Das ist *die* Entscheidung überhaupt! Denn der Kampf war ein Kampf gegen dich selbst und nicht gewinnbar, obwohl du vielleicht das Gegenteil geglaubt hast.

Das ist der entscheidende Vorgang, den man auch als alchemistischen Prozess bezeichnet. Er führt zur Transformation deines Bewusstseins, zur Beschleunigung deiner eigenen Evolution.

In diesem Prozess entsteht eine »Reibung«, wie Gurdjieff es beschreibt, die eine Energie besonderer Eigenschaft hervorbringt und zum Erwachen deines authentischen Gewissens führt, und zwar durch die »Hitze«, die diese Reibung hervorruft. Du bist das wahre Labor des Alchemisten, denn die Transformation findet in dir selbst statt. Hier wandelst du die Polaritäten, die du selbst in dir trägst, um. Die Veränderungen, die dadurch entstehen können, beeinflussen dein Leben derart, dass du das Gefühl haben wirst, ein neues Leben zu erhalten. Du wirst es aus einer umfassenderen Perspektive betrachten und deine Wahrnehmung wird sich bedeutend erweitern. Aber um dies zu erreichen, müssen wir zuerst die Widersprüche in uns selbst sehen und bewusst erleiden.

> Wir müssen erkennen, dass der Widerspruch zwischen »Gut« und »Böse« in unserem Inneren existiert und von dort nur nach außen getragen wird. Indem wir durch das Spiel »Gut« und »Böse« in uns vereinen, verwandeln wir das »Böse« wieder in das »Gute«, was es einstmals war und immer noch ist. Wir erlösen die größte Illusion, nämlich die von uns selbst, und die Realität kann hervorscheinen.

Indem du dich mit dir selbst konfrontierst, schaust du hinter deine Abwehrmechanismen und erkennst durch Selbstbeobachtung, wie du wirklich bist. Du erhältst damit die Chance, mit der Auflösung deines EGO zu beginnen.

> Dieser Prozess gibt dir die Möglichkeit, etwas aufzubauen, das zu völlig neuem Verhalten fähig ist: wirkliches Sein.

Du hörst auf, Energie auf sinnlose Reaktionen zu verschwenden, die somit frei wird für deine Höherentwicklung. Der Prozess setzt deine Heilung auf der geistig-emotionalen Ebene in Gang, was eine Voraussetzung für die körperliche Heilung ist.
Wie du jetzt weißt, besteht der innere Transformationsprozess darin, einen niedrigen mit einem höheren Impuls zusammenzubringen und die Reibung zwischen ihnen auszuhalten, um damit eine Energie besonderer Eigenschaft zu erschaffen, die dich Stück für Stück in dein wahres Sein zurückbringt.
Wie Gurdjieff uns erklärt, ist dies das Gesetz dreier Kräfte, welches die Heilige Dreifaltigkeit symbolisiert, ausgedrückt durch das Bild von Va-

ter, Sohn und Heiligem Geist. Nach seiner Interpretation ist es Heiliges Bejahen – *Vater* (höherer aktiver Impuls), Heiliges Verneinen – *Sohn* (niedriger, passiver Impuls) und Heiliges Versöhnen (beide Impulse werden zusammengebracht in unserem Inneren). Diese drei Kräfte zusammen erschaffen die Dreieinigkeit oder Dreieinheit, den *Heiligen Geist*, unser göttliches Bewusstsein, und heben damit den »Schüler« auf die nächste Bewusstseinsebene.

Dieser Transformationsprozess ermöglicht es dir, dein Leben zu klären und Frieden in dir selbst zu finden. Du wirst zu diesem Frieden. Viele Situationen, die deinen Schmerzkörper aktivieren und dir Unbehagen verschaffen, kannst du durch dieses Spiel transformieren. Besonders ständig wiederkehrende ähnliche Situationen und Ereignisse weisen dich darauf hin, dass du sie erkennen und erlösen sollst, um frei von ihnen zu werden. Du musst dir »nur« der Angst bewusst werden, die aktiviert wird, wenn du in den Prozess gehst.
Die wichtigste Entscheidung ist die, mit dem Kampf aufzuhören. Diese Entscheidung triffst du spätestens dann, wenn du bereit wirst, deine reaktive Verhaltensweise abzulegen bzw. nicht zuzulassen. Bereits wenn das Gefühl aufsteigt, erkennst du, dass die alten Programme sich zu schützen versuchen, indem sie deinen Verstand als Wächter benutzen, der dich genau davon abhalten will. Er agiert z. B. in der Art, wie: »Los, rechtfertige dich, dein Partner hat dich ›angegriffen‹. Das musst du dir nicht gefallen lassen, tu etwas dagegen, gibs ihm!« Gleiches geschieht dir oft mit deinen Kindern, wenn sie Dinge sagen, die »unter die Gürtellinie gehen«. Genau da kommt dein EGO-Verstand hoch mit Worten wie: »Los maßregel sie, das steht ihnen nicht zu! Bring ihnen gutes Benehmen bei!«, oder so ähnlich. Wenn du darauf hereinfällst und diese Methoden der Erziehung anwendest, wird dir nicht bewusst, dass du dir damit nur die Macht zurückholen willst, die auch dir einst als Kind von deinen Eltern genommen wurde. Du bleibst »schlafend«.

Dein Verstand hat unglaublich viel Angst, dieses Spiel zu beginnen, weil er glaubt, dass das, was da kommt, nicht mehr seine Welt ist, nicht mehr sein zu Hause. Er findet keine Erfahrungen, auf die er zurückgreifen könnte. Deshalb ist er am Anfang das größte Hindernis in diesem Prozess. Der Kopf versteht es nicht, weil alles, was vorher war, scheinbar nicht mehr richtig ist.

> Aber genau das ist die Illusion, die man nicht erklären kann!
> Denn erst, wenn man all das fühlt, macht man diese neue
> wunderbare Erfahrung. In dem Moment, in dem das Gefühl
> da ist, wird der Verstand begreifen und keine einzige Frage
> mehr stellen. Alles ist klar!

In dem Moment, in dem man den Kampf seines EGO beendet und sich *ergibt*, entsteht die größte Angst. Es ist die Angst, dass ein Teil von dir stirbt, die Angst vor deiner eigenen Vernichtung. In Wirklichkeit jedoch stirbst du nicht, du wirst geheilt! Diese Angst ist die allergrößte Illusion, in der du dein Leben verbracht hast. Indem du das zulässt und zu kämpfen aufhörst und in den Schmerz und die Angst hineingehst, wirst du nur scheinbar sterben, um neu geboren zu werden. Du wirst auferstehen! Tatsächlich sterben wird nur die Illusion – alles Künstliche, das, was du nicht bist.

> All dies weiß deine Seele. Sie wollte dich genau da hinfüh-
> ren, um diese Erfahrung zu machen und dies zu fühlen. Es
> ist die wichtigste Erfahrung in deinem Erdenleben, damit du
> endlich zu dir selbst zurückkehren kannst und in deinem
> wahren Zuhause, in der Realität der Liebe ankommst, die
> schon immer da war.

Diese innere Selbstfindung und Erlösung kann uns niemand abnehmen, denn sie ist der Wesenskern des Spiels, für das wir immer wieder auf die Erde gekommen sind. Erlöse deine Emotionen der unteren Bewusstseinsebenen, und du wirst den Himmel sehen! Streife deine emotionalen und mentalen Fesseln ab und werde wach! Befreie dadurch deinen Körper und deinen Geist!

Das ist der entscheidende Teil unseres Bewusstwerdungsprozesses, der mit dem Wassermannzeitalter beginnt. Es ist der neue Himmel in uns, die wichtigste Veränderung, die den Paradigmenwechsel auf der Erde einleitet und unsere alten Glaubenssysteme vom Kopf, wo sie viele Jahrtausende gestanden haben, endlich wieder auf die Füße stellt.

Diese tief greifende innere Transformation ermöglicht uns in Zukunft, völlig neue Erfahrungen zu machen, die auf der Kraft unseres liebenden Herzens beruhen. Diese sind es, die eine neue Erde hervorbringen werden – eine feinstoffliche Welt, in der Menschen, die inneren Frieden und Selbstliebe gefunden haben – die »Sanftmütigen« – äußeren Frieden und Liebe erschaffen.

Das ist der höhere Sinn unserer Evolution – das innere Ziel des Lebens hier auf der Erde.

Es stimmt überein mit dem inneren Ziel des Lebens im gesamten Kosmos, überall dort, wo »Bewusstsein selbst« intelligentes, fühlendes Leben erschaffen hat.

Es ist Zeit, aufzuwachen und mit der Selbstbefreiung zu beginnen, damit der evolutionäre Quantensprung der menschlichen Spezies stattfinden kann.

Mit dem Erwachen hat das Leben eine grundsätzliche Tendenz zur Vollendung bekommen und das ist sehr tröstlich. Alles Leid dient nur dazu, endlich wach zu werden und zu sich selbst – und damit zu Gott – zurückzukehren.

Das Universum hat einen genialen Plan. Es ließ uns in die Erfahrung der Dualität eintauchen, um uns an dem Punkt, an dem wir uns am stärksten in dieser Erfahrung verloren hatten, herauszuheben und in die göttliche Einheit zurückzuführen. In dieser großartigen Transformation werden wir uns bewusst darüber, dass wir selbst göttlich sind. Damit offenbart sich uns das Ziel unserer Evolution als Menschheit. Und genau an diesem Punkt beginnen wir Frieden zu erschaffen, weil wir selbst zu Frieden geworden sind!

Wenige Sätze hätten genügt, um den Kern des Buches zusammenzufassen:

> Setze dir zum Ziel, jeden Tag mehr Liebe und Mitgefühl in dein Leben zu bringen. Dann kann sich das in dir zeigen, was nicht Liebe ist, damit du es wahrnehmen und loslassen – erlösen – kannst. Damit beschleunigst du deinen Aufstieg auf der großen Leiter des Bewusstseins, du erwachst und bringst dich zurück in die Einheit Gottes, das Paradies. Wenn das geschieht, fallen alle deine Probleme, Sorgen und Ängste von dir ab und du wirst Heilung erfahren.

Hättest du das geglaubt?
Ich hätte es nicht geglaubt. Und vielleicht hätte ich nicht einmal nach Beweisen gesucht, weil meine Vorstellungskraft nicht ausgereicht hätte, das alles so »einfach« sein soll.Und doch ist es das. Es ist die Lösung für alle von uns selbst erschaffenen Probleme.

Mit meinem Buch lasse ich den Teil von mir los, der immer alles beweisen wollte, denn es gibt nichts mehr zu beweisen. Alles ist schon immer da gewesen und wird sich uns nun zunehmend zeigen. Daran besteht kein Zweifel mehr. Der Aufstieg unserer Erde wird unaufhaltsam voranschreiten, schneller, als es uns noch die Bücher der Neunzigerjahre mitteilen wollten.
Mit unserem Erwachen erkennen wir, dass unser »freier« Wille in den göttlichen Willen einfließen und diesen vollständig verwirklichen wird. Und indem das passiert, werden wir uns der Worte bewusst, die den meisten Menschen bekannt sind: »… Dein Wille geschehe, wie im Himmel (in unserem Bewusstsein), also auch auf Erden …«

Gott hat für uns die Realität der Liebe geschaffen, damit wir bereits zu Lebzeiten in diese zurückfinden können. Es ist die Liebe, die bereit ist, alles zu geben, alles zu verstehen und nichts zu erwarten. Sie ist eine Energie, eine alles bewegende Kraft, die das gesamte Universum erfüllt. Liebe ist jetzt die *greifbare Kraft*, in deren Licht wir unsere Entwicklung vollenden werden.

Das ist der innere Sinn unseres Daseins hier auf Erden.

Wir alle sind auf dem Weg der Heimreise, genau wie Odysseus es war. Und unsere Irrfahrten werden bald ein Ende haben und unsere Kämpfe der Geschichte angehören.

Wir kehren zurück in unsere geistige Heimat, das Einheitsbewusstsein des Göttlichen und erkennen, dass wir selbst göttlich sind.

Wir alle sind die Kinder des einen Vaters und damit seine Söhne und Töchter. Und hier erst wird uns klar, was Christus meinte, als er sagte, er sei der Sohn des einen Vaters, der Sohn Gottes. Er wollte zum Ausdruck bringen, dass er ein selbstverwirklichter Mensch ist. Und indem wir ihn auf einen Sockel stellten, wurde er für zweitausend Jahre zu einem scheinbar unerreichbaren Ideal. Mit unserem Erwachen jedoch wird uns bewusst, dass er uns unseren eigenen Weg zeigen wollte, den Weg zurück in unsere geistige Heimat – in die Realität der Liebe. Es ist die Liebe, die wir bisher erfolglos im Außen gesucht haben, die sich jedoch tief im Herzen eines jeden von uns verbirgt.

Wir sind nicht allein

Dieser Teil liegt mir besonders am Herzen, und obwohl er für einige vielleicht völlig außerhalb ihres Vorstellungsvermögens liegen mag, habe ich mich doch entschlossen, ihn noch in das Buch aufzunehmen.

Wichtiger Bestandteil unseres Erwachens ist es auch, uns darüber bewusst zu werden, dass wir als Menschheit nicht allein sind im Kosmos. Wir sind lediglich eine von vielen Hunderttausenden intelligenten Spezies, die in den uns nahen und fernen Sternensystemen den unendlichen Raum bevölkern. Das Wissen darüber war über einen sehr langen Zeitrahmen hinweg »verborgen« und wurde uns besonders in den letzten Jahrzehnten von den dunklen Kräften unseres Planeten bewusst vorenthalten. Diese Zeit ist nun vorüber, und unser erwachendes Bewusstsein wird wieder erkennen, wie viele unserer Sternengeschwister darauf warten, mit uns offiziellen Kontakt aufzunehmen.

> Uns wird klar werden, dass es »auf der anderen Seite« starke friedliebende Kräfte gibt, die die Entwicklung der Menschheit nicht nur verfolgen, sondern denen unser Aufstieg in eine höhere Bewusstseinsdimension zur eigenen Herzensangelegenheit geworden ist. Sie befolgen seit Millionen von Jahren in vollem Bewusstsein ihres göttlichen Ursprungs den kosmischen Plan, den Plan des Schöpfers.

In der heutigen Zeit unterstützen sie bereits einige Jahrzehnte – von der Masse unbemerkt – den Aufstieg der Erde und der Menschheit mit ihren Fähigkeiten und ihrem Wissen. So haben sie entscheidenden Anteil daran, dass die dunklen Kräfte der Erde ihre Macht nicht dazu missbrauchen konnten, ein »Endzeitchaos« zu inszenieren. Sie sind, gemeinsam mit den geistigen Hierarchien bis hinauf zum Schöpfer, unsere stärkste Stütze, ohne die wir möglicherweise aus den starken Abhängigkeiten, in die uns die destruktiven Kräfte noch gedrängt hätten, nicht herausfinden würden.

Ihr Bewusstsein und ihre Technologie sind in Bezug auf irdische Maßstäbe sehr weit fortgeschritten. Selbst die Fernsehserien »Raumschiff Voyager« oder »Enterprise« verblassen vor dem, was dort wirklich existent ist. Allein ihre Raumfahrttechnologie ist so weit entwickelt, dass sie unsere Galaxis □ mit einem Durchmesser von 100 000 Lichtjahren – innerhalb weniger Minuten durchfliegen können. Deshalb betrachten sie auch die meisten Sternenzivilisationen als ihre galaktischen Nachbarn. Viele dieser Zivilisationen haben den Weg des Aufstiegs schon vor Tausenden oder gar Millionen Jahren beschritten. Einige erst in jüngster Zeit. Vielleicht mag das für manchen Leser kaum vorstellbar sein.

> Je eher Sie jedoch Ihren Geist dafür öffnen, desto schneller werden Sie diese Tatsachen akzeptieren können und umso weniger überrascht oder vielleicht sogar schockiert sein, wenn die Erstkontaktflotte mit den Repräsentanten der Galaktischen Föderation offiziell auf die Erde kommt. Bereiten Sie sich also mit offenem Geist auf die großartigen Dinge vor, die uns in nicht allzu ferner Zukunft erwarten und die unsere Entwicklung als Menschheit auf eine heute für die meisten noch unvorstellbar positive Art und Weise beeinflussen werden.

Werden wir jetzt etwas konkreter, um dem Ganzen eine Basis zu geben. Wie Sie bereits aus dem Kapitel über den kosmischen Plan wissen, wird die menschliche Erdenzivilisation in nicht allzu ferner Zukunft Mitglied der »Galaktischen Föderation des Lichts« sein. Das wurde mir bereits vor einigen Jahren, als ich ein Buch über die Maya las, klarer, obwohl mir noch konkrete Erkenntnisse fehlten. Mein Geist öffnete sich damals spontan und ich begriff, dass wir Bestandteil von etwas viel Größerem sind, ohne dieses Größere bereits zu kennen. Heute weiß ich durch Menschen, die das Wissen zur Verfügung gestellt haben, dass die Galaktische Föderation des Lichts, die die Föderation der Planeten ist, vor viereinhalb Millionen Jahren gegründet wurde. Mit dieser Gründung wollte man damals verhindern, dass interdimensionale dunkle Kräfte die Galaxis erobern und ausbeuten. Zu den Gründerzivilisationen gehörten derzeit die voll bewussten Gesellschaften der Sternenkonstellationen Lyra, Sirius, Zwillinge und Krebs. In Anerkenntnis dieser Tatsachen werden wir auch unsere eigene Entwicklungsgeschichte neu schreiben müssen, denn die Wiege aller menschlichen galaktischen Zivilisationen befindet sich im Sternbild Lyra im Vega-System.

> Wir haben uns nicht auf der Erde entwickelt, sondern stammen, wie auch die Sirianer, von Wasserprimaten ab, die vor circa sieben Millionen Jahren im Vega-System volle Empfindungsfähigkeit erlangten. Mit der offiziellen Ankunft der Galaktischen Föderation auf der Erde wird uns dieses Wissen vollständig zur Verfügung gestellt und wir werden daraufhin nicht nur unsere Biologie- und Geschichtsbücher einer grundlegenden Revision unterziehen.

So besteht die Galaktische Föderation heute aus mehr als 200 000 Sternen-Nationen und Sternen-Ligen, die alle raumfahrende Zivilisationen sind. Ungefähr 40 Prozent von ihnen sind humanoid und haben, wie wir, ein menschliches Aussehen. Die übrigen 60 Prozent sind intelligente bewusste Lebensformen, die kein menschliches Erscheinungsbild haben. Das Hauptquartier der Föderation befindet sich im Vega-System. Es koordiniert die Arbeit von 24 regionalen Konzilen. Das für die Erde zuständige Konzil ist auf dem vierten Planeten des Sirius-B-Systems angesiedelt. Die menschliche Zivilisation des Sirius B zählt zu den Säulen der Galaktischen Föderation. Die Sirianer fühlen sich der Erdenmenschheit auf besondere Art verbunden und gehören innerhalb der Galaktischen Föderation zu unseren entschiedensten Mentoren. Ihre

Spiritualität, ihr gesellschaftliches Leben und ihre Technologie können uns als Vorbild dienen, denn ihre Kultur, die seit 4,3 Millionen Jahren existiert, kennt weder Kriege noch nennenswerte Krisen.

Hier einige der Mitgliederzivilisationen der Föderation: die Andromedanische Sternennation, die Sternennation der Annanuki, die Arkturianische Konföderation, die Sternennation von Bellatrix, die Große Sternenunion des Centaurus, die Konföderation von Fomalhaut, die Sternennation von Mintaka, die Pegasus Sternen-Liga, die Procyon-Sternennationen und die Sirianische Sternennation. Diese voll bewussten Gesellschaften sind detailliert beschrieben im Buch von Michael George »Das Licht Gottes versagt nie« und auf der deutschen Webseite von Sheldan Nidle: www.paoweb.org (PAO/GFdL – Vorstellung der Galaktischen Föderation) zu finden. Sie erfahren dort über Aussehen, Größe, Schlafbedarf, Sprache, Raumschiffe sowie besondere Fähigkeiten und Aufgaben die wichtigsten Details.

Diese Föderation bildet eine für uns kaum vorstellbare gigantische friedliebende Kraft, die gemäß dem Plan des Schöpfers für unseren Aufstieg in eine neue Bewusstseinsdimension unterstützend tätig ist und den entscheidenden Faktor darstellt, den dunklen Kräften der Erde die Macht zu entziehen. Dazu hat sie ihre Raumflotte schon seit vielen Jahren um die Erde stationiert und beobachtet alle Aktivitäten, die diese Kräfte u. a. zur Ausrüstung ihrer unterirdischen Basisstationen mit neuester Kriegstechnologie unternehmen. Es gibt keine Art von Waffen, die die Föderation nicht neutralisieren könnte, wenn Versuche unternommen würden, diese gegen die Menschen zu richten. Nach dem offiziellen Kontakt mit der Erdenmenschheit wird die Galaktische Föderation in Zusammenarbeit mit den über Jahre im Vorfeld geschaffenen Verbindungsgruppen von fortgeschrittenen Führungspersönlichkeiten in mehr als 180 Ländern der Erde eine Entwicklung unterstützen, die das Wohl der Völker und jedes Menschen in den Vordergrund stellt. Dazu werden nach der Entmachtung der dunklen Kräfte der Erde zuerst neue Regierungen gebildet und die entsprechenden Gesetzeswerke der Länder im Hinblick auf Mitbestimmung und Freiheit erweitert.

In Vorbereitung darauf wurde bereits zu Beginn des neuen Jahrtausends vom US-Kongress in geheimer Abstimmung eine neue Gesetzesgrundlage – NESARA (Nationalökonomisches Sicherheits- und Reformgesetz) – verabschiedet und vom damaligen Präsidenten Clinton unterzeichnet.

Wird NESARA öffentlich verkündet, werden die wichtigsten finanz- und währungspolitischen Schlüsselpositionen auf den höchsten Ebenen der internationalen Finanz beseitigt. Gleichzeitig wird der »Federal Reserve Bank«, die von Illuminaten-Familien betrieben wird, die Währungshoheit aus den Händen genommen und wieder unter staatliche Kontrolle gestellt.

Außerdem stehen mit Einführung des neuen Gesetzeswerkes gewaltige Geldfonds zur Verfügung, die von den Aufgestiegenen Meistern über Jahrtausende zusammengeführt wurden und das Vermögen alter, längst vergangener Reiche beinhalten. Diese Fonds sind so unermesslich groß, dass damit weltweit allen Menschen ihre Schulden erlassen werden können.
Die meisten Gesetze werden überarbeitet, viele einfach gestrichen, die Todesstrafe abgeschafft. Der Medienapparat, der das Sprachrohr dunkler Machthaber ist, wird aufgelöst. Regierungen müssen abtreten, der EU-Vertrag wird seine Gültigkeit verlieren, da er ohne die Zustimmung der meisten Europäer zustande gekommen ist.
Dies alles kann nur gemeinsam mit Menschen, die ein neues Bewusstsein haben, verwirklicht werden. Deshalb hat man in Vorbereitung auf den großen Wandel frühzeitig nach Kräften Ausschau gehalten, die genügend machtvoll, kompetent, integer und verfassungstreu waren, um derartige Veränderungen einzuleiten und sie zugleich zu schützen sowie geheim zu halten. In den USA fand man sie in der Militärführung, bei pensionierten Generalstäblern, in Militärgeheimdiensten, beim US-Schatzamt, im US-Kongress, in mittleren und höheren Ebenen der Ministerien und Verwaltungen, im Management der Banken, unter Rich-

tern, Rechtsanwälten, Finanz- und Währungsexperten. Weltweit wurde in mehr als 180 Ländern der Erde ein riesiges Netzwerk dieser »Weißen Ritter« geschaffen, die schon seit vielen Jahren durch die Galaktische Föderation unterstützt werden. Es verpflichteten sich Kongressabgeordnete, Senatoren, Gouverneure der Bundesstaaten und die Bürgermeister von 150 der größten amerikanischen Städte, NESARA nach seiner Ausrufung zu unterstützen.

Ausführliche Erklärungen zu diesen Tatsachen finden Sie im Buch von Michael George.

Die Galaktische Föderation wird uns nach dem ersten offiziellen Kontakt die Möglichkeit geben, eine große Menge an Informationen über unsere Computer abzurufen. Mehrere Terabytes wurden z. B. bereits zu unserer eigenen Geschichte und zur Galaktischen Föderation und als technische Informationen aufbereitet.

Sobald unsere unter Verschluss gehaltenen Erfindungen und Technologien ans Tageslicht kommen, wird sich unser Leben bedeutend verbessern. Gleichzeitig wird uns die Föderation ermöglichen, ihre Technologien und Ausrüstungen zu nutzen. Dann werden wir über unabhängige, eigene und vor allem saubere Energieversorgungen verfügen können. Die meisten Grundbedürfnisse unseres Lebens werden kostenfrei zur Verfügung stehen!

Das Lernen wird bedeutend leichter werden und das Lerntempo drastisch ansteigen, indem holografische und telepathische Computer Verwendung finden.

Uns werden leistungsfähige Flug- und Raumfahrzeuge zur Verfügung stehen, die uns innerhalb weniger Minuten zu jedem Ort der Erde bringen oder innerhalb kürzester Zeit auf anderen Planeten landen lassen.

Ein großes Geschenk an uns wird eine Reinigungstechnologie für die Erde sein, mit deren Entwicklung die Föderation bereits begann, als klar wurde, dass wir erst viel zu spät bemerken würden, welchen Schaden wir unserem Heimatplaneten durch die Verschmutzung der Umwelt zufügen würden. Diese Technologie wird es ermöglichen, unsere Erde in einem relativ kurzem Zeitraum von vielen »Altlasten« zu säubern und ihre ursprüngliche Schönheit und Pracht wiederherzustellen.

> Innerhalb weniger Jahre wird unsere gesamte Gesellschaft einen gewaltigen Sprung nach vorn machen. Dinge, die die meisten heute noch für unvorstellbar halten, werden normal sein.

Auch ich hätte nicht damit gerechnet, dass eine derartige Kraft in unserem weiteren Evolutionsprozess an unserer Seite stehen wird. Es ist einfach viel zu großartig, als dass man es in Worten ausdrücken könnte. Ich empfinde große Dankbarkeit für alle, die uns dieses Wissen zugänglich machen und die ihre Zeit und ihre finanziellen Mittel einbringen. Ich freue mich – wie viele andere auch – unglaublich darauf, in nicht allzu ferner Zeit mit meiner kosmischen Familie vereint zu sein und gemeinsam mit ihr das Goldene Zeitalter des Lichts zu gestalten.

In Verbindung mit den bevorstehenden großen Wandlungsprozessen werden wir die Gelegenheit erhalten, uns auf völlig neue Art und Weise in das Leben einzubringen: ohne Konkurrenz und finanzielle Sorgen, mit Freude und Liebe.

»Ihr seid nicht hier, um immer noch auf diesem finsteren und unerträglichen Weg weiterzugehen; ihr seid hier, um eine neue Welt zu erschaffen, die vor LICHT nur so ›duftet‹. Dies setzt eine Anzahl grundlegender Bedingungen voraus, angefangen beim Grundstein immensen physischen, mentalen und geistigen (spirituellen) Reichtums für alle. In diesem Kontext ›verdunsten‹ die heimtückischen Manipulationen der Dunkelkräfte einfach, zusammen mit Habsucht, Verurteilung, Ignoranz und Streit. An ihre Stelle wird universeller Wohlstand, das Gefühl des Verbundenseins, der Weisheit und vor allem der unverhohlenen Ehrerbietung gegenüber der gesamten Schöpfung selbst – treten! In einer großartigen Transformation werdet Ihr in die göttlichen Wahrheiten des Himmels und der Schöpfung eingeweiht. Ihr werdet zu physischen Engeln, die geschaffen wurden, um die vielen Wunder zu entfalten, die der göttliche Plan umfasst.«[23]

> 13 Jahrtausende Unterdrückung und Knechtung der Menschheit gehen ihrem unwiderruflichen Ende entgegen. Eine erdrückende Sklaverei und eine endlose Kette zerbrochener Träume sind nun bald endgültig vorüber. Die Galaktische Föderation und die vielen irdischen Verbündeten arbeiten an den abschließenden Schritten des Weges unserer vollständigen Befreiung und Erhebung.

»Der erste Kontakt ist eines der göttlichen Elemente, der eure neue Ganzheit formen soll. Er ist ein riesenhaftes Unternehmen, und der Himmel hat da eine äußerst komplexe Komposition orchestriert. Diese geheiligten Noten bilden einen besonderen Gesang, der die Geburt eines neuen Reiches ankündigt. Es ist die Verheißung, die die Aufgestiegenen Meister proklamierten, nachdem die Dekrete von Aeon manifestiert worden waren. Diese heiligen Manifestationen kommen nun ins Physische. Ihre großartige Energie sendet die Wellen der Segnungen aus, die sowohl diese Realität als auch endlose andere Realitäten umwandeln sollen. Horcht auf! Wacht auf zur Macht der Liebe und zum unendlichen Potenzial des Lichts! Diese Welt ist umgewandelt und ›reformiert‹ in dieser glorreichen Liebe! Der gesamte Himmel jubiliert. Seid offen dafür, dies zu akzeptieren, und seid fähig, die Landungen zu beobachten und empfindet die Freude darüber in Euch!

Seid bereit, zu akzeptieren und zu lieben, was sich da verändert! Seid bereit, das zu segnen, was nicht mehr sein wird. Wir kommen, um euch in eure wundersame neue Wirklichkeit zu bringen. Begrüßt den Wandel und verkündet in euren Herzen diese neue, stille Revolution!

Wisst in euren innersten Herzen, das der ewige Vorrat und unendliche Wohlstand des Himmels in der Tat euch gehört!

Frohlockt! Seid gesegnet in himmlischer Liebe und Freude!«[23]

Die Vorbereitung auf Verjüngung und ewiges Leben

Heute, fünf Jahre nach dem Schreiben dieses Buches, nehme ich die Gelegenheit wahr, meine weiteren Erfahrungen mit dem Leser zu teilen. Ich wollte und konnte mich nicht damit zufriedengeben, was den Normalbürger im Leben erwartet – Alterung, Krankheit, Leiden und ein früher Tod. Deshalb arbeitete ich weiter konsequent daran, immer gesünder zu werden. Über viele Jahre erforschte ich sehr effektive Dinge auf diesem Weg, die ich täglich anwendete, wodurch sich meine Gesundheit ständig verbesserte und mein Energielevel anstieg.

> Mein Alterungsprozess wurde trotzdem, insbesondere nach dem 50. Lebensjahr, immer sichtbarer. Gesundheit jedoch verband sich für mich auch mit dem Gedanken an Jugendlichkeit und Schönheit. Deshalb stand ich eines Tages sehr traurig vor dem Spiegel und haderte mit Gott, indem ich ausrief: »Gott, wie kann ich glücklich sein, wenn ich täglich meinen fortschreitenden Alterungsprozess, meinen allmählichen Untergang mit ansehen muss!? Ich weiß, so hast du es nicht gemeint! Wo ist der Weg, diesen Prozess endlich aufzuhalten?! Was soll ich jetzt noch tun, nach all den Jahren der Mühe und Anstrengung? Hilf mir bitte!«

Es dauerte noch wenige Monate, und mein Regenerierungsprogramm wurde durch zwei entscheidende Dinge komplettiert. Wegweiser waren – wie so oft – die eigenen Probleme. Als ich diese integriert hatte, begann sich das unglaubliche Geschenk zu entfalten, das nur ganz allmählich sichtbar wurde – mein Regenerierungs-/Verjüngungsprozess.

Zuerst begriff ich nicht wirklich, was da geschah, und zum Glück hatte meine Tochter im vorletzten Jahr auch begonnen, diese Dinge täglich anzuwenden, um ihre Gesundheit zu verbessern. Dadurch bekamen wir nun die Möglichkeit, die sich vollziehenden körperlichen Veränderungen gemeinsam wahrzunehmen. Wir stellten fest, dass der Verjüngungsprozess, der in Wirklichkeit ein Regenerierungsprozess ist, wie durch ein Wunder sowohl bei ihr als auch bei mir ganz ähnlich ablief. Zuerst begann der Aufbau des inneren Mundbereiches bei gleichzeitiger Remineralisierung der Zähne. Alle Schleimhäute des Mundinnenraumes wurden fühlbar dicker, weicher und vor allem glatter. Mein Gaumen z. B. wurde dermaßen fest und glatt, dass ich andauernd mit der Zunge dieses neue Gefühl prüfen musste und immer wieder staunte. Meine Zähne, die vorher relativ unterschiedlich hell/dunkel gefärbt waren, wurden gleichermaßen durchgehend heller und erhielten ihren Glanz zurück. Eine Plombe im Schneidezahn sah plötzlich viel dunkler aus, als die nun deutlich helleren Zähne. Später bemerkten wir, wie sich meine Haut unterhalb der Augen und zwischen den Augenbrauen aufbaute und die dort bereits vorhandenen tiefen Falten deutlich flacher wurden. Der Bereich unterhalb der Augenbrauen sowie die untere Lidfalte hoben sich sichtbar an. Die Augen erhielten dadurch ein verjüngtes Aussehen. Die Lippen wurden voller und meine ursprüngliche Lippenform nahm wieder Gestalt an. Es begann eine sichtbare Verjüngung der Haut im Bereich des Dekolletes und des Halses. Das war der Beginn der Entfaltung eines Wunders, welches sich fortsetzt.

Ich fühlte ziemlich schnell, dass unser Körper über sehr starke Regenerierungskräfte verfügt, wenn die großen gesundheitlichen Probleme geheilt werden, sein inneres Milieu im Gleichgewicht ist und er alle notwendigen Aufbaustoffe erhält, die er dazu benötigt. An dem Tag, an dem ich das begriff, bemerkte ich, dass mein Körper viel mehr Wasser benötigen würde, als ich bisher getrunken hatte. Mir wurde klar, dass die tägliche Wassermenge deutlich über die 30 ml/kg Körpergewicht hinausgehen muss, um nicht größere Dehydrierungsprobleme zu bekommen, die sich bereits an Händen, Mund und Augen bemerkbar machten.

Umgehend verringerte ich die Dosierungen einiger Aufbauprodukte und trainierte mich darin, meinen Wasserkonsum zu erhöhen. Ich hatte verstanden, welches Geschenk mir gerade zuteil wurde, und mich erfüllte große Dankbarkeit. Viele Tage war ich von dem Gedanken beseelt: »Du hast gerade ein neues Leben erhalten!« Meine Tochter freute sich unendlich mit mir, weil alle Anstrengungen sich jetzt auszahlen würden und ich eines Tages auch äußerlich wieder jung aussehen würde. Gleichzeitig war sie davon überrascht, dass bereits in ihrem Alter mit 27 Jahren ein derart großer Regenerierungsbedarf in vielen Bereichen des Körpers bestand. Beide waren wir sehr glücklich, nun gemeinsam diese außergewöhnliche Möglichkeit zu erhalten.

Ich hatte endlich selbst erfahren, wie Gott es mit uns meinte, in seiner großen Liebe. Alles, was ich über die vielen Jahre getan hatte, war als Vorbereitung notwendig gewesen, um ein hohes Gesundheitsniveau und körperliche Stärke zu erreichen, damit die regenerativen Kräfte überhaupt erst aktiviert werden können. Wenn wir beginnen, Selbstverantwortung für Körper und Geist zu übernehmen, indem wir auf allen Ebenen gut für uns sorgen, dann müssen wir nicht altern oder krank werden.

> Alle sogenannte Alterung ist aus meiner heutigen Sicht Selbstvernachlässigung, Selbstzerstörung und Unwissenheit auf der Basis eines chronischen Nährstoff- und Wassermangels. Dadurch setzt eine sehr frühe Schwächung des Körpers ein, die in einen allgemeinen Verfall übergeht, den er nicht überlebt. In zwei Worten ausgedrückt ist Altern geistige und körperliche Degenerierung.

Dazu kommt die Massenhypnose – das, was die Mehrheit glaubt, wird für sie Realität. So ähnlich wie ich es im Kapitel über die Angst beschrieben habe: Dr. H., der beinahe starb, weil er der Prophezeiung des Eremiten Glauben schenkte, oder der zum Tode Verurteilte, der keinen Tropfen Blut verlor und durch seine Todesangst starb, die man ihm zu

Beginn des Experiments suggeriert hatte. So suggerieren auch wir uns, indem unser Geist im allgemeinen Massenbewusstsein verankert ist, einen vorzeitigen Tod. Täglich sehen wir bei uns allen gegenseitig den Verfall, der diese Matrix repräsentiert, und schon ist die perfekte Illusion erschaffen. Aber das ist nicht die Wahrheit! Lasst uns gemeinsam wach werden!

> Der Sinn des Lebens in der jetzigen Etappe unserer Evolution als Menschheit auf dem Planeten Erde besteht darin, Körper, Geist nd Seele durch Energieaufbau so weit zu erhöhen und anzuheben, dass der Alterungsprozess zum Stillstand kommen und sich umkehren kann. Das wird aus meiner Sicht der nächste positive Evolutionsschritt für die Menschheit sein! Alle, die eine Resonanz dazu haben, sollten wissen, dass sie hier sind, um mit ihrem Leben an dieser großartigen Evolution teilzunehmen.

Die Frage, die uns alle quälte, war doch, wohin uns das führen wird, was hier auf der Erde geschieht? Und was dabei aus uns als Menschheit werden wird? Die Antwort ist: Gehst du weiter in der alten Matrix-Illusion, führt es dich zu Selbstzerstörung und Untergang. Entscheidest du dich jedoch, am neuen evolutionären Schritt der Menschheit teilzunehmen, führt es dich in die Selbstliebe und den Aufstieg. Dieser ist jetzt ganz real für jeden Menschen erreichbar, der eine Entscheidung trifft und bereit ist, die Matrix zu verlassen und seine Lebensweise grundsätzlich zu ändern!

> Erst wenn unser Geist *und* unser Körper gemeinsam in ihrer Energie angehoben werden, können wir in den Aufstieg gehen.

Alles andere ist Selbsttäuschung. Somit kann ich auf die im Kapitel »Das Vorspiel« vor fünf Jahren gestellte Frage: Werden wir dann ein ganzes Leben lang gesund und ohne nennenswerte Alterung einfach nur glücklich sein und unserer Evolution folgen, die wir dann klar vor Augen haben? antworten: Ja, das werden wir! Und dieses Leben wird ein sehr langes sein. Das ist die froheste Botschaft, die ich dem Leser an dieser Stelle mitgeben möchte. Mehr als 15 Jahre Suche, Forschung und eigene Erfahrung haben mich dahin geführt, wohin ich letztlich kommen sollte – zu der Erkenntnis, dass auch wir hier auf der Erde ewige Leben haben können, wenn wir unser Geburtsrecht endlich einfordern und bereit sind, die Arbeit und Anstrengung auf uns zu nehmen, die dieser außergewöhnliche Weg erfordert.

Deshalb trage ich mich mit dem Gedanken, darüber ein weiteres Buch zu schreiben.

Ich gehe davon aus, dass sich aus diesem Weg eine Lebensschule herausbilden wird, die sich wieder vollständig am Göttlichen ausrichtet und auf ihr Banner geschrieben hat: »Lass Gesundheit deine Lebensweise sein.« Es ist ein komplexes Aufbau- und damit Aufstiegsprogramm für Körper, Geist und Seele. Dieses wird Menschen ansprechen, die sich vorstellen können, dass auch ihr Alterungsprozess gestoppt und rückgängig gemacht werden kann, um dauerhaft jung und vital zu sein. Interessierte junge Menschen erhalten damit die Möglichkeit, nicht mehr altern zu müssen. Freuen Sie sich darauf!

(weitere Informationen im Anhang 4)

Die Herausforderung

»Die Herausforderung dieses Zeitalters geht an jene weitblickenden und vorausschauenden Männer und Frauen mit geistiger Erkenntnis, die es wagen werden, gestützt auf die erweiterten und vorzüglich integrierten modernen Vorstellungen von kosmischer Wahrheit, universaler Schönheit und göttlicher Güte, eine neue und ansprechende Lebensphilosophie zu gestalten.

Solch eine neuartige Vision von Sittlichkeit wird ihre Anziehungskraft auf alles Gute im menschlichen Verstand ausüben und das Beste in der menschlichen Seele herausfordern. Wahrheit, Schönheit und Güte sind göttliche Realitäten und während der Mensch die Stufen geistigen Lebens hinaufsteigt, koordinieren und einigen sich diese höchsten Eigenschaften des Ewigen immer mehr in Gott, der Liebe ist.«

(Quelle: Urantia Buch; www.urantiabuch.org)

Poetischer Ausklang

Zum Ausklang meine abschließenden Gedanken zu dem Lied von Xavier Naidoo:

»Der Weg«

Dieser Weg wird deine Reise sein
und diese Reise führt direkt zur dir.
Dieser Weg wird dich selbst befrei'n,
denn nur deshalb bist du hier!
Dieser Weg wird dein Ende sein
und das Ende ist der (Neu)-Anfang von dir.
Er wird dich *und* die Welt befrei'n
Das Paradies klopft an unsere Tür.

Lass den Weg einfach steinig sein,
sieh nicht die Steine, sondern nur das Licht!
Es zeigt den Pfad, der jetzt geöffnet ist,
in eine Welt, die mit Vergangenem bricht.
Sieh das Licht und nimm jeden Stein dankbar an.

Geh voran,
auch wenn andere deinen Weg noch nicht versteh'n.
Werde selbst zum Licht,
das hell leuchten wird,
bis auch sie die Neue Erde seh'n!

Unser Weg wird dann leichter sein
Und ist nicht mehr so steinig und schwer.
Denn jeder Stein wird unsere Kraft befrei'n,
danach sehnt sich der Mensch so sehr.

Dieser Weg wird unser Aufstieg sein,
unser Aufstieg in eine neue Welt.
Diese Welt ist in uns selbst versteckt,
sie wird durch das Licht erhellt.

Dank

Ich möchte vielen Menschen danken, die zur »richtigen« Zeit in mein Leben traten, mich begleiteten und mir halfen, ein Stück weiter zu erwachen. Ich kann sie nicht alle nennen. Stellvertretend für sie alle danke ich:

Meiner Tochter Kristin (Bewusstwerdung, mediale Arbeit, Heilung) Tatjana und Jura Stetsenko (menschliche Biologie und Energie), Sabine Wolter (Kinesiologie), Rolf Bork (Energie), Dirk Engel (mediale Arbeit, Energiearbeit), Cornelia Stürmer (mediale Arbeit), Karin Hämmerle (mediale Radionik), Ulrike Voigt (Energieharmonisierung), Kirsten Kunde, Christa Stenger, Renata Ash (EMF), David Sandoval (lebendige Nahrung), Hanns-Martin Strobel, Karl Knödler, meiner Freundin Astrid Wihan und Arnd Stein, dessen Musik während des Schreibens mein ständiger Begleiter war; den Interessenten meiner Vorträge sowie Jed McKenna, der durch sein Buch »Spirituell unkorrekte Erleuchtung« der eigentliche Auslöser für dieses Buch war.

Ich danke dem Schirner Verlag, der sich kurzfristig entschloss, mein Buch neu herauszugeben.

Ich danke meinen geistigen Begleitern, die mich mit ihrer höchsten Kraft motiviert und unterstützt haben.
Ich danke Gott und meiner inneren göttlichen Führung.

Ich habe meine Wahrheit, wie sie sich zum jetzigen Zeitpunkt darstellt, mit meinen Worten und meiner Art, die Dinge zu sehen, möglichst einfach und allgemein verständlich aufgeschrieben.

Anhang

Anhang 1
Die gemessene Wahrheitsebene des Buches

Das Buch als Ganzes kalibriert auf der Skala des menschlichen Bewusstseins von 1–1000 nach Davis R. Hawkins oberhalb des Messwertes von 850.

(Die kinesiologischen Testungen wurden mit Sabine Wolter, Ärztin für Naturheilverfahren, durchgeführt, die seit sieben Jahren praktische Erfahrungen mit der Methode nach Dr. David Hawkins hat und sie täglich praktiziert.)

Anhang 2
Tafel der Skala des Bewusstseins mit den Ebenen des Lichtbewusstseins

(Ausschnitt) nach David R. Hawkins
(Quelle: Licht des Alls, Die Wirklichkeit des Göttlichen, Sheema Medien Verlag, Wasserburg 2006, S. 219 und S. 553)

Ebene	Messwert
Das Allerhöchste GOTT-Sein/GOTT unmanifiestiert	Unendlichkeit
GOTT manifestiert als das Göttliche/der Schöpfer	Unendlichkeit
Erzengel	50.000+
Ich als Essenz der Schöpfung	1.250
ICH als letztendliche Wirklichkeit	1.000+
Christus, Buddhaschaft, Krishna, Brahman	1.000+
Avatar	985
Gott(SELBST) als Logos	850
Das SELBST, als Existenz oder Nicht-Existenz übersteigend	840
Lehrer der Erleuchtung	800
Ich/Gott-SELBST als Allsein	750
Der/die Weise – das SELBST als GOTT manifest	700
Das SELBST als Existenz	680
ICH BIN	650
Erleuchtung, Lichtbewusstsein	600
Heiligkeit	575
Freude, Bedingungslose Liebe	540
Liebe	500
Vernunft	400
Akzeptanz	350
Bereitwilligkeit	310
Neutralität	250
Mut, Wahrheit, Integrität	200
Stolz	175
Wut, Ärger	150
Begehrlichkeit	125

Ebene	Messwert
Angst	100
Kummer	75
Apathie	50
Schuldbewusstsein	30
Scham	20

(Die Messwerte sind nicht linearer Natur, sondern die Logarithmen zur Basiszahl 10, also 10 hoch 200, 10 hoch 250 usw. Es sind Energiefelder. Ab Ebene »Heiligkeit« sind es »Erleuchtete und göttliche Zustände«.)

Die Bücher von Dr. med., Dr. phil. David R. Hawkins:
»Das All-Sehende Auge«
»Das Licht des Alls – die Wirklichkeit des Göttlichen«
»Erleuchtung ist möglich. Wie man die Ebenen des Bewusstseins durchschreitet«
»Hingabe an Gott. Der mystische Weg aus der Dualität«
sind vom Sheema Medien Verlag, Wasserburg/Inn auf Deutsch herausgegeben worden. (http://www.sheema.de, E-Mail: info@sheema.de, Tel. 08071 - 94813)

Anhang 3
Charles Manson und Anna Jennings

Hier finden Sie die Geschichte zweier Menschen, wie Ty C. Colbert sie in seinem Buch beschreibt. Ich habe sie etwas gekürzt und teilweise mit eigenen Worten wiedergegeben.

Die erste ist von Charles Manson und kann Ihnen helfen zu verstehen, wie aus der Verletzung von Gefühlen in der Kindheit emotionaler Schmerz und emotionale Störungen entstehen, die letztendlich Selbsthass und Gewalt gegen andere hervorbringen. Wenn wir ein wirkliches Verständnis von den »dunklen« Seiten unseres eigenen Verhaltens erlangen, wird uns bewusst, dass sie alle einem emotional verwundetem Selbst entspringen. Sie sind das Ergebnis schwerer Verletzungen, die das eigentliche Selbst dieses Menschen über einen langen Zeitraum erdulden musste. Das Beispiel von Charles Manson wird Ihnen zeigen, wie daraus eine kriminelle Psyche wie die seine entstanden ist.
Das Beispiel von Anna Jennings macht deutlich, wie die Verdrängung bzw. Nichterkennung eines frühkindlichen Traumas sowie die konventionelle psychiatrische Behandlung Anna in den Selbstmord treiben.

Auch jetzt, da ich die Biografie von Charles für dieses Buch wiedergebe, empfinde ich erneut, dass diese Menschen eigentlich unser Mitgefühl benötigen würden. Noch wichtiger wäre jedoch eine wirkliche Möglichkeit, ihre Traumatisierungen und Verwundungen zu heilen, anstelle einer lebens- oder jahrelangen Inhaftierung, die sie in der Regel noch mehr Verletzung erfahren lässt und deshalb kaum zu ihrer Besserung beitragen kann. Die Zeit ist überreif!

Charles Mansons Kindheit

Im Jahre 1969 randalierten in der Gegend von Hollywod, Los Angeles
mehrere Personen, die unter dem kultähnlichen Einfluss* von Charles
Manson standen. Dabei töteten sie acht Menschen. Zu den Ermordeten
gehörte auch die Schauspielerin Sharon Tate. Deshalb wurden diese Ge-
walttaten als die »Tate-LaBianca-Morde« bekannt.
Die Informationen über Charles Manson sind seiner kurzen Autobiogra-
fie entnommen, in der er seinen erlittenen Schmerz mit anderen teilen
möchte sowie auch dem später verfilmten Buch Helter Skelter (Hals
über Kopf).
Seine Geschichte beginnt mit einem kurzen Einblick in die Vergangenheit seiner Mutter, die völlig unter dem Einfluss ihrer dominanten
Mutter stand, welche fanatisch-religiösen Überzeugungen anhing. Jeder
musste sich »dem Willen Gottes« beugen. Es war sündhaft, einen Knö-
chel zu zeigen oder das andere Geschlecht zu freundlich anzulächeln.
Auch der Großvater wurde von der Großmutter für sein »vulgäres« Verhalten gescholten, wenn er der eigenen Tochter gegenüber Zuneigung
zeigte.
Charles' Mutter wurde ständig von der Großmutter tyrannisiert. Sie
durfte das Kleid nicht zu kurz und ihr Haar nicht offen tragen, musste
immer sofort von der Schule nach Hause kommen, durfte nicht mit Jungen sprechen und zum Schulball gehen. Mit 15 lief sie von zu Hause
weg und lebte ihre neu gewonnene Freiheit. Sie trank viel Alkohol und
schlief, mit wem sie wollte. Sie brauchte nun niemandem mehr Rechen-
schaft ablegen. Mit 16 wurde sie schwanger. Charles wurde geboren.
Er sah seinen Vater nur einmal. Da die Mutter keine Verantwortung
für Charles' Erziehung übernehmen wollte, gab sie ihn nacheinander
zu verschiedenen Verwandten. Oft blieb er allein mit einem Babysit-

* Ein Einfluss, den man z. B. mit Sekten in Verbindung bringt. Die Menschen dieser Gruppierungen sind dabei mehr oder weniger stark abhängig vom Anführer und dessen Dogma. Charles
Manson hat sich einen ähnlichen Einfluss auf die Mitglieder seiner Gang geschaffen. Ein Beispiel
für destruktive geistig-emotionale Gruppenverstrickungen auf untersten Bewusstseinebenen.

ter, während sie tagelang verschwand, bis ein Verwandter ihn abholte. Einmal verkaufte sie ihn sogar für einen Krug Bier an eine Kellnerin, bis ein Onkel ihn zurückholte. Als Charles sechs Jahre alt war, wurde seine Mutter wegen Diebstahls ins Gefängnis gesteckt. Er wurde als unerwünschtes Kind von einem Verwandten zum nächsten gereicht. Dort hörte er oft, er sei ein »kleiner Bastard« und seine Altersgenossen zogen ihn damit auf, dass seine Mutter ein Knastbruder sei. Zu Weihnachten bekam er von seiner Großmutter einmal nichts weiter als eine Haarbürste, damit er sein Haar in Ordnung halten sollte. Die Kinder aus der Nachbarschaft zogen ihn damit auf und gaben mit ihrem neuen Spielzeug an. Er wurde wieder gedemütigt und fühlte sich wie ein Ausgestoßener. Als seine Mutter aus dem Gefängnis entlassen wurde, war Charles acht Jahre alt. Für ihn war das einer der glücklichsten Tage seines Lebens. Sie schien ihn auch vermisst zu haben, doch es dauerte nicht lange und sie verfiel wieder in ihre alten Gewohnheiten und zog ihn mit sich in die Gosse. Da er nun alt genug war, bei ihr zu wohnen und für sich selbst zu sorgen, konnte sie sich draußen herumtreiben. Charles fehlte häufig in der Schule und hatte mit zwölf Jahren eine Reihe von Heimen kennengelernt, in denen ihn seine Mutter vorübergehend unterbrachte. Auch glaubte er nicht mehr, dass alle Liebhaber, die seine Mutter mit nach Hause brachte, »Onkel« waren. In dieser Zeit drohte ein Liebhaber damit, seine Mutter zu verlassen, weil er ihr Kind nicht ausstehen könne. Daraufhin hörte Charles, wie die Mutter sagte: »Verlass mich nicht, hab Geduld. Wir werden eine Lösung finden.« Kurz darauf standen er und die Mutter vor Gericht, dem sie erklärte, sie könne sich für ihren Sohn kein ordentliches Heim leisten. Charles wurde daraufhin unter Amtsvormundschaft gestellt und in ein Heim für Jungen eingeliefert. Diese Einweisung war für den jungen Charles ein vernichtender Schlag. Er schreibt:

»Mein Kopf und mein Magen begannen, verrückt zu spielen. Mir war übel. Ich konnte nicht atmen. Tränen rannen meine Wangen hinunter. Eine unsichtbare Macht zerquetschte mir den Brustkorb und stahl mir das Leben. Ich liebte meine Mutter. Ich wollte sie. ›Warum, Mom?

Bitte komm und hole mich.‹ Ich war einsamer als je zuvor in meinem Leben.«[24]

Im Heim war Charles vielen Dingen ausgesetzt, die Durchschnittskinder nicht erleben. Er musste zusehen, wie man Kinder zu homosexuellen Handlungen zwang und wie man Gesetze übertrat. Er begann, seine Gefühle zu verstecken, weil es ausgenutzt wurde, zu viel Gefühl zu zeigen. In größeren Zeitabständen erschien seine Mutter mit dem Versprechen, ihn bald mit nach Hause zu nehmen. Charles wollte ihr glauben, doch sie hielt ihr Versprechen nicht. Als es ihm leid war, auf sie zu warten, rannte er aus dem Heim weg, direkt zu seiner Mutter. Diese hatte nichts Eiligeres zu tun, als ihn sofort wieder dorthin zurückzuschicken. Das war ein schmerzvoller Wendepunkt für Charles:

»Dieses Mal gab es keine Tränen. Zumindest liefen keine meine Wangen hinunter. Ich wusste auch, dass ich nicht länger lächeln oder glücklich sein konnte. Ich war verbittert, und ich kannte wirklichen Hass. Die Fahrt zurück war Zeitverschwendung. Ich machte mich bei der erstbesten Gelegenheit auf und davon. Auf Wiedersehen, Heim. Auf Wiedersehen, Mom.«[25]

Von dieser Zeit an begann Charles im Alter von zwölf Jahren mit dem Stehlen, um auf der Straße überleben zu können. Er lernte einen Jungen kennen, der ihm vorschlug, mit ihm bei seinem Onkel zu leben. Dieser Onkel zwang beide, für ihren Lebensunterhalt zu stehlen, bis Charles dabei geschnappt wurde. Er kam daraufhin in eine Reformschule, in der verzogene, sadistischen Lehrer und ältere Schüler ihr Unwesen trieben. Dieser Ort brachte viele Schwerverbrecher hervor. Die Kinder wurden dort sehr häufig gepeitscht und geschlagen, oft bis sie ohnmächtig wurden. Die meisten wurden durch die Angestellten oder ältere Insassen zu homosexuellen Handlungen gezwungen.

»Es war nicht unüblich, von hinten vergewaltigt und dann geschlagen zu werden. In einem Alter, in dem die meisten Kinder auf nette Schulen gehen, bei ihren Eltern leben und von den besseren Dingen des Lebens erfahren, erholte ich mich von den Wunden, die man mir mit einem Lederriemen zugefügt hatte, und lernte, die Welt und alle, die in ihr lebten, zu hassen.«[26]

Im Alter von 16 Jahren flüchtete Charles mit einem Freund. Sie nahmen sich ein Auto und fuhren nach Kalifornien. Bei der Grenzüberquerung schnappte man sie und Charles kam für dreieinhalb Jahre auf eine bundesstaatliche Besserungsanstalt.
Nach seiner Entlassung lernte er ein Mädchen kennen, verliebte sich und heiratete. Wie er schreibt, konnte er zum ersten Mal im Leben Liebe empfinden.

»Wenn sie flüsterte »Ich liebe dich«, bekam ich am ganzen Körper eine Gänsehaut. Ihre Liebe füllte eine große Leere. Zum ersten Mal in meinem Leben hatte ich das Gefühl, die Welt erobern zu können.«[27]

Um seine Frau und später sein Kind ernähren zu können, begann er wieder mit dem Stehlen und landete bald erneut im Gefängnis. Dort wurde ihm klar, welche Bedeutung die Liebe seiner Frau und seines Kindes für ihn hatten. Er verstand, wie dumm er sich in seinem Leben verhalten hatte. Er war zum ersten Mal wirklich motiviert, alles zu tun, um ein ehrlicher Mensch zu werden. Seine Frau schrieb ihm häufig und besuchte ihn, sooft sie konnte. Charles war von den Empfindungen von Liebe, die er als Kind nie kennengelernt hatte, sehr inspiriert. Der Gedanke an sein eigenes Kind und die Liebe seiner Frau wurden sein größtes und einziges Ziel. Leider wurde ihm diese emotionale Unterstützung mit einem Schlag entzogen. Seine Frau besuchte ihn plötzlich nicht mehr. Durch seine Mutter erfuhr er, dass sie mit einem anderen Mann davongegangen sei. Nachdem er erkannte, dass er von den einzigen Frauen, die er je geliebt hatte, verlassen worden war, zerbrach Charles Manson. »Ich drehte durch. Die ganze Welt brach über mir zusammen. Ich sah sie und das Kind nie wieder.«[28]

Trotz allem und obwohl er immer noch im Gefängnis und über den Betrug seiner Frau verbittert war, versuchte er, irgendeinen Zweck oder eine Bedeutung im Leben zu finden. Er entdeckte, dass er musikalisches Talent besaß und setzte seine Energie ein, um es zur Entfaltung zu bringen. Er spielte Gitarre und komponierte.

Als ihn eines Tages seine Mutter besuchte, bat er sie um 200 Dollar, um sich eine eigene Gitarre kaufen zu können. Als sie ihm erklärte, dass sie pleite sei und kaum genug zum Essen hätte, zeigte er dafür Verständnis. Zwei Monate später jedoch kam seine Mutter mit einem kleinen Mädchen auf dem Arm, um ihm seine Schwester vorzustellen, die sie für 2000 Dollar adoptiert hatte, was sie ihm gleichfalls erzählte. Charles schrieb als Reaktion darauf:

»Ich fühlte eifersüchtige Wut in mir hochsteigen. Ich rastete aus und sagte ziemlich scheußliche Dinge, unter anderem, dass ich sie nie mehr wiedersehen wolle.«[29]

Weiter an seine Musik glaubend, komponierte er das letzte Jahr im Gefängnis so viel er konnte. Als er entlassen wurde, war er fest entschlossen, seine Weg in der Musik zu gehen und ehrlich zu leben. Nach einigen gebrochenen Versprechungen und mehreren Enttäuschungen in der Musikindustrie, die sehr wettbewerbsorientiert war, fand sich Charles in den 60er-Jahren auf der Straße wieder. Nachdem sein Leben voll von Enttäuschungen, Fehlschlägen und Gefühlen des Verlassenwerdens bestimmt war, begann er, zu einem der berüchtigsten Mörder unserer Zeit zu werden.

Als er kriminell wurde, traf er Entscheidungen, für die er belangt werden musste, doch er war nicht der Einzige, der für sein weiteres Leben verantwortlich war. Viele gesellschaftliche Gruppierungen waren daran beteiligt, dass er eine kriminelle Psyche entwickelte: seine Eltern, seine Großeltern, seine Verwandten, die Kirche, die Gemeinde, die Gerichte, die Gefängnisse und die Jugendfürsorge. So gut wie alle hatten versagt.

Charles Manson ist nicht von heute auf morgen zu einem Mörder geworden. Als unschuldiges Kind hatte er immer wieder sein Herz investiert
und dann erfahren, wie seine Unschuld durch Ablehnung und Vernach-
lässigung zerbrochen worden war.

Ty C. Colbert schreibt: »Da unser Unterbewusstsein auf so effiziente Art
und Weise Schmerz ausschaltet und uns hilft, die unzähligen Verletzungen zu vergessen oder zu leugnen, können wir einfach nicht verstehen,
welch ungeheurer Schmerz sich angesammelt haben muss, um ein Verhalten wie das von Charles Manson hervorzubringen.«[24]

Anna Jennings

Obwohl das medizinische Modell und der Einsatz von Medikamenten
ein Segen des 20. Jahrhunderts zu sein scheinen, haben sie in Wirklichkeit im Leben von Millionen Menschen Katastrophen ausgelöst. Anna
Jennings gehört zu ihnen. Ihre Mutter, Dr. Ann Jennings, schreibt über
Ihre Tochter Folgendes:

Anna war seit ihrem 13. Lebensjahr über 19 Jahre lang Patientin des
Gesundheitswesens. Sie wurde in dieser Zeit von einer psychiatrischen
Einrichtung zur nächsten weitergereicht. Sie befand sich in Kranken-
häusern, Abteilungen für akute Fälle, psychiatrischen Notaufnahmen,
Wohnheimen für Menschen in Krisensituationen sowie geschlossenen
Abteilungen. Zu den Diagnosen, die ihr im Verlauf dieser fast 20 Jahre
gestellt wurden, zählen: Depression, Borderline-Persönlichkeitsstörung
mit paranoiden und schizotypischen Zügen, Paranoia, Verhaltensstö-
rung der aggressiven Art, verschiedene Typen von Schizophrenie, Ano-
rexie, Bulimie und Zwangsneurosen.
Neben einer Behandlung mit Insulin und einer Elektrokrampftherapie
bestand die Behandlung zu 95 Prozent aus der Verabreichung von Me-

dikamenten. 1992 nahm sich Anna, an ihre emotionale Grenze gelangt, im Alter von 32 Jahren das Leben.

Ihre Probleme hatten bereits als Kleinkind begonnen, im Alter von zweieinhalb Jahren, indem sie unkontrolliert zu schreien und zu weinen begann. Ihre Eltern hatten nicht bemerkt, dass sie durch den Babysitter sexuell missbraucht wurde. Annas erste Versuche, mit einer Haushälterin darüber zu sprechen, wurden nicht ernst genommen. So blieb der Missbrauch 20 Jahre lang unentdeckt. Rückblickend erkennt ihre Mutter, dass die Schreie und die panische Angst Annas Hilferufe waren und sie dadurch ihre verwundeten Gefühle mitzuteilen versuchte. Sie wurde ein schwieriges Kind, das für sein Schreien und Weinen zusätzlich noch mit Stubenarrest und Prügel bestraft wurde. Obwohl Anna einen Mann erwähnte, der mit ihr seine Spielchen trieb, konnte niemand die Wahrheit erkennen. Sexueller Missbrauch existierte nicht in unseren Köpfen, sagte die Mutter. Anna zog sich daraufhin vor sich selbst und vor anderen Kindern zurück.

Zusätzlich war Anna auch Traumata in der Familie ausgesetzt, wie Alkoholismus und Scheidung. Im Alter von dreizehn Jahren brach sie zusammen und ein Psychiater verschrieb ihr ein Neuroleptikum, das ihr helfen sollte zu schlafen. Die nächsten zwölf Jahre hielt sie sich in psychiatrischen Kliniken auf.

Neben Medikamenten, Schock- und Insulintherapie wurden in die Behandlungen auch eine Familientherapie, eine Vitamin- und Ernährungstherapie, eine Verhaltenstherapie sowie Kunst-, Musik- und Tanztherapien einbezogen. Niemand unternahm den Versuch, nach einem Kindheitstrauma zu fragen. Erst als Zweiundzwanzigjährige erzählte sie ihrer Mutter Einzelheiten des Missbrauchs. Doch es war bereits zu spät. In ihrer Kindheit und später durch das psychiatrische System missbraucht, war sie so erfüllt von Gefühlen der Wertlosigkeit und Scham, dass sie das Bedürfnis hatte, sich selbst zu missbrauchen:

Dazu drückte sie Zigaretten auf ihren Armen, Beinen und im Genitalbereich aus, schlug mit dem Kopf und den Fäusten gegen Wände, fügte

sich selbst mit aufgerissenen Dosen tiefe Narben zu, schob Kleiderbü-
gel, Bleistifte und andere scharfe Gegenstände in ihre Vagina, schluck-
te Nägel und steckte Pillen in ihre Ohren, versuchte, sich die Augen
auszureißen, zwang sich dazu, sich zu übergeben, stocherte nach ihrem
Kot, um ihrem Körper Nahrung zu entziehen, stach sich selbst mit einem scharfen Messer in den Bauch und bezahlte Männer dafür, sie zu
vergewaltigen.[30]

Die Fachwelt ignorierte Annas Missbrauchsgeschichten, obwohl viele
der Fachleute in ihren Disziplinen ein hohes Ansehen genossen. Viele
mochten Anna sehr gern, doch die Behandlungsmethoden der Psychiatrie verstärkten nur ihr Kindheitstrauma. Die ausschließliche Fixiertheit
auf die pathologischen Symptome, die Auffassung, sie leide an einer
Hirnschädigung, ihre Abhängigkeit von Psychopharmaka sowie das
Schweigen auf ihre Missbrauchsenthüllung hatten schwerwiegende Folgen: Anna fühlte sich bestätigt in ihrer Selbsteinschätzung, »schlecht«,
»gestört«, eine »schlechte Saat zu sein« und einen bösen Einfluss auf
die Welt zu haben.
Kurz nach ihrem 32. Geburtstag fand sie die Nachtwache, die ihr eine
weitere Spritze geben wollte, erhängt in ihrem Krankenzimmer.
Das schreckliche und schmerzvolle Leben, was Anna lebte, hatte sie
nicht verdient. Von der Zeit als Kleinkind, in der sie zum ersten Mal
missbraucht wurde, bis zu ihrem Selbstmord, wurde sie gequält von vergangenem Schmerz, der Leugnung des Schmerzes durch das psychiatrische System und den furchtbaren Nebenwirkungen der Medikamente.
Das medizinische Modell quälte sie ebenso wie ihr ehemaliger Peiniger.

Ihre Mutter, Ann Jennings, begann, nachdem sie endlich verstanden hatte,
was Anna ihr zu sagen versuchte, nach ihrer Scheidung ihre eigene Heilung voranzutreiben und das Schicksal ihrer Tochter aufzuarbeiten. Das
tragische Leben ihrer Tochter veranlassten sie, im Fach Psychologie eine
Dissertation zu Annas Fall zu schreiben. Dabei entdeckte Dr. Jennings,
dass es Tausende von »Annas« geben muss, die im psychiatrischen Sys-

tem verloren gegangen sind. Nach Untersuchungen, auf die sie gestoßen ist, sind 81 Prozent der in Anstalten untergebrachten Patienten sexuell missbraucht worden und/oder haben ein psychisches Trauma erlitten. (Ich glaube, diese Zahl kann man ruhig noch höher ansetzen, wenn nicht gar auf 100 Prozent erhöhen, denn von den restlichen 19 Prozent, konnte man dies mit den damaligen Mitteln wahrscheinlich einfach nur nicht herausfinden.)

Ann Jennings und Ty C. Colbert sowie andere Fachleute vertreten ebenso die Ansicht, dass die Masse der psychisch kranken Menschen, die zu Schocktherapien und Medikation gezwungen werden, unter den Symptomen des emotionalen Schmerzes leiden, den sie in ihrer Kindheit erlitten haben.

Dr. Ann Jennings sagt, dass Medikamente hilfreich sein können, wenn sie in bestimmtem Zeitrahmen, vorsichtig einem über die Wirkungen aufgeklärten Patienten verabreicht werden. Eine ununterbrochene Medikation jedoch beraubte Anna ihrer Fähigkeit zu fühlen und zu denken, ohne die wiederum eine Heilung nicht möglich ist.

Sie schreibt dazu:

»Vor einigen Jahren durchlebte Anna eine Krise, ohne Medikamente zu nehmen. Mehrere Tage bat sie mich, sie zu halten. Sie sprach leise über ihre Gefühle. Weinte still und zeigte mir durch ihre Berührungen und Umarmungen ihr Vertrauen. Einen Tag nachdem ihre neu verordneten Medikamente »Wirkung zeigten«, sagte sie mir mit ausdrucksloser Stimme und gequältem Blick: »Mom, das Gefühl der Liebe verschwindet.« Wie ihre Gefühle der Wut, des Leids und der Angst, wurden auch ihre Gefühle der Liebe, der Freude, der Fürsorge und Intimität unterdrückt, was sie wieder von sich selbst und anderen isolierte und die Möglichkeit der Heilung verhinderte.«[31]

Dr. Ann Jennings hat auch Ausführungen zur Kostenfrage gemacht und ihre Analyse ergab, dass Anna insgesamt 4124 Tage im Krankenhaus verbrachte und die Kosten sich bei 640,00 Dollar Tagessatz auf rund

2,64 Millionen Dollar beliefen. Nicht enthalten darin sind Kosten für Wohnheime, case-management, Rechtskosten, Kosten für Sozialdienste, Medikamente u. a., die auf über eine Million Dollar geschätzt werden, sodass sich eine Gesamtsumme von rund 4 Millionen Dollar ergibt. Eine am Trauma orientierte Behandlung mit zwei wöchentlichen Sitzungen à 150 Dollar hätte nicht mehr als 265.000 Dollar gekostet und trotzdem Aussicht auf Genesung gehabt. Wären ihre Störungen nach dem Modell des emotionalen Schmerzes therapiert worden, wäre ihr Leben nicht so qualvoll verlaufen und ein Selbstmord verhindert worden.

Werden Sie wach!

Anhang 4
Lebens-Energie-Programm

Ab Oktober 2012 führe ich interessierte Menschen in den Weg der vollständigen Regenerierung und Verjüngung ein. Gehen Sie davon aus, dass dieser Weg jeden Monat finanzielle Mittel erfordert und Ihnen tägliche Bemühungen zur Wiederherstellung Ihrer Gesundheit abverlangt. Das ist Voraussetzung für die Aktivierung der Selbstheilungskräfte und die Umkehr des Alterungsprozesses. Bestandteil dieser selbstverantwortlichen Arbeit ist zu Beginn eine Blutuntersuchung, die körperliche Belastungen und andere gesundheitliche Störungen aufdecken wird. Diese ist mit 4 Tropfen Blut aus der Fingerbeere sehr einfach zu handhaben und wird per Post versendet. Private Krankenkassen erstatten die Kosten. Daraus kann sich ein zusätzliches, parallel zu absolvierendes Programm ergeben. Natürlich entscheiden Sie selbst, was Sie für Ihre Gesundheit tun wollen. Es ist auch möglich, einzelne Teile des Programms durchzuführen und sich kleinere Ziele zu setzen. Unabhängig vom durchgeführten Programmumfang ist für jeden Teilnehmer eine Einführungsgebühr für die Nutzung dieser einmaligen Möglichkeit zu entrichten. Die Teilnehmer werden durch ein erstes ausführliches Beratungsgespräch ausgewählt, das dazu dient, Vorstellungen über die Lebensweise und Vorgeschichte des Interessenten zu erhalten sowie das Programm zu erläutern.

Die Wiederherstellung des vollen Potenzials der Selbstheilungskräfte des Körpers mit einer Umkehr der Alterung, benötigt, je nach Ausgangszustand und Alter, unterschiedliche Zeitrahmen. Diese sind sehr individuell, auch aufgrund bestehender Belastungen und verdeckter Krankheitsprozesse. Auf Fragen nach sichtbaren Verjüngungsergebnissen kann deshalb nicht allgemeingültig geantwortet werden. Als ich das gesamte Programm vollständig anzuwenden begann, hatte ich bereits innere Reinigungen auf der körperlichen Ebene, Ernährungsumstellung, Energieaufbau und Lösungsarbeit auf der geistig-emotionalen Ebene absolviert. Außerdem treibe ich seit meiner Jugend Ausdauersport. Auf dieser Stufe hat das Programm innerhalb von drei Monaten sichtbare Erfolge gezeigt. Ist man wesentlich jünger als Mitte 50, so stellen sich, wie die Erfahrungen mit meiner Tochter zeigen, deutlich schneller Ergebnisse ein. Die innere Reinigung und aufbauende Regenerierung kann bei intensiver Mitarbeit in einem vergleichsweise kurzen Zeitrahmen – aus heutiger Sicht von circa ein bis zwei Jahren abgeschlossen sein. Da Sie sich mit dem Programm ein außergewöhnlich langes Leben in jugendlicher Bestform erarbeiten können, nimmt die Bedeutung von Zeit in diesem Zusammenhang stark ab.

Sie bringen gute Voraussetzungen mit, wenn Sie sich bereits ein bestimmtes Maß an Selbstverantwortung, Disziplin sowie Organisation und Management in anderen Lebensbereichen erarbeitet haben oder es bereits gewöhnt sind, täglich etwas für Ihre Gesundheit tun.

Informationen zur Anmeldung entnehmen Sie bitte meiner Webseite www.erwachen-in-liebe.de, die ich rechtzeitig dort einstellen werde.

Bitte haben Sie Verständnis, dass ich Menschen mit gravierenden akuten oder chronischen Erkrankungen, die sich in regelmäßiger schulmedizinischer Behandlung befinden, nicht in meine individuelle Betreuung aufnehme. Diese können jedoch die Möglichkeit wahrnehmen, meine einführenden Tagesseminare zu besuchen. Ich bin keine Therapeutin oder Ärztin und kann deshalb die Verantwortung, die hierbei entstehen würde, nicht übernehmen.

Quellennachweis

1a) Saint Germain: Das Tor zur körperlichen Transformation, gechannelt von Sybille Weizenhöfer, Christa Falk Verlag, 2005

1) Tolle, Eckhart: Eine neue Erde, W. Goldmann Verlag, München 2005

2) Skizze angelehnt an Bischof, Marco: Biophotonen. Das Licht in unseren Zellen, Verlag Zweitausendeins, Frankfurt am Main, 11. Auflage 2001

3) Argüelles, Jose: Der Maya-Faktor. Ein Pfad über die Technologie hinaus, M. Bender, Eigenverlag, Gössenheim 2000/2001

4) Skizze angelehnt an Drunvalo Melchisedek: Die Blume des Lebens, Bd.1, Koha Verlag GmbH Burgrain, 6. Auflage 2004

5) Hawkins, David R.: Licht des Alls. Die Wirklichkeit des Göttlichen, Sheema Medien Verlag, Wasserburg 2006

6) Matrix Video, Teil I, Warner Bros 1999

7) Walsch, Neale Donald: Zuhause in Gott. Über das Leben nach dem Tode, Goldmann Arkana, München 2006

8) Kent Depesche: Mehr wissen – besser leben, Sabine Hinz Verlag, Kirchheim, Nr. 7/2005

9) Zurhorst, Eva Maria: Liebe dich selbst und es ist egal, wen Du heiratest, W. Goldmann Verlag, München 2007

10) Homer: Odyssee, Diogenes Verlag AG, Zürich 1980

11) Ebenda

12) Kent Depesche Nr. 8/9 2005

13) Hawkins, David R.: Die Ebenen des Bewusstseins. Von der Kraft, die wir ausstrahlen, VAK Verlag, Freiburg im Breisgau 1997

14) Lown, Bernhard: Die verlorene Kunst des Heilens, Suhrkamp Taschenbuch Verlag, Stuttgart 2004

15) Ebenda

16) Themenhefter Neue Medizin, Sabine Hinz Verlag, Kirchheim

17) Ebenda

18) Ebenda

19) Colbert, Ty C.: Das verwundete Selbst, Beust Verlag, München 1999

20) Walsch, Neale Donald: Zuhause in Gott. Über das Leben nach dem Tode, Goldmann Arkana, München 2006

21) Ebenda

22) Shirley, John: Gurdjieff – Leben und Werk, Schirner Verlag, Darmstadt 2006. (Das Zitat selbst stammt aus: K.O. Schmitdt: Thomas-Evangelium, S. 44)

23) Update durch Sheldan Nidle für die Spirituelle Hierarchie und die Galaktische Föderation des Lichts vom 02.10.07 und 03.06.08, Quelle: www.paoweb.org

24) Colbert, Ty C.: Das verwundete Selbst, Beust Verlag, München 1999 *

25) Ebenda

26) Ebenda

27) Ebenda

28) Ebenda

29) Ebenda

30) Ebenda

31) Ebenda

* Gebrauchte Exemplare des Buches »Das verwundete Selbst« von Ty C. Colbert finden Sie bei Amazon.de.